La selección de talentos en la era digital

Diseño de tapa:
LUCAS FRONTERA SCHÄLLIBAUM

DANIEL MARTÍNEZ

La selección de talentos en la era digital

GRANICA

ARGENTINA - ESPAÑA - MÉXICO - CHILE - URUGUAY

ARGENTINA
Ediciones Granica S.A.
Lavalle 1634 3º G / C1048AAN Buenos Aires, Argentina
granica.ar@granicaeditor.com
atencionaempresas@granicaeditor.com
Tel.: +54 (11) 4374-1456 ⓢ1158549690

MÉXICO
Ediciones Granica México S.A. de C.V.
Calle Industria N° 82 - Colonia Nextengo - Delegación Azcapotzalco
Ciudad de México - C.P. 02070 México
granica.mx@granicaeditor.com
Tel.: +52 (55) 5360-1010 ⓢ 5537315932

URUGUAY
granica.uy@granicaeditor.com
Tel: +59 (82) 413-6195 - Fax: +59 (82) 413-3042

CHILE
granica.cl@granicaeditor.com
Tel.: +56 2 8107455

ESPAÑA
granica.es@granicaeditor.com
Tel.: +34 (93) 635 4120

www.granicaeditor.com

Martínez, Daniel
    La selección de talentos en la era digital / Daniel Martínez. -
1a. edición especial - Ciudad Autónoma de Buenos Aires : Granica,
2022.
    304 p. ; 22 x 15 cm.

    ISBN 978-987-8935-01-0

    1. Selección de Personal. I. Título.
CDD 658.3112

ÍNDICE

AGRADECIMIENTOS

Uno se va constituyendo en lo que es a partir de las personas con las que se va cruzando en la vida. Y si bien va poniendo su impronta, su mirada particular y eligiendo los caminos, queda marcado por quienes lo acompañaron. Por eso, no puedo dejar de pensar en todos aquellos que, sabiéndolo o no, contribuyeron a conformar mi personalidad y mi carrera profesional.

Para empezar, quiero agradecer a mis padres porque, entre muchas otras cosas, me enseñaron el camino de la disciplina y el esfuerzo para lograr los objetivos que quise alcanzar en la vida. También me nutrieron de los valores que son necesarios en cualquier actividad, pero que en el trato con personas se convierten en un tema fundamental.

A mis hijos que me llenan de felicidad con su compañía y que en las conversaciones que tenemos me ayudan a entender el mundo actual y el que se viene.

A mi pareja que me acompañó en los momentos que tuve que dedicar a escribir el libro.

A Martín Cañeque, mi socio y amigo que me impulsó a esta aventura de escribir el libro. Me motivó, me guió y recomendó mi obra a los editores. Sin su empuje nunca hubiera logrado hacerlo. Gracias totales Martín.

A Hilda Cañeque que, además de entusiasmarme, fue leyendo el libro a medida que lo hacía dándome sugerencias y haciendo correcciones acertadas que me sirvieron muchísimo.

A Gustavo Aquino, mi mentor en Arcor, le agradezco las hermosas palabras del prólogo.

A los colegas entrevistados que compartieron generosamente sus experiencias y conocimientos para que pudiera compartirlas con los lectores: Roberto Vola Luhrs, Ricardo Migoya, José Candia, Carmen Suaáez, Luis Truchado, Gisele Castro, Mariana Kämpfer, Adriana Honig y Cecilia Ortega.

A todos los colaboradores que trabajaron conmigo a lo largo de estos años. De todos tuve la oportunidad de aprender y a muchos también les pude enseñar.

A mis clientes que, planteándome sus problemáticas, me desafiaron a encontrar nuevos caminos para conseguir los mejores talentos para sus empresas.

A mis alumnos que, con sus preguntas, me ayudaron a aprender y crecer tratando de darles respuestas.

A Alejandra Salinas, que generosamente me ofreció un espacio para entrevistar candidatos en mis primeras búsquedas independientes.

A Rubén Barach, que fue el primero que me dio la oportunidad de dictar un curso de selección por competencias, allá por el año 1999.

A las autoridades de la Universidad Argentina de la Empresa (UADE) que, desde hace años, confiaron en mí la materia Empleo y Selección de Personal y el Taller de Postgrado sobre Assessment Center.

A los cientos de personas que entrevisté y a partir de cada una de las cuales fui aprendiendo sobre las distintas áreas de las empresas y los negocios.

A Yanina, mi asistente, que me ayudó muchísimo con las correcciones, las ediciones de gráficos, y otras tantas cosas. Sin duda una ayuda invalorable.

A Marcelo Raúl Romero, bibliotecario de UADE, que me asesoró en la compleja tarea de poder categorizar y registrar la abundante bibliografía utilizada.

A Claudio Iannini y Salvador Marcelo Gargiulo de Ediciones Granica, quienes identificaron que la temática del libro era una necesidad del mercado y confiaron en mi obra.

Son muchas las personas que marcaron mi camino y seguramente seré injusto recordando solo a algunos. Luis Karpf que sin saberlo fue el "culpable" que me iniciara en el área de Recursos Humanos y más tarde en la consultoría. Antonio Fierens, quien ya no está con nosotros, y que confió en mí y me guió en los inicios de mi carrera. Patricia Lindblom, otra referente importante en mi paso por Arcor.

A todos y cada uno de ellos MUCHAS, MUCHAS GRACIAS.

LA GENEROSIDAD DE LA ENSEÑANZA

Había una vez, en una escuela técnica porteña, dos profesoras muy exigentes que eran cuñadas. Los alumnos de la escuela sufrían la exigencia de las profesoras cuñadas: muchos de ellos reprobaban la cursada regular y debían pasar el verano estudiando para dar los exámenes recuperatorios. Casi todos los adolescentes que rondaban uniformados esa manzana porteña las mentaban con cierto rencor.

Cuando algún exalumno visitaba esta escuela, solía buscar a sus viejos preceptores con quienes, luego de efusivos saludos, evocaban con una breve pero intensa nostalgia anécdotas, compañeros y docentes. Hacia el fin del encuentro, los exalumnos preguntaban si se encontraba en la escuela alguna de las profesoras cuñadas y ante la eventual respuesta afirmativa decían: "Me quedo hasta el recreo y la saludo".

En el agitado patio del recreo, los preceptores custodiaban desde lejos la escena. El exalumno y la profesora mantenían una charla corta y tajante, como hecha con astillas de palabras. No obstante, nunca hizo falta intervenir en estos diálogos secretos, que siempre terminaban con una leve inclinación de cabeza y el apuro de la profesora por ir hacia la sala y el del exalumno por salir de la escuela. No hubo cuñada que contara el contenido de estas breves conversaciones. Ambas eran discretas y no tenían tiempo para perder en chismes.

José, el concesionario del *buffet*, confirmó que sabía todo lo que pasaba en la escuela cuando contó que los exalumnos les decían a las cuñadas: "No sé si me recuerda, soy Pandolfo, de Mecánica, egresé hace tres años. Quiero que sepa que tengo trabajo gracias a lo que aprendí con usted. Muchas gracias, profesora".

Quizás la esencia de la enseñanza esté en un juego de don y contra don, esa estructura primitiva que, según el antropólogo Marcel Mauss, da sentido a nuestras vidas y cohesión a la sociedad. Hay arquetipos de este juego en la enseñanza: el agradecimiento de Platón, que regó la filosofía de Occidente con la figura de su maestro Sócrates; los Apóstoles, que cubrieron el mundo conocido alabando a su maestro, tal como lo hicieron los derviches con su maestro poeta, Rumi. La anécdota de las profesoras cuñadas refleja en escala el don y contra don del proceso de enseñanza y aprendizaje: la generosidad del maestro y el agradecimiento del alumno.

Este libro de Daniel Martínez es generoso y tiene el valor de estas didácticas cuñadas para los profesionales de recursos humanos del mundo de habla hispana que se inician en el sector desde las tareas de selección de personal. En sus páginas encontrarán respuestas a esas preguntas que no se animan a formular: ¿cómo entrevisto a un candidato?, ¿cómo relevo el perfil del puesto?, ¿cómo consigo postulantes?, y tantas otras que Daniel Martínez aprendió a resolver con esfuerzo y comparte con facundia.

Siguiendo en el campo de la enseñanza, este libro es un buen manual para incluir en la bibliografía de los docentes de la materia. Ellos sabrán agradecer el esfuerzo del autor y del editor, ya que saben escasa la producción sobre selección de personal en castellano. Recuerdo dos antecedentes ilustres que este libro complementa y actualiza: *Empleos y desarrollo de personal*, de Jaime Maristany, y *Selección por competencias*, de Martha Alles.

Además de los jóvenes profesionales y los docentes de recursos humanos, también sabrán sacarle provecho a este libro los especialistas expertos por dos razones. En primer lugar, siempre es beneficioso ver qué cuestiones decidió tomar el colega y qué orden les dio, pero también encontrarán una actualización necesaria que incluye, por ejemplo, la práctica y la metodología de los *headhunters*, el uso de la inteligencia artificial en estos procesos y *last, but not least*, la cada vez más relevante modalidad de la selección inclusiva.

En síntesis, y dado que la manzana no cae muy lejos del árbol, cabe decir que este es un libro tan útil como su autor. Daniel Martínez es un profesional sólido, práctico y tenaz, que nos entrega aquí lo que aprendió sobre selección de personal durante varios años de buen trabajo en distintos procesos de recursos humanos desempeñados en diferentes empresas y contextos. Con su vocación y experiencia docente, les da a estos aprendizajes un orden y una integración que los hacen entendibles y transmisibles.

Muchas gracias por tu generosidad, Daniel.

Gustavo Aquino,
Buenos Aires, octubre de 2021

UN ENFOQUE IMPRESCINDIBLE PARA COMPETIR EN LA GUERRA POR EL TALENTO

Tuvimos el privilegio de acompañar esta obra desde su nacimiento. Llegó para cubrir una necesidad importante de mercado en un escenario mundial donde el talento escasea cada vez más y la forma de captarlo está evolucionando a pasos agigantados.

El compromiso era salir con urgencia a comunicar ideas, métodos y recursos novedosos para seleccionar habilidades en todos los campos.

Daniel Martínez, querido colega y amigo, vislumbraba hacía años el problema, hasta que un día decidió encarar el desafío de plantearlo y ofrecer soluciones efectivas.

Con amor y alto profesionalismo, fue entregándonos periódicamente algunos originales para su revisión. En esta ida y vuelta, corroboramos la calidad de los contenidos y el interesante desarrollo que iba tomando el material.

No podía ser de otra manera el resultado. Como profesional, Daniel tiene una larga experiencia en seleccionar puestos de primer nivel en las más reconocidas organizaciones del país. También enseña su metodología desde hace muchos años, con gran generosidad y sabiduría, en varias universidades. Ha formado selectores en varios lugares, quienes se sentirán muy respaldados en su tarea por las ideas y las prácticas que el autor propone progresivamente en la obra.

Es de destacar la presentación que hace de una abundante información actualizada sobre el tema; los ricos relatos de candidatos y de selectores; las numerosas citas bibliográficas y las encuestas de reconocidos estudiosos argentinos y extranjeros; la gran cantidad de soluciones y problemas que presenta el área, abordados desde un encuadre profesional y ético, difícil de encontrar en un mundo tan incierto como el de hoy.

Felicitamos a Daniel por su valentía y perseverancia para investigar, estudiar y sintetizar con entusiasmo novedosas herramientas para la selección de talentos.

Dr. Martín Cañeque
Lic. Hilda Cañeque

CAMBIOS EN EL MUNDO DEL TRABAJO: EL NUEVO ROL DEL SELECTOR

Los nuevos modelos de negocios

El incremento exponencial (ley de Moore) de la tecnología está produciendo una transformación socioeconómica, cultural y de los modelos de negocios a una velocidad inédita. Ello genera el desarrollo de nuevas profesiones, la desaparición de otras y el surgimiento de nuevas modalidades de trabajo.

La expansión de las tecnologías de la información y la comunicación (TIC) en todos los ámbitos y niveles de la sociedad, los dispositivos personales con acceso a las redes de telecomunicaciones y la posibilidad de encontrar información en la nube han borrado las fronteras entre los estados, tanto como entre las de las propias casas. Han cambiado la manera de informarse, de realizar trámites y de adquirir productos a través de las distintas aplicaciones y los portales que existen.

Están cambiando los modelos de negocios, producto de esa expansión digital. Ha nacido una nueva generación de empresas que Salim, Malone y Van Geest (2016) denominan organizaciones exponenciales (ExO). Se caracterizan por el hecho de que su "impacto (o resultado) es desproporcionadamente grande –al menos diez veces superior– al compararla con sus iguales, gracias al uso de nuevas técnicas organizativas que se sirven de las tecnologías aceleradoras" (p. 33). Las ExO se desarrollan contratando personal a demanda, utilizando *big data* e inteligencia artificial (IA) que les permiten alcanzar un crecimiento superlativo, nunca visto en el mundo de los negocios.

Airbnb y Uber son ejemplos de este tipo de empresas que nacieron a fines de los años 2000 y que en menos de quince años se han convertido en compañías multimillonarias. Según la revista estadounidense *Entrepreneur* (13 de diciembre de 2020), Airbnb, por ejemplo, empezó a cotizar en Wall Street en diciembre del 2020, con un valor de 100 mil millones de dólares.

Estas empresas no requieren de una gran cantidad de mano de obra, ni de grandes activos físicos para desarrollarse, como era común antiguamente. Se apalancan en los bienes y recursos de otros (dueños de propiedades o de los automóviles), no necesitando realizar grandes inversiones. Su éxito está en detectar necesidades insatisfechas de los clientes y proveerles soluciones intermediando entre la oferta y la demanda y aprovechando las posibilidades que brinda la tecnología.

Otro modelo de negocio muy exitoso lo constituyen las empresas denominadas *freemium*, que ofrecen una versión básica gratuita de su servicio y brindan la opción de un servicio *premium* pago. Entre ellas, podemos destacar Skype, Dropbox, LinkedIn y SurveyMonkey. Basan su negocio en minimizar los costos y maximizar el impacto que generan con una baja inversión. Pero cuando incrementan su base de suscriptores, aunque cobren un valor muy bajo por el servicio *premium,* se convierten en millonarias.

Por otra parte, el modelo del *crowdsourcing* también está desarrollándose vertiginosamente. Supone la creación de una plataforma desde la cual se genera una participación masiva de voluntarios que realizan sus aportes individuales, contribuyendo al desarrollo de proyectos sumamente interesantes como Wikipedia, o aquellos de código abierto como Linux o Mozilla. En su libro *Crear o morir,* Andrés Oppenheimer (2014) menciona la nueva corriente de los innovadores tecnológicos de Silicon Valley: "los *makers* (o hacedores), cuyos seguidores publican en Internet sus proyectos y secretos, con las premisas de que les conviene [más] compartir su trabajo con todo el mundo, y recibir sugerencias de todo el mundo, que mantenerlo en secreto" (p. 94).

Las nuevas tecnologías que están cambiando el mundo

Existen numerosas tecnologías que están transformando el mundo productivo. Las impresoras 3D son capaces de "fabricar" objetos a partir de un diseño en formato digital. Esto cambiará, en un futuro no muy lejano, la forma de "adquirir productos". En vez de comprar el producto, se comprará el "archivo" del producto, que luego "imprimirá/fabricará" cada persona en su casa, o en la empresa. Esto impacta también en el traslado de mercaderías, pues ya no será necesario transportar los "productos" de un país o una región a otro u otra, sino que estos se enviarán en forma digital. Esto generará un cambio enorme en el mundo de la logística internacional.

Big data ya atraviesa todos los sectores de la organización (marketing, producción, RR. HH., etc.) y se transformó en una herramienta cada vez más indispensable para gestionar las empresas. Esto se expresa en la consigna que está tomando fuerza: "Los datos son el nuevo petróleo". Las compañías buscan capturar, almacenar y procesar datos, pues las que lo consigan podrán tomar mejores y más rápidas decisiones, que les darán una ventaja competitiva en el mercado.

Pero, tal vez, el desarrollo tecnológico que más impactará en el mundo empresarial y del trabajo en el futuro sea la irrupción de la inteligencia artificial (IA). La IA permite reemplazar numerosas tareas repetitivas y rutinarias que hoy realizan operarios, secretarias, administrativos, profesionales, etc. La creación de sistemas y robots con IA permite hacer las cosas en forma más rápida, más barata y con mayor calidad. Esto va a impactar y transformar las habilidades que se requerirán en el futuro, así como las profesiones o actividades, que nacerán o desaparecerán en apenas unos años.

Los cambios que está originando la revolución digital afectan todo el tejido social y los negocios. La diferencia con las anteriores revoluciones es la rapidez con que se producen. Esto significa, tanto para las personas como para las empresas, las universidades y los estados, un gran desafío de adaptación a estos cambios para lograr una sociedad integrada donde todos obtengan los beneficios brindados por las nuevas tecnologías. Esto requiere de un profundo compromiso y el diseño de estrategias conjuntas para adaptarse.

Cambios en el mundo del trabajo

Impacto en la ocupación

El impacto de las nuevas tecnologías y de la inteligencia artificial en el trabajo es motivo de debate frecuente entre quienes creen que estas van a producir una gran masa de

desocupados y quienes consideran que, si bien es cierto que van a desaparecer muchos puestos de trabajo, también se crearán otros.

En su libro *¡Sálvese quien pueda!*, Oppenheimer (2018) comparte una investigación de Oxford del año 2013, cuyos resultados predecían que el 47% de los empleos podría desaparecer para el año 2023, por la automatización. También menciona que los "tecnoescépticos" "pronostican un enorme aumento del desempleo, argumentando que el viejo axioma según el cual la tecnología ha creado más trabajos que los que ha destruido ya no es válido" (pp. 44-45). En las anteriores revoluciones tecnológicas, los puestos perdidos por la introducción de la tecnología fueron reemplazados por otros nuevos a lo largo del tiempo. Sin embargo, nunca en la historia de la humanidad los avances tecnológicos fueron tan veloces y, por lo tanto, consideran que esto no ocurrirá en esta ocasión.

Un informe de PWC de Hawksworth y Berriman (2018) afirmaba que los empleos con alto riesgo de perderse debido a la automatización serían un 3% para principios de 2020, un 20% para fines de ese año 2021, y un 30% para mediados de 2030.

El informe sobre el futuro del trabajo recientemente realizado por el World Economic Forum (2020) estima que, para el año 2025, 85 millones de empleos serán desplazados por la tecnología, mientras que otros 97 millones podrían surgir, adaptados a la nueva división del trabajo entre humanos, máquinas y algoritmos. Esta visión parece contradecir la teoría de los "tecnoescépticos".

Por otra parte, en el informe de Adecco (2016) sobre el futuro del trabajo en España se observa que el 65% de los profesionales de RR. HH. confiesa que "la automatización destruirá puestos de trabajo de los que conocemos en la actualidad, pero creará en igual medida otros diferentes ampliando el abanico de posibilidades de los trabajadores del futuro".

El impacto no será el mismo para todas las actividades. El informe de PWC de Hawksworth *et al.* (2018) muestra que, para el 2037, la más afectada será la del transporte y la que recibirá menor impacto será la educación.

Tampoco va a afectar de igual manera a todos los empleados. Algunos autores, como el científico informático y empresario taiwanés Kai-Fu Lee (2019), consideran que serán más afectados los trabajos repetitivos de oficina que los que impliquen una destreza manual.

En lo que todos coinciden es en que aquellas personas con mayor nivel de estudio y preparación serán las que mejor podrán adaptarse a los nuevos trabajos que surgirán en el futuro. Por ejemplo, en los roles gerenciales y en el diseño y la supervisión de los sistemas basados en la IA seguirá siendo necesario aplicar el criterio humano y las habilidades interpersonales. Estos trabajadores posiblemente incrementarán sus ingresos debido a la productividad que estas nuevas tecnologías deberían proporcionar.

Los trabajadores menos capacitados serán los más afectados por las pérdidas de trabajo, por lo cual será imprescindible un apoyo muy importante de parte de las empresas, el Estado y los sindicatos. Ellos tendrán que promover acciones e inversiones para establecer un aprendizaje continuo que permita a esa población recalificarse para acceder al mundo del trabajo digital.

El autor taiwanés (Lee, 2019) explica que, cuanto más se requieran las cualidades de creatividad, de compasión y la capacidad para comunicarse con los seres humanos y ganarse su confianza, más difícil será que la IA reemplace al hombre y, por ende, se pierdan puestos de trabajo. Lee describe con un ejemplo cómo la IA y las personas pueden interactuar y generar sinergia, y que no necesariamente se tiene que imponer una sobre la otra. Detalla: "los médicos, a partir de los datos de los que disponen, pueden recurrir a la IA para diagnosticar con más precisión ciertas enfermedades, en tanto que ellos pueden proporcionar no solo la planificación del tratamiento, sino la calidez y la confianza fundamentales para una interacción humana".

Si bien hay disparidad de opiniones, parecería que la IA no puede, por el momento, equiparar las competencias netamente humanas y sociales, que seguirán siendo del dominio del hombre. Pero sí podrá ser un gran aporte en la realización de las tareas repetitivas y en los análisis de gran cantidad de datos, con una velocidad, un nivel de eficiencia y una exactitud mayores a los que logran las personas. Tal vez, cómo plantea Kai-Fu-Lee, haya que pensar la aparición de la IA como un gran complemento del hombre antes que como una competidora.

Nuevas modalidades de trabajo

Las nuevas generaciones desarrollaron una relación distinta con el trabajo: integran lo laboral y lo personal en su vida. Quieren vivir una vida que tenga sentido. Por lo tanto, esperan que su trabajo sea significativo y trascendente, a la vez que un espacio de disfrute en lugar de sacrificio. Lo económico no ocupa un espacio tan importante (aunque entienden que es necesario) como ocurría con otras generaciones.

Los nuevos modelos empresariales como el *crowdsourcing* y las empresas exponenciales lideradas por las nuevas generaciones están transformando el mundo del trabajo. Estas organizaciones se caracterizan por ser colaborativas y abiertas, con una fuerte democratización del conocimiento. En su obra *El futuro del trabajo y el trabajo del futuro*, Alejandro Melamed explica: "Los nuevos modelos de negocios son livianos, veloces, con capacidad de adaptación; la gente que trabaja en la organización es ínfima..." (pp. 95); y agrega:

"El desafío fundamental pasa por habilitar a los trabajadores a que sean capaces de agregar valor en lugar de asegurarse un puesto de trabajo […] Hay que pasar del modelo de 'búsqueda de empleo' al de condición de empleabilidad" (p. 51).

El trabajo está acompañando los cambios que se viven en la sociedad y en las empresas. Ya no se puede pensar en la permanencia en un empleo, sino en la forma de agregar valor dando lo mejor de sí. A continuación, se destacarán algunos de los cambios que se avecinan.

Trabajo por proyectos

En su libro Melamed (2017) menciona que la Society for Human Resource Management (SHRM, Asociación de Dirigentes de RR. HH. de empresas de EE. UU.) espera que "en los próximos diez años disminuya drásticamente la cantidad de empleados con mecanismos de empleo tradicional y se incrementen sustancialmente los nuevos modelos de contratación" (pp. 92-93). En el mismo sentido, en el informe de Abbatiello, Agarwal, Bersin *et al.* (2018) realizado para la firma Deloitte, los líderes empresariales pronostican los cambios en la composición de su fuerza de trabajo para el 2020: "El 37 % de los encuestados esperaba un aumento en los contratistas, el 33 % preveía un aumento en los trabajadores autónomos y el 28 % esperaba un crecimiento de sus empleados". El estudio confirma que "las organizaciones están encontrando formas de alinear su cultura y [sus] prácticas de gestión con esos segmentos de talento externo" (p. 9).

En el futuro, los empleados no tendrán un trabajo permanente y trabajarán a demanda. La relación ya no será de dependencia, sino por proyectos, a los que las personas podrán contribuir con sus conocimientos, cobrando por su aporte a la empresa y no por cumplir sus nueve

horas de trabajo. Tampoco implicará una presencia física ya que la tecnología les permitirá trabajar en distintos lugares (dentro o fuera del país), llevando adelante varios proyectos a la vez.

Ya existen sitios que nuclean a estos trabajadores como, por ejemplo, freelancer.com, que fue uno de los pioneros en este tipo de plataformas que permiten a empresas como Amazon, Facebook, Deloitte, NASA, IBM, etc., encontrar colaboradores para que participen en sus proyectos.

Trabajo por objetivos

El modelo de la "ocupación de la silla" cambiará por el de cumplimiento de objetivos claros y medibles. Esto requiere de las personas varios cambios. En primer lugar, la capacidad de autogestión. En la empresa tradicional, el horario y el espacio condicionaban el trabajo, sumados a un "jefe" que marcaba el paso controlando el accionar del empleado. Hoy, los líderes tienen que establecer y transmitir claramente los objetivos de trabajo a sus empleados y realizar una supervisión estricta de su cumplimiento. Por su parte, el colaborador debe administrar sus tiempos y mantener una rigurosa disciplina para cumplir con los objetivos. Las personas tienen que aprender a ser responsables de sí mismas. En segundo lugar, se deben identificar e implementar aquellas TIC que les permiten hacer más eficiente su trabajo y agregar valor.

Este modelo que se impuso en forma casi obligatoria con la pandemia de covid-19, sumado a la posibilidad de trabajar desde cualquier lugar y a cualquier hora, quedará instalado y, sin duda, se convertirá en la modalidad del trabajo del futuro.

Home office

El *home office* se instaló abruptamente en todo el mundo con el covid-19. Este hecho aceleró y logró masificar la implementación de las reuniones grupales, las entrevistas comerciales y las capacitaciones *online*. **El *home office* no significa trabajar en casa. Es trabajar fuera de la oficina. En casa, en un bar, en el campo o en la plaza. La tecnología brinda hoy esa posibilidad. Solo se necesita una buena conexión a Internet. Si el paradigma es trabajar por objetivos, no importa el espacio sino el resultado.** Actualmente, atravesando la segunda ola de la pandemia, muchos empleados desearían no volver a trabajar en la oficina. El ahorro de tiempos de traslado y la posibilidad de lograr un mejor balance entre vida personal y vida laboral los motivan para este cambio. Por otra parte, los empresarios descubrieron que la firma podía funcionar de la misma manera y que una reducción del personal haciendo uso de las oficinas implicaba una disminución de los costos de infraestructura, lo cual contribuía a mejorar su rentabilidad.

Sin duda, el *home office* es un elemento central de los cambios que se avecinan en el mundo del trabajo.

Trabajo colaborativo

El modelo de *crowdsourcing* está creciendo exponencialmente. En su libro *Crear o morir*, Oppenheimer (2014) postula que "la innovación es un proceso colaborativo, y menos el proceso de un acto de genialidad individual" y agrega: "Las grandes innovaciones no son chispazos de genialidad en medio de la nada, sino que son el resultado de mentes creativas que se nutren de otras mentes innovadoras" (pp. 67-68).

En su obra plantea numerosos ejemplos de casos, mostrando la manera en que la modalidad del trabajo colaborativo se está expandiendo y contribuye a importantísimas innovaciones que están cambiando el mundo. Uno de esos casos es la empresa 3D Robotics, creada a partir de la comunidad DIY Drones (drones artesanales, en castellano), que ha sido capaz de diseñar y construir un vehículo aéreo no tripulado a partir de los aportes de sus casi 55.000 miembros. Chris Anderson (director de la revista *Wired*), su fundador, y Jordi Muñoz, un joven de 20 años que conoció en el blog, empezaron a desarrollar drones y se convirtieron en referentes del mercado (Oppenheimer, 2014). **Con una mínima estructura y un modelo de trabajo colaborativo, lograron que los mejores talentos del mundo trabajaran en su proyecto sin relación de dependencia y muchas veces sin un ingreso, solo por el placer de hacerlo.**

Un nuevo liderazgo

Los cambios que se están gestando en las relaciones dentro de las organizaciones a partir del *home office*, el trabajo colaborativo y por objetivos impactan necesariamente en los modelos de liderazgo. El paradigma del "jefe" que dirige, ordena y mantiene la disciplina no es compatible con lo que está ocurriendo.

En la sociedad del conocimiento, la autoridad y el poder no van a residir en un líder formal, sino que se distribuirán por toda la empresa; no por la jerarquía, sino por las capacidades de las personas y el rol que ocupan en el equipo. Las estructuras serán más chatas, las personas estarán más empoderadas para tomar decisiones en la primera línea de contacto con los clientes, así como en los puestos operativos.

Los nuevos modelos de metodologías ágiles que buscan gestionar proyectos de una manera distinta de la tradicional, para adaptarse con rapidez y flexibilidad a los cada vez más exigentes requisitos del mercado, requieren un nuevo estilo de liderazgo. Este nuevo modelo organizacional favorece una mayor democratización del poder y del conocimiento, en la que todos los empleados pueden participar, dar su opinión y ser escuchados. Las decisiones estratégicas quedarán en manos de la dirección, pero gran parte de las decisiones operativas del día a día podrán ser tomadas por los mismos empleados.

En *El nuevo liderazgo*, Martín Cañeque (2017) explica que uno de los "factores que llevan a la Generación Y a elegir dónde trabajar es el grado de participación y autonomía que pueden tener. Aspiran a ser escuchados por sus líderes, participar en la toma de decisiones, tener jefes que los ayuden a desarrollarse. También que las estructuras organizacionales sean flexibles y lo más horizontales posible" (pp. 73, 74). Ahora, las Generaciones Y y Z se han convertido en el 40% de la masa salarial en muchas empresas, por lo tanto, los viejos modelos de liderazgo deberán resignificarse para adecuarse a estos empleados con modelos mentales diferentes de los tradicionales. **Martín Cañeque postula un nuevo tipo de liderazgo que se basa en la utilización de un estilo asociado a lo "femenino" y que se caracteriza por conductas más orientadas a la empatía, la contención, la escucha, la apertura y la participación.** El autor realizó una investigación entrevistando a más de 300 líderes exitosos de Latinoamérica y Estados Unidos y descubrió que este modelo de liderazgo, "está cada vez más comprobado que genera mayores ganancias en las corporaciones y mayor bienestar en las personas, familias, la sociedad y el mundo" (p. 13).

Cambios en las relaciones laborales

Las relaciones de la empresa con los empleados y sindicatos se transformarán significativamente en un mundo donde se trabaje a distancia, por objetivos y no tanto por horas. La lucha sindical del siglo XX contra el abuso empresarial y por limitar la cantidad de horas laborales quedó en el pasado. Las proyecciones son que cada vez más personas trabajen por proyectos. En una publicación de noviembre de 2020 de *Harvard Business Review*, Fuller, Manjari, Bailey y Vaduganathan destacan que ha surgido una nueva generación de plataformas de talento, las cuales ofrecen trabajos por proyectos a trabajadores altamente calificados y crecieron de 80 a 330 en 10 años.

El mundo va hacia un modelo de relación laboral más flexible y transparente, con una mayor participación de personas que contribuyan con sus capacidades desde fuera de la organización. Sin embargo, la manifiesta dificultad para aprovechar la fuerza laboral bajo demanda o por proyectos reside en que todavía existen regulaciones y prácticas que se crearon durante la era predigital.

En la Argentina, el panorama no resulta alentador. Las organizaciones sindicales parecen muy anquilosadas en un modelo que lucha por mantener la estabilidad en el empleo a toda costa, sin comprender los cambios que están ocurriendo en el mundo. No pueden visualizar las consecuencias que tendrá el desarrollo creciente de las IA. En el futuro, muchísimos empleos tradicionales serán desplazados y el crecimiento de los modelos de trabajo a distancia y del *crowdsourcing* hará que la sindicalización siga desapareciendo. Estos cambios, sin duda, reducirán la cantidad de empleados en relación de dependencia. Los dirigentes sindicales, al parecer, no están pensando estrategias para afrontar un mercado laboral que será completamente distinto en apenas unos años.

Los sindicatos tendrán que entender que en el futuro la protección y el cuidado del "trabajador" serán más importantes que la protección de tareas, antigüedad y estabilidad del trabajo. No podrán seguir representando a

trabajadores que no existen. Según Pallaro (20 de febrero de 2021) en su artículo de *Infobae*, "la tasa de sindicación mundial ha bajado del 36% en 1990 al 18% en 2016, aproximadamente". Y esto continuará si los dirigentes no empiezan a mirar su rol en un mundo que está cambiando a pasos agigantados.

Al tema del empleo se suma otra cuestión muy importante. La velocidad de los cambios genera una desactualización de los conocimientos y habilidades que deja a muchas personas incompetentes frente a las nuevas tareas que surgirán en el futuro. Esto incentiva las empresas a contratar especialistas a demanda e inevitablemente hará más difícil la empleabilidad de muchos trabajadores.

Sin duda, los líderes sindicales deberán adaptarse a este nuevo mundo, promover una actualización de la legislación que proteja al trabajador y garantizar su empleabilidad contribuyendo a su formación para adecuarse a las nuevas competencias que requerirán los trabajos del futuro. Los analfabetos del futuro serán quienes no puedan transformarse en la cultura digital.

Las calificaciones requeridas en el futuro

La inteligencia artificial ha transformado los roles y las habilidades dentro de las organizaciones. Todos coinciden en que en el futuro se requerirán nuevas profesiones, o tareas para realizar, y otras quedarán obsoletas. En el libro *Organizaciones exponenciales*, Salim *et al.* (2016) citan a John Seely Brown señalando que "la vida media de cualquier habilidad adquirida solía ser unos treinta años. En la actualidad, ha descendido hasta cinco años" (p. 87).

El estudio "Tendencias Globales de Capital Humano 2018" desarrollado por Abbatiello *et al.* para Deloitte (2018) destaca que en el futuro se pondrá más énfasis en lo "exclusivamente humano" que en las competencias "técnicas". Los profesionales de RR. HH. consultados predicen que las cualidades más importantes serán la resolución de problemas complejos (63%), habilidades cognitivas (55%) y habilidades sociales (52%).

El informe de Adecco (2016) ya citado destaca que en 2025 los trabajadores tendrán que contar con cualidades transversales a toda la organización (independientemente del puesto y de la formación) y que ganarán relevancia los perfiles relacionados con el trato con personas, como es el caso de los *coaches*, los facilitadores de empresas, los gestores de nuevas formas de trabajo o los psicólogos.

El *paper* mencionado (World Economic Forum, 2020) muestra (Figura 1) que las habilidades que más decrecerán para el 2025 serán las destrezas manuales (*physical abilities*) y las que requieren una alfabetización básica (*core literacies*). En cambio, aquellas que se incrementarán serán el pensamiento crítico y el análisis, la resolución de problemas, la autogestión, así como el uso y el desarrollo de la tecnología.

Figura 1. Relevancia relativa de los diferentes grupos de habilidades

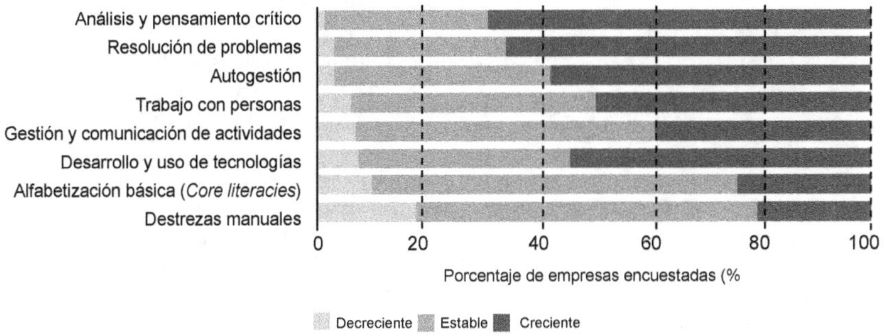

Fuente: World Economic Forum (2020), *Future of Jobs survey.*

El mismo estudio revela que, para el 2025, aumentará la demanda de puestos como analistas de datos, especialistas en *machine learning* e inteligencia artificial, en *big data* y en estrategia y marketing digital. Por su parte, los que se reducirán serán los de *data entry*, las secretarias ejecutivas, los empleados administrativos, contables y de *payroll* (World Economic Forum, 2020) (Figura 2).

Figura 2. Los 20 puestos cuya demanda se incrementará o decrecerá en las industrias

↗ Demanda creciente	↘ Demanda decreciente
1 Analista y científico de datos	1 Empleado/a de *Data Entry*
2 Especialista en Inteligencia artificial y *machine learning*	2 Secretarias ejecutivas y administrativas
3 Especialista en *Big Data*	3 Empleados de *payroll*, contabilidad y tenedores de libros
4 Especialista en Estrategia y marketing digital	4 Auditores y contadores
5 Especialista en automatización de procesos.	6 Trabajadores de producción y ensamblaje
6 Profesional en desarrollo de Negocios	7 Gerentes de administración de contratos
7 Especialistas en transformación digital	8 Gerentes Generales y de Operaciones
8 Analista en seguridad de la información	9 Mecánicos y reparadores de maquinaria
9 Desarrollador de aplicaciones y software	10 Empleados de registro de materiales y control de stock
10 Especialista en Internet de las cosas	11 Analistas financieros
11 Gerentes de proyectos (*Project managers*)	12 Empleados de servicio postal
12 Gerentes de administración de contratos	13 Representantes de ventas por mayor, manufactura, tecnología y productos de ciencias
13 Gerentes de bases de datos y conectividad	14 Gerentes de relaciones públicas
14 Ingenieros en robótica	15 Cajeros y empleados bancarios
15 Estrategas en publicidad	16 Vendedores de puerta a puerta y venta directa
16 Analistas de organización y gestión	17 Reparadores e instaladores de electrónica y telecomunicaciones
17 Ingenieros de *FinTech*	18 Especialistas en recursos humanos
18 Mecánicos y reparadores de maquinaria	19 Especialistas de capacitación y desarrollo
19 Especialistas en desarrollo organizacional	20 Trabajadores de la construcción
20 Especialistas en el manejo de riesgos	

Fuente: World Economic Forum (2020), *Future of Jobs survey.*

Empleo y empleabilidad

El proceso de transformación actual implica la obsolescencia masiva de muchas de las competencias tradicionales debido a la sustitución tecnológica, la digitalización, la robotización y la inteligencia artificial. Existe una fuerte preocupación por el impacto en el empleo, el déficit en la formación para el trabajo y las consecuencias de desigualdad que todo ello puede generar a nivel global. Autores como Lee (2019), del mundo de los negocios, y la Organización Internacional del trabajo (OIT, 2017) comparten esta preocupación y se plantean si las instituciones educativas están preparadas para acompañar el proceso de digitalización y desarrollo de nuevas carreras, para adaptarse a la velocidad que se requiere. Si esto no se logra, las nuevas generaciones culminarán 10 o 12 años de educación académica para descubrir finalmente que no disponen de los instrumentos necesarios para ganarse la vida dignamente. La educación académica debe estar pensada para el acceso al trabajo en el futuro y no en el pasado. Esta debería ser una prioridad, tanto de las instituciones como de los gobiernos, que tendrían que facilitar y promover estos cambios.

La forma en que se resuelvan estas cuestiones impactará en si el mundo será más igualitario y sustentable o si tendrá un futuro para unos pocos acompañados de robots. En el informe de la OIT (2017) sobre el futuro de la formación profesional en América Latina y el Caribe se manifiesta que "sin recursos humanos con habilidades actualizadas y sin capacidades institucionales sólidas y efectivas para actualizar esas habilidades, el tránsito hacia una economía de alta productividad con empleo productivo y trabajo decente para todos es imposible" (p. 13).

El mismo informe (OIT, 2017) expresa más adelante la preocupación por el desarrollo de las competencias como un factor fundamental para "alcanzar el objetivo del trabajo decente como para aumentar la productividad y la sostenibilidad de las empresas y mejorar las condiciones de trabajo y empleabilidad de los trabajadores" (p. 15).

La demanda de nuevas competencias está cambiando. El futuro del trabajo no dependerá solamente del desarrollo de las nuevas tecnologías. Estará signado por la forma en que el Estado, las empresas, las instituciones educativas y los sindicatos logren trabajar en conjunto para resignificar el empleo tradicional y pasar a un modelo de empleabilidad que permitiría mantener el empleo adaptándose a las circunstancias que se presenten en el mercado. Para atender este desafío, cada uno de estos agentes deberá contribuir desde su lugar y en conjunto con los otros a la construcción de un mundo del trabajo sustentable para todos los trabajadores en términos de empleabilidad, con una mejor calidad de vida y con empresas eficientes y rentables, aprovechando el uso de las tecnologías.

Futuras estrategias de reclutamiento

Los cambios producidos en la sociedad descriptos anteriormente impactaron sin duda en el mundo del trabajo y en la gestión de RR. HH.

La captación del talento será una de las responsabilidades más importantes del área de RR. HH. y un aspecto central de la estrategia de las empresas. De igual modo, el área de selección deberá realizar cambios sustantivos para adecuarse a los nuevos requerimientos de las compañías, a los avances tecnológicos y a las estrategias de búsqueda de las nuevas generaciones.

La mayoría de los candidatos inician la búsqueda de trabajo a través de Google y entran cada vez menos a los portales de empleo. Encuentran propuestas laborales en sus redes sociales favoritas, siguiendo a sus marcas preferidas y postulándose directamente en las compañías en las que les gustaría trabajar. Esto genera la necesidad de desarrollar nuevas habilidades y competencias en los selectores para que se manejen en esos entornos y de apoyo constante de parte de las áreas de sistemas y marketing, para poder realizar su trabajo.

Los principales cambios estarán dados por la introducción de nuevas tecnologías que permitirán simplificar tareas, reducir costos y lograr mayor efectividad en los procesos de selección. Muchas de las funciones como la preselección de currículums o parte de la interacción con los candidatos podrán ser realizadas por sistemas de inteligencia artificial (IA). Por otra parte, las nuevas formas en las que las personas buscan empleo están haciendo que las áreas de RR. HH. adopten estrategias de marketing digital, acercándose a los candidatos como si se tratara de clientes.

Los cambios que se están produciendo y que determinarán el futuro de la selección se detallan a continuación.

Social recruiting: el valor de las redes sociales

El *social recruiting* es la búsqueda de candidatos potenciales a través de las redes sociales tales como Instagram, Facebook, LinkedIn y otras plataformas web como foros, blogs, etc. Las redes sociales se han convertido en un canal de venta y fidelización muy importante para las empresas. De la misma manera se están utilizando para obtener mayor eficiencia en los procesos de selección.

La modalidad de búsqueda de empleo de las nuevas generaciones cambió notablemente. Un nuevo paradigma está naciendo y consiste en atraer a los buscadores de empleo para que se interesen en la empresa. **Las compañías ya**

no pueden conformarse con esperar a que los candidatos se postulen. Tienen que salir a buscarlos utilizando la estrategia del *social recruiting*, que promueve la imagen de la empresa como un lugar ideal para trabajar y genera que los candidatos se interesen en la misma.

Se estima que el 75% de los profesionales son candidatos pasivos. El *social recruiting* utiliza estrategias del marketing digital para identificar grupos específicos de candidatos, sean activos o pasivos. Así, se pueden identificar personas talentosas que no estén buscando trabajo en forma proactiva. Por este motivo es cada vez más importante la interacción entre las áreas de marketing y comunicaciones y la de RR. HH.

Avanzar en el *social recruiting* requiere tiempo y esfuerzo, pero es una inversión necesaria para crear relaciones con potenciales candidatos y una identidad de marca fuerte para introducirse en la era digital.

La inteligencia artificial

La inteligencia artificial (IA) ya está presente en nuestra vida cotidiana, integrada a través de aplicaciones como Siri, de Apple; Alexa, de Amazon; o Cortana, de Microsoft. No existe una definición aceptada por todos los expertos de lo que significa la IA. El "Test de Turing" (creado en 1950 por Alan Turing) es una prueba que define si una máquina es o no inteligente. Si un humano interactúa con una IA y no puede distinguir si las respuestas provienen de un ser humano o de la IA, entonces la IA es inteligente. En 2014, por primera vez, una IA superó el Test de Turing.

La IA es una rama de las ciencias computacionales encargada de desarrollar sistemas o aplicaciones capaces de realizar actividades propias de los seres humanos, como el razonamiento, y de reproducir sus conductas. Consiste en una combinación de algoritmos y de identificación de patrones con el propósito de crear máquinas que imiten la inteligencia humana.

Una de las ramas de la IA es el "procesamiento del lenguaje natural" (NLP, por sus siglas en inglés), que permite programar una computadora para que "comprenda", procese y genere un lenguaje como si fuera una persona. Es decir que desarrolla la capacidad de interpretar textos o el lenguaje oral, simulando la habilidad humana de entender el lenguaje.

Otra es el "*machine learning*" (ML, por sus siglas en inglés), que sirve para crear sistemas que aprenden automáticamente, es decir que el algoritmo puede identificar patrones complejos en bases con millones de datos y es capaz de predecir comportamientos futuros.

Pero lo más importante es que estos sistemas mejoran de forma autónoma con el tiempo, sin la intervención humana.

Cómo funciona la inteligencia artificial

El artículo titulado "Inteligencia artificial: qué es, cómo funciona y para qué se está utilizando" explica maravillosamente cómo aprende la IA:

> En primer lugar, debe aprender a realizar una tarea. Si va a usarse para identificar fotos de gatos debe procesar miles de fotos de gatos, para aprender a distinguirlos.
> A continuación, empieza el entrenamiento poniendo en práctica esa teoría: recibe fotos de diferentes animales, y debe separar los gatos. Al principio fallará mucho, y habrá que decirle las fotos que acierta, y las que falla. Así la IA irá descubriendo por qué falla, e irá mejorando sus aciertos. Como más entrene, mejor lo hará.

Finalmente, la IA será capaz de trabajar ella sola, sin recibir órdenes. Simplemente entregándole los datos de entrada (fotos) generará un resultado (fotos de gatos) sin que exista una lista de órdenes (programa) que le diga los pasos que tiene que realizar.

Este tipo de estructura (aprendizaje, entrenamiento, y resultados) es común para las IAs que tienen que realizar tareas mecánicas y repetitivas, o que trabajan con el lenguaje humano, como un asistente virtual. (Estapé, 2021.)

Ambas ramas se utilizan individualmente o en conjunto en aplicaciones para mejorar el desempeño de las áreas de RR. HH. La IA ya está afectando a la selección de personal y esto seguirá incrementándose en la medida en que siga avanzando y perfeccionándose.

Chatbot

Una de esas aplicaciones es el *chatbot*. Su nombre proviene de la fusión de los términos *chat* (hablar) y robot. Tiene el propósito de imitar una conversación y el comportamiento de una persona interactuando con otra, utilizando el "procesamiento del lenguaje natural" (NLP). Muchas empresas y entidades públicas (el Gobierno de la Ciudad Autónoma de Buenos Aires, por ejemplo.) han incorporado los *chatbots* para optimizar procesos, reducir costos y tiempos de ejecución. Normalmente, se utilizan para atención al cliente o a los ciudadanos.

Esta aplicación de la IA ya se está utilizando en la selección de personal para interactuar con los candidatos durante el proceso. Es posible complementar el NLP propio de los *chatbots* con *machine learning* (ML), es decir, con un sistema susceptible de ser entrenado para identificar patrones y realizar una preselección preliminar. **A partir de realizar algunas preguntas al postulante, puede ir identificando si una persona cumple con los requisitos del puesto y si es**

conveniente que avance a una entrevista posterior con un selector humano.

Los *chatbots* tienen múltiples usos, especialmente en la etapa de preselección previa a la entrevista con el selector y también para algunas interacciones con los candidatos durante el proceso.

Solicitar o brindar información a los postulantes: permiten realizar preguntas sobre la experiencia, el conocimiento y las habilidades de los candidatos. Pueden consultar sus expectativas salariales y otras cuestiones específicas que se requieran para la búsqueda, como disponibilidad para viajar o trasladarse a otras ciudades. Son sumamente útiles para brindar información acerca de la empresa, su historia, sus unidades de negocios, los principales productos o servicios que ofrece, etc. De esta manera, el selector evitará una de las tareas más tediosas de su rol que es contactar a decenas de personas que no están localizables, o que finalmente no están interesadas en el puesto. Un *chatbot* es capaz de realizar estas consultas a cientos de personas al mismo tiempo.

Responder dudas de los candidatos: es posible entrenar al *chatbot* para dar respuesta a las dudas o preguntas frecuentes de los candidatos, de acuerdo con el perfil (condiciones de contratación, beneficios, etc.). Por otra parte, puede atender las consultas sobre la evolución de la búsqueda, ya sea que estos candidatos avancen o no en el proceso. Es decir que se encarga al *chatbot* la labor de mantener constantemente informados a los candidatos a través de mensajes personalizados. Esta es una tarea que, muchas veces, al selector le cuesta realizar debido a la carga de trabajo.

Programar entrevistas: los *chatbots* se pueden integrar a diversos medios, como correos electrónicos, SMS, Messenger de Facebook, aplicaciones de mensajería como Slack, WhatsApp o Telegram y *softwares* específicos como un ATS (*Applicant Tracking System*). De este modo mantienen con el postulante una comunicación fluida y, por ende, coordinan las entrevistas con los entrevistadores humanos para que este continúe con el proceso o para citarlo a realizar estudios complementarios (psicotécnicos o exámenes médicos).

Realizar una preselección curricular: los *chatbots* que complementan el NLP con ML son capaces de procesar múltiples fuentes de datos para detectar y evaluar determinadas características de los candidatos que les permiten seleccionar un grupo pequeño de ellos, potencialmente adecuados para el puesto. Según Sanzana (2019), pueden "entrevistar 10 a 20 veces más candidatos que en un proceso tradicional". Esta es una gran ventaja, ya que acelera sustancialmente el proceso de selección al evitar todo el trabajo de preselección antes de la entrevista.

Los *chatbots* contribuyen a una reducción significativa del tiempo dedicado a esas actividades y a que los selectores se concentren en la actividad en la que suman mayor valor agregado, es decir, en la entrevista con el candidato.

Los robots

Existen varios modelos de robots para selección de personal, como Vera y Mya, que pueden encontrarse en el mercado con ese nombre, pero son solo aplicaciones de IA. Los robots no dejan de ser sistemas que utilizan IA. Se diferencian de los *chatbots* en que estos siempre utilizan la tecnología del lenguaje natural y en que solo algunos están desarrollados para aprender, es decir que utilizan *machine learning*.

La IA, a través de diferentes algoritmos informáticos, identifica patrones que permiten evaluar y clasificar de manera instantánea la información de los currículums recibidos o ya presentes en la base de datos, y también monitorear las redes sociales, detectando los candidatos que no están

buscando trabajo. Las aplicaciones de IA más sofisticadas pueden incluir la utilización del reconocimiento de voz y la evaluación de distintas variables a través de videos. Mediante el *machine learning* consiguen aprender y automatizarse, alcanzando resultados mucho más efectivos. Esta tarea podría demandarle días o semanas enteras a un selector.

Unilever ha implementado en varios países europeos formas novedosas de selección a través de la gamificación y la IA. Gran parte del proceso se realiza sin el contacto con personas. Después de cargar sus datos en la página web, se le propone al postulante una serie de 12 juegos *online* que debe resolver en 20 minutos. De esta manera la IA puede evaluar competencias como capacidad analítica y toma de decisiones, entre otras. En el próximo paso se le pide al candidato que realice una entrevista *online* grabada, en la que responde preguntas relacionadas con problemáticas de situaciones reales susceptibles de ocurrir en la empresa. De este modo se analizan sus respuestas, sus gestos faciales y su expresión oral. La información total recopilada en estas instancias le permite a la IA realizar una preselección de candidatos que avanzarán a una etapa final, la cual ya es presencial, con un profesional de selección.

En un artículo publicado en *Business Insider*, Feloni (2017) presenta esta información sobre el caso Unilever: "El tiempo medio para que un candidato sea contratado pasó de cuatro meses a cuatro semanas, ahorrando un total de 50.000 horas de tiempo de candidatos. El tiempo empleado por los reclutadores para revisar las solicitudes disminuyó en un 75%". Sin duda, la IA reduce muchísimo los tiempos del selector y el costo del proceso. Y no es solo Unilever. Tesla, Accenture, LinkedIn y Sutherland, entre otras grandes multinacionales, también están usando la IA en sus procesos de reclutamiento.

Beneficios de la aplicación de la IA a la selección de personal

Sin duda, la IA, en cualquiera de sus formas, es un complemento realmente útil para la adquisición de talento, que se ha transformado en una función estratégica de las compañías. Sirve para identificar e incorporar en el menor tiempo posible a los mejores candidatos del mercado. Normalmente se destacan los siguientes beneficios.

Foco del trabajo del selector: las tareas de preselección curricular revisando cientos de currículums que no se adecuan al perfil generan una pérdida enorme de tiempo improductivo del selector. Este podrá dedicar su disponibilidad al relevamiento del perfil y a las entrevistas personales, actividades en las que mayor valor agregado brinda. La evaluación y las decisiones que tome en cuanto a la adecuación de un candidato al puesto y a la cultura de la empresa se realizarán con más tranquilidad y a conciencia, debido a que se concentrará en esa tarea, dejando que las aplicaciones de IA se ocupen de las labores operativas y rutinarias. Las aplicaciones de IA que utilizan *machine learning* las llevan a cabo con muchísima velocidad y las 24 horas del día. Inevitablemente, se irá cada vez más en ese sentido.

Mejora la diversidad: los selectores, indudablemente, pueden estar atravesados por sesgos inconscientes de género, edad, raza, etc. Algunos autores consideran que estas cuestiones pueden ser neutralizadas por los robots. La IA actúa en función de algoritmos, detectando patrones para preseleccionar a los candidatos.

Esto significa que el robot lo hace de forma objetiva, según la información que le brinda la empresa. Siempre que las bases de datos que utilice la IA mantengan un nivel razonable de diversidad, factores como el género, la edad, la cultura, o cualquier otro no deberían afectar el proceso de selección.

Límites de la IA para su aplicación en la selección

Cabe, sin embargo, reconocer algunos inconvenientes de la IA.

La información que reciben: uno de los puntos que se destacan en la IA para selección es que mejora la diversidad. Es cierto que los selectores ponen inevitablemente en juego su subjetividad y eso es algo que un buen profesional busca mejorar. No obstante, no es tan cierto que a través de la IA se evita el sesgo. El caso paradigmático es el de Amazon, una de las empresas pioneras en utilizar la IA para la contratación de sus empleados. La organización detectó que el algoritmo era sexista y que prefería seleccionar hombres antes que mujeres, discriminando a estas últimas para ocupar un puesto de trabajo en la compañía. ¿Qué es lo que ocurrió con Amazon y que puede ocurrir con cualquier otra empresa? Utilizó la base de datos que tenía de los últimos diez años para enseñarle a la IA. Como la mayoría eran hombres, el algoritmo mantuvo el sesgo.

Si existe un problema de sesgo, no es un problema de la IA sino de la información (base de datos) con que se la nutre y que es provista por los humanos. En sí misma, la IA no tiene sesgos. Lo que es difícil evitar es que los sesgos humanos se trasladen a la IA cuando el sistema utiliza el aprendizaje automático.

Sin duda, los beneficios de la IA aplicada a los RR. HH. son muchos. No obstante, Dastin reproduce en un artículo publicado en Reuters (2018) las palabras de Nihar Shah, profesor de aprendizaje automático en la Universidad Carnegie Mellon: "todavía hay mucho trabajo por hacer". Y afirma: "Cómo garantizar que el algoritmo sea justo, cómo asegurarse de que el algoritmo sea realmente interpretable y explicable, eso todavía está bastante lejos".

La definición de los patrones para la selección: la IA requiere de criterios muy específicos de las variables que debe analizar. Teniendo en cuenta la dificultad de muchas empresas para relevar el perfil con precisión, en conjunto con la línea, puede ocurrir que los parámetros establecidos deban ser cambiados reiteradamente, como ocurre de hecho en la actualidad. La diferencia es que el selector es capaz de adecuarse rápidamente a ese cambio, mientras que la IA, una vez que hizo el trabajo de aprendizaje con un patrón, tiene que iniciar un nuevo proceso de entramiento, con el retraso correspondiente.

El tiempo de aprendizaje: la IA requiere un proceso de aprendizaje inicial seguido de un entrenamiento para lograr los resultados esperados. Esto significa tiempo y contar con información que sirva para generar los patrones de selección. Por información se entiende cientos de currículums exitosos para un determinado puesto y/o datos de los mejores empleados para esa posición. Sin esta información, el algoritmo no dispone de parámetros para aprender y realizar un pronóstico de los candidatos adecuados, lo que implica una limitación para usar la IA para todos los puestos. **El tiempo y el esfuerzo de diseño del algoritmo y del entrenamiento para poder realizar la preselección no se justifican para búsquedas puntuales.** Sin embargo, para perfiles con alta rotación o en empresas donde existen puestos ocupados por muchas personas (cajeros en Mc Donald por ejemplo), la utilización de la IA es sumamente recomendable. Starbucks y Procter & Gamble son líderes en ese sentido.

¿Desaparece el rol del selector?

No hay una opinión unánime al respecto. En forma mayoritaria se considera innegable la utilidad de la IA en la selección, para agilizar el proceso, reducir costos y lograr mejor eficiencia. **Pero esta tecnología podría adaptarse y ser muy útil en la primera parte del proceso de selección y en la**

interacción automática y autónoma con los candidatos. No obstante, no reemplaza la mirada analítica, la curiosidad, la intuición y la empatía de un buen selector.

Históricamente, la aplicación de las nuevas tecnologías obliga a una nueva forma de realizar las tareas y, por ende, el desarrollo de nuevas habilidades. Las competencias que se requerían antiguamente en un selector ya no son suficientes para ejercer su profesión. Los robots podrán desplazar a las personas en algunas tareas repetitivas y de poco valor agregado, pero no en la esencia del selector. No obstante, hay que entender que va a depender de cada uno, y no de las máquinas, la posibilidad de ganar empleabilidad. Su rol está cambiando rápidamente y es imprescindible que los selectores se adapten a trabajar de manera de aprovechar al máximo las posibilidades de las nuevas tecnologías (robot, *chatbot* y *analitics*).

Sistemas de gestión de procesos de selección

Los ATS (*Applicant Tracking System*, sistemas de gestión de procesos de selección) son aplicaciones que sirven para llevar la gestión integral de todo el proceso de selección de personal desde la recepción de los currículums hasta la contratación de los empleados. Esta tecnología permite organizar y segmentar decenas de candidaturas, así como facilitar el contacto con el candidato y el posterior seguimiento.

Hoy existen en el mercado varios ATS que se utilizan para realizar un seguimiento completo del avance del candidato, registrar la información de las entrevistas, adjuntar las distintas evaluaciones, etc. La mayoría de ellos permiten realizar una preselección filtrando candidatos postulados a un aviso a través de algunas variables (formación, puesto, idioma, sueldo pretendido, etc.). **No obstante, ya están disponibles ATS con IA destinados a realizar la preselección**

de los candidatos de manera inteligente, no solo evaluando a los que se postulan o ya se encuentran en la base de datos de la empresa, sino también detectando y analizando candidatos pasivos en las redes sociales como LinkedIn.

Sin duda, los ATS con IA serán de uso corriente en los próximos años y se convertirán en una herramienta fundamental para captar antes que la competencia los mejores talentos del mercado.

Gamificación

La gamificación es una práctica que nace en el marketing y se apoya en los juegos para crear experiencias atractivas y emocionantes que involucren al cliente. Esta herramienta, que ha tomado vuelo en los últimos años, utiliza las propias dinámicas del juego (como los desafíos, las reglas, el azar, las recompensas y los niveles de consecución de objetivos) para inducir al cliente a la compra o la fidelización mientras se divierte.

La gamificación es una herramienta útil para los procesos de selección y también para el desarrollo de la marca empleadora. Las empresas la aprovechan para poner a prueba los conocimientos y habilidades de los postulantes. Feloni (2017) explica el caso emblemático de Unilever, mencionado anteriormente, en el que los candidatos se postulan en LinkedIn y se les propone 12 juegos *online* orientados a evaluar algunas competencias específicas. Por ejemplo, el juego de los globos es sumamente útil para valorar la manera en que las personas manejan el riesgo. No hay resultados correctos o incorrectos, lo que se aprecia son las características que mejor se adecuan a los distintos puestos vacantes en la compañía.

Esta técnica se aplica cada vez más en las empresas, debido a sus grandes beneficios. Una empresa pionera en este campo fue L'Oréal (2019). En 1993, esta organización desarrolló el programa L'Oréal Brandstorm, que utiliza un simulador de negocios como herramienta de reclutamiento con el objetivo de identificar los mejores talentos en distintas universidades del mundo. El simulador les permite jugar tomando el rol de un *brand manager* de alguna de las marcas del grupo y mostrar sus habilidades de innovación y audacia, o su capacidad para asumir riesgos. Desde su nacimiento, han participado más de 200.000 estudiantes de todo el mundo.

La gamificación utiliza videojuegos y se le puede sumar también videos interactivos, realidad virtual y hasta juegos de escape *online* para ver cómo reaccionaría un candidato ante una pregunta del cliente o una variedad de situaciones posibles.

La gamificación ofrece un gran abanico de posibilidades de interacción que la convierte en una estrategia de mucho valor para la selección, que puede utilizarse además en otros procesos de RR. HH., como la inducción y la capacitación.

Los cambios tecnológicos están atravesando el mundo del trabajo e ineludiblemente implican nuevas formas de intervención y de habilidades en los profesionales de RR. HH. Los selectores encuentran en las TIC un apoyo muy importante a su gestión para reducir las tareas rutinarias y concentrarse en las actividades en las que aportan valor.

Esto implica incorporar el paradigma "Yo elijo, tú eliges", salir a buscar a los candidatos, consustanciarse con la tecnología y adquirir nuevas habilidades orientadas a incorporar a los mejores talentos del mercado.

CAPÍTULO 2

EL NUEVO PARADIGMA EN LA SELECCIÓN DE TALENTOS

Hacia el capitalismo consciente

Cada vez son más los numerosos pensadores que plantean que el mundo de los negocios está en proceso de transformación. John Mackey y Rajendra Sisodia, autores de *Capitalismo consciente* (2016), plantean que las empresas deben tomar conciencia de que son un sistema interdependiente de personas que trabajan en conjunto para crear valor para otras personas, los clientes, los empleados, los inversores y la sociedad en general. En este sistema complejo, los distintos grupos de interés se conectan e inciden los unos en los otros. Este modelo plantea una revisión del capitalismo, en la que no haya un solo *stakeholder*, el accionista. **El capitalismo consciente entiende a cada uno de los miembros de este sistema como un *stakeholder* y considera que todos tienen**

que beneficiarse. Los beneficios no tienen que estar solo concentrados en las utilidades, sino en el bienestar común de todas las partes involucradas.

Estos modelos están replanteando la forma de hacer negocios, donde las empresas cumplen un nuevo rol en la sociedad. En ellos, los *stakeholders* ya no son el centro del sistema. Tienen un lugar distinto y, por ende, los clientes y los empleados también. Estos últimos ya no son parte de un engranaje que contribuye a brindar valor para los accionistas, sino que deberían beneficiarse de la interacción con las otras partes. Mackey (s. f.), concluye que...

> [...] si tenemos clientes felices, tendremos un negocio exitoso e inversores felices. La gerencia ayuda a los miembros de los equipos a experimentar felicidad, los miembros de los equipos ayudan a que los clientes se sientan felices, los clientes ayudan a los inversores a lograr felicidad, y cuando una parte de las ganancias de los inversores es reinvertida en un negocio se logra crear un círculo virtuoso (p. 23).

La sociedad y las empresas se van encaminando hacia un modelo interdependiente donde los empleados ocupen un lugar distinto. Esto obliga a las compañías a repensar la gestión de las personas en su interior. ¿Cómo se seleccionarán a estos empleados? ¿Cómo se hará para fidelizarlos, para que se sientan plenos y felices para contribuir a servir al cliente? ¿Qué se está haciendo para que perciban que son una parte que se beneficia en el modelo del capitalismo consciente?

Un nuevo paradigma

El talento se ha convertido en un activo estratégico de las empresas. El acceso al capital y a la tecnología es cada vez más fácil, pero los empleados destacados que conducen y operan una empresa son siempre más escasos. Gabriela Samela, en su nota en el diario *Clarín* "Récord de escasez de talento: cuáles son los puestos más difíciles a cubrir" (2021), cita una Encuesta Global de Escasez de Talento de la consultora Manpower donde se afirma que el 72% de los empleadores locales tiene problemas para cubrir algunos puestos de trabajo, pese al desempleo que existe en el país. No obstante, no es un problema específico de Argentina. La misma nota explica que la tasa promedio a nivel mundial es del 69%. En España, por ejemplo, Manuel Llamas destaca en "Las empresas se quejan de las dificultades para encontrar personal cualificado" (2017) que el 72% de los empleadores manifiesta encontrar dificultades en la contratación de profesionales cualificados para determinados puestos.

Estamos entrando en la era digital, en la que los avances tecnológicos (IA, robótica, etc.) generan una demanda de trabajadores cada vez más calificados. **Se ha pasado de la necesidad de la fuerza muscular a la exigencia de capacidad para poner en juego conocimientos (que resultan obsoletos cada vez más rápidamente) y flexibilidad para adquirir otros nuevos. Los robots están empezando a reemplazar los trabajos manuales y repetitivos, por lo tanto, las empresas necesitarán más "cabezas" y menos "manos".**

Históricamente, el proceso de selección estuvo enfocado en las necesidades de la empresa, sin tener presentes las de los postulantes. Hubo algo de soberbia en el mundo empresario cuando se promovía una búsqueda y se esperaba que la gente estuviera dispuesta a aceptarla sin reparos. El prestigio de la empresa era suficiente para que una persona deseara incorporarse a ella. Normalmente, este ingreso se constituía en el seguro de un trabajo para toda la vida. La persona que ingresaba a la empresa se consideraba una "elegida" y se sentía obligada a la gratitud y al compromiso durante toda su vida laboral. *Este es el modelo "Yo elijo, tú aceptas".*

Ese mundo no existe más. Las nuevas generaciones vieron que sus padres –que tenían las mismas expectativas que sus abuelos– fueron desvinculados en los procesos de reingeniería de los años 90. Esto generó que los integrantes de las Generaciones Y y Z tengan una relación completamente distinta con el trabajo. No piensan en el trabajo de por vida, sino en el desarrollo de su propia empleabilidad. No les interesa el "nombre de la empresa". Les interesa cuál es el propósito, qué desafíos se les presenta, cómo se afecta al ambiente, si la firma tiene políticas de diversidad y si ofrece un buen balance entre vida profesional y laboral.

Desde hace algunos años, las empresas más inquietas dejaron de pensar la selección de forma reactiva: poner un aviso y que la gente se postule. Los niveles educativos que se solicitan son mayores, los conocimientos de muchas personas quedaron obsoletos y gran parte de los perfiles que se requieren no están disponibles en el mercado. La escasez de talento es una problemática que recorre el mundo. Según Llamas (2017), el 92% de los empleadores de España cree que existe una brecha entre la preparación de los jóvenes y lo que demandan las empresas. Por otra parte, cuando una organización logra captar una persona talentosa en el mercado, le cuesta mucho retenerla.

Esta situación invita a repensar la gestión de RR. HH., y especialmente el proceso de selección y continuidad en la empresa. Ya no puede estar el foco puesto solo en la empresa, es crucial ponerlo fuertemente en el mercado. Seguramente será difícil realizar este cambio, pero, indudablemente, es primordial. Las compañías deben ya pensar cómo captar y fidelizar a las personas talentosas, porque de eso dependerá significativamente su éxito. Miriam Aguado y Alfonso Jiménez lo expresan claramente en su libro *Empresas que dejan huellas* (2017):

[…] hoy las empresas, además de competir por los clientes, por el capital, por la tecnología, tienen una gran batalla que librar, la batalla por los mejores, aquellos que marcan diferencias, aquellos que se automotivan, aquellos que crean, que innovan, que emprenden, que se mueven con soltura en entornos competitivos e internacionales, aquellos que tienen las mayores dosis de talento. Y esta es la principal batalla empresarial del siglo XXI. Las mejores empresas serán las que sean capaces de atraer, retener, desarrollar y aflorar las personas con más talento (p. 15).

Recursos humanos y marketing

Este cambio de enfoque en los RR. HH. invita a los profesionales del área a desarrollar una mirada similar a la que se aplica en el marketing.

Los célebres especialistas en el tema, Kotler y Armstrong (2017), definen el marketing como "la administración de las relaciones redituables con el cliente. La meta doble del marketing consiste en atraer nuevos clientes prometiéndoles un valor superior y mantener y hacer crecer a los clientes actuales satisfaciendo sus necesidades" (p. 4). Y agregan: "El objetivo del marketing consiste en crear valor para los clientes y obtener valor de ellos a cambio" (p. 2). Esta definición explica claramente una nueva manera de pensar el rol de RR. HH. Sería conveniente adoptar la mirada del marketing para redefinir la forma en que las empresas deberían empezar a pensar la gestión del talento.

Parafraseando a Kotler, podríamos decir que **la gestión de RR. HH. consiste en atraer nuevos talentos prometiéndoles un valor superior (desarrollo, calidad de vida, etc.) y en mantener y hacer crecer a los empleados actuales satisfaciendo sus necesidades (a través de capacitación, desafíos, etc.). El objetivo de RR. HH. consiste en crear valor para las personas talentosas y obtener valor de ellas a cambio (conocimientos, innovación, etcétera).**

Las empresas, normalmente, piensan en sus propias necesidades y no en las del mercado. Definen un perfil con un exhaustivo detalle de los conocimientos, las experiencias y las competencias que debería poseer el ingresante. Sin embargo, pocas son las organizaciones que se plantean qué tienen para ofrecer y por qué una persona talentosa debería estar interesada en incorporarse. Podrían preguntarse: ¿cuánto satisfacen mi empresa, mi liderazgo, mi cultura, mis herramientas de gestión al mercado? **Hay que replantearse cuán atractiva es la compañía para captar los mejores talentos. Para "prometer un valor superior", hay que identificar qué tiene de especial la empresa, cuáles son sus fortalezas y los aspectos que pueden agregar valor a un candidato.**

Hace ya varios años que en el formulario de perfil de puesto que utilizamos para selección incluimos un apartado en el cual le pedimos al cliente que nos explique cuál es el valor agregado que pueden tener el puesto y la empresa para un postulante. Es increíble lo difícil que les resulta responder esta pregunta a los colegas de RR. HH. y a los empresarios. Les consultamos por qué un empleado talentoso, que puede estar trabajando o manejando varias propuestas, debería querer trabajar en su organización. Muchas veces, nos explican que es una empresa exitosa, una marca reconocida, que es sólida en términos financieros, etc. Pocas veces nos dicen algo que realmente le importe al postulante.

Para "mantener y hacer crecer a los empleados actuales satisfaciendo sus necesidades" hay que entender cuáles son esas necesidades y definir estrategias y acciones concretas que permitan satisfacerlas. En este sentido, la investigación de Randstad (2019), "Employer brand research 2019", detectó qué motivos esgrimen los empleados argentinos para dejar la organización. En primer lugar está la remuneración, pero le siguen la falta de oportunidades de desarrollo profesional, la falta de reconocimiento/recompensas, la falta de estabilidad financiera y las condiciones de trabajo poco flexibles.

La investigación coincide con la opinión de Leigh Branham (2005). En su libro *7 razones ocultas por las que los empleados se van* plantea que los principales motivos por los cuales las personas abandonan las empresas son la falta de reconocimiento, trabajos poco satisfactorios, limitadas posibilidades de promoción, malas prácticas de gestión y falta de liderazgo.

Los directivos suelen contentarse con la explicación de que los empleados se van de la empresa porque los atraen mejores ofertas. Eso ocurre y tiene un papel importante, sin embargo, es una mirada simplista. **Habría que cambiar la pregunta ¿por qué se van? por otra: ¿por qué no se quedan? La primera lleva a pensar en qué le ofrecen en el mercado. La segunda en por qué la empresa no puede satisfacer sus necesidades.**

El embudo de Selección

Desde hace años, el marketing desarrolla modelos para captar y fidelizar clientes. El proceso de selección debería tener más similitudes con esta disciplina que con los clásicos modelos de selección. No es tanto el proceso en sí lo que cambia, sino el enfoque.

En la actualidad, las empresas deberían concebir el proceso de selección enfocado en el mercado. Ya no solamente desde el marco de sus necesidades, sino con una visión más abarcadora. **Sin duda, es difícil atraer a los mejores talentos a las organizaciones, sin embargo, es mucho más complejo conservarlos. Por eso, habría que replantearse la idea de que el proceso de selección está aislado del paso de las personas por la empresa. Selección y fidelización debería encararse como un proceso integral.**

El marketing, especialmente el digital, ha desarrollado modelos que pueden ser aplicados perfectamente a estos procesos de RR. HH. y que, además, ayudarían a cambiar el enfoque actual. El *funnel* o "embudo" es una herramienta desarrollada hace muchos años pero que el marketing digital ha retomado con éxito. Es una poderosa metodología de planificación de la gestión de captación y fidelización de los clientes.

Hay distintos modelos. El que se presenta a continuación (Figura 3) es uno que se considera susceptible de servir para pensar el proceso de selección y fidelización del talento.

Figura 3. Embudo de selección y fidelización

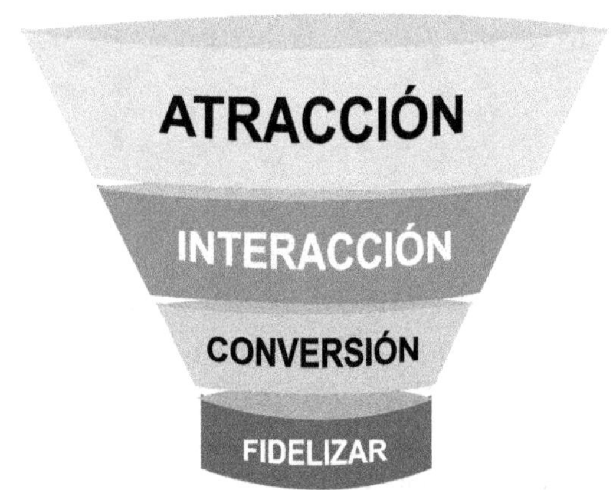

Fuente: elaboración propia, basada en el modelo desarrollado en https://www.ipanemacomunicacion.com/blog/guia-paso-a-paso-como-crear-funnel-embudo-ventas.

Fase 0. Diagnóstico

El paso inicial en este proceso es el diagnóstico. Es la instancia en la que la dirección de RR. HH. debe realizar un exhaustivo análisis a partir de los siguientes pasos.

Paso 1. ¿Cuál es mi *target*?

El profesional de RR. HH. deberá recurrir a las metodologías del marketing y definir el *target* objetivo: personas con determinadas formaciones, experiencias, características, etcétera.

Con la ayuda de *big data* y la IA, los especialistas en marketing ya están elaborando microsegmentaciones para ofrecer a cada consumidor exactamente lo que necesita. La gestión de RR. HH. deberá empezar a definir una segmentación propia de diferentes *targets* para distintos puestos clave.

Paso 2. ¿Qué estoy ofreciendo?

Durante años, las empresas han incorporado prácticas y beneficios para sus empleados, adaptándose a los cambios que se iban dando. Habría que realizar una revisión de estos. **Para eso, sería conveniente ejecutar un FODA para identificar sus fortalezas y debilidades con relación al mercado. Plantearse estas preguntas implica mucho más que revisar cuáles son los beneficios y condiciones de contratación.** Implica volver a pensar los conceptos intangibles:

- ¿Qué tiene la empresa para ofrecer?
- ¿Cuáles son los atractivos que creemos tener?
- ¿Cómo son nuestras remuneraciones con respecto al mercado?
- ¿Cuál es la oferta de beneficios?
- ¿Qué proyección de crecimiento podemos ofrecer?
- ¿Es atractivo para el mercado ser conducido por nuestros líderes?
- ¿Tenemos una cultura acorde con lo que esperan las personas talentosas?

- ¿Es atractivo el clima laboral que se vive en la empresa?
- ¿Cuál es el balance entre vida laboral y vida personal para nuestros empleados?

Recientemente tuve que realizar una búsqueda de gerente de Finanzas para una compañía líder de entretenimiento. La empresa tenía una amplia variedad de beneficios. Cuando hicimos el relevamiento del perfil, nos comentaron que en la encuesta de clima 94% de los empleados dijeron que recomendarían a la empresa para trabajar. Este fue el aspecto que más llamó la atención y generó interés en los candidatos entrevistados. Mucho más que los vouchers de almuerzo y la cochera. Cuando lo mencionábamos abrían grandes los ojos y nos decían: "Ahhh, ¡qué bueno!". "¡Eso es muy importante!" O cosas similares. Esto demuestra que las personas están valorando otras cosas y que no miran solamente los aspectos tangibles.

Paso 3. ¿Qué requiere el mercado?

Una vez que se hizo un detallado registro de los beneficios tangibles e intangibles que puede ofrecer la empresa, habría que pensar en otras preguntas como, por ejemplo:

- ¿Qué puede atraer a las personas talentosas?
- ¿Qué necesitan las personas que quiero captar en el mercado (mi *target*)?
- ¿A qué cosas le dan valor?
- ¿Qué están ofreciendo las empresas competidoras?
- ¿Qué pueden aportar las investigaciones que se están haciendo sobre el tema?

Las empresas tendrán que empezar a utilizar metodologías del marketing e investigar el mercado de distintas maneras. En las ferias de empleo universitarias, suelen recibir los currículums y contarles a los interesados acerca de la empresa siguiendo el paradigma **"Yo elijo, tú aceptas"**. No obstante, es una oportunidad increíble para conocer lo que esperan los estudiantes de una empresa; por ejemplo, a través de un breve cuestionario o alguna actividad de gamificación. Esto ayudaría a revisar el paradigma y a cambiarlo por **"Yo elijo, tú eliges"**.

Además de realizar investigaciones propias, podrían recurrir a las de otras instituciones o universidades que están preocupadas por estas cuestiones. Otra práctica para desarrollar es explorar lo que se dice de la empresa en las redes y los blogs. En ellos, los empleados o exempleados comparten comentarios que contribuyen a conocer mejor la verdadera percepción que se tiene de la empresa y las expectativas satisfechas y no satisfechas.

La guía de marca empleadora de LinkedIn invita a agudizar el oído y escuchar a los empleados y candidatos a través de información disponible en la red, y recomienda revisar y hacer un seguimiento de las "conversaciones no oficiales que tienen lugar en Internet, donde son otros los que lideran el diálogo" (LinkedIn, s. f.).

Paso 4. ¿Qué podemos cambiar?

Pero una vez evaluado qué tiene la empresa y qué esperan las personas, deberían surgir otras preguntas:

- ¿Cuáles son nuestras debilidades como empresa? ¿Cómo podemos compensarlas?
- ¿Qué se debe modificar internamente (salarios, capacitación, espacios, políticas, etcétera)?
- ¿Qué prácticas debemos incorporar (teletrabajo, horarios flexibles, días para trámites personales, diversidad, etcétera)?

- ¿Qué estamos ofreciendo que ya no implica valor para los empleados actuales y futuros?
- ¿Qué beneficios tendríamos que discontinuar?
- ¿Qué cambios tenemos que desarrollar en nuestros líderes?
- ¿Cómo podemos mejorar nuestro clima laboral?
- ¿Cómo hacer que las personas trabajen mejor y logren mayor eficiencia en su trabajo?

A partir de esta información se debería analizar la brecha existente y elaborar un plan para redefinir los cambios que sería necesario implementar en la organización.

En el futuro, como lo hace el marketing, la compañía deberá ofrecer "soluciones a medida" para cada persona. Fidelizar a los talentos implica, cada vez más, una estrategia enfocada, en vez de políticas generales. **En este sentido, los líderes de cada área o departamento tendrán un rol fundamental. Serán corresponsables de identificar necesidades en su equipo y de implementar acciones precisas y efectivas, en conjunto con el área de RR. HH.**

Diego Prado, el director de Asuntos Corporativos de Toyota, explicó en el II Forum Nacional de Talento organizado el 26 de septiembre de 2019 por LIDE Argentina cómo la compañía se estaba repensando como una empresa de servicio y ya no solo productiva. Las proyecciones para el futuro son que los autos se van a alquilar ya que la gente va a dejar de tener un auto propio. Desde una aplicación se contratará un auto, se lo usará y dejará cuando finalice el viaje. Esto implica una reducción enorme de costos para el consumidor. Si Toyota, una empresa líder de un mercado tan tradicional como el automotriz, está modificando radicalmente su forma de ver el negocio, qué hace pensar que no haya que hacer lo mismo en la gestión de RR. HH., donde los cambios se están dando a una velocidad mucho mayor.

Muchos empresarios y líderes de organizaciones todavía piensan que la empresa no tiene que adaptarse a todos los caprichos del mercado, sobre todo a los que tienen las nuevas generaciones (el *home office*, la flexibilidad horaria, etc.). Después de la irrupción del covid-19, será muy difícil captar a los mejores talentos si no se adaptan. **De la misma manera en que se modificaron las expectativas del cliente y las compañías tuvieron que cambiar sus productos y modelos de negocio, también tendrán que ajustar su mirada sobre los procesos de selección y su relación con los empleados. Aquellas que no lo hagan perderán a los mejores y esto generará un impacto negativo en el mercado frente a una competencia que se adapte a un nuevo modelo de éxito.**

Fase 1. El proceso de atracción

Construir una marca empleadora atractiva

Desde hace muchísimos años las empresas buscan construir una imagen de marca que sea reconocida en el mercado y que contribuya al deseo de las personas de adquirir sus productos o servicios. Continuamente las compañías buscan captar la atención de sus valiosos clientes o prospectos a través de distintos medios (televisión, radio, vía pública, redes sociales, etc.). Compiten con las empresas rivales por ellos pues son su razón de ser.

La marca empleadora (o *employer branding*) es la imagen que ofrece una empresa a sus empleados, tanto los actuales como los futuros, y también a la sociedad en su conjunto.

Varias firmas líderes empezaron a adoptar una nueva perspectiva de la gestión del talento, entendiendo la necesidad de captar, comprometer y fidelizar a las mejores personas del mercado.

No obstante, no es una práctica generalizada. En la investigación sobre "Prácticas actualizadas de selección" realizada por *Pharus People & Business*[1], se observa que solo 40% de las empresas participantes realizan acciones concretas de marca empleadora. Sin embargo, en las empresas de más de 500 empleados se llega al 55,56%. En el resto, no superan el 27,78%. Esto muestra que una gran parte de las compañías no han comprendido todavía la importancia de desarrollarla.

¿Cómo desarrollar una marca empleadora?

La marca empleadora es compleja de generar. Es necesario combinar competencias de gestión de personas, de imagen, de marketing y de comunicación. No obstante, lo más importante, según Aguado y Jiménez (2017), *es "desarrollar una 'actitud' de Employer Branding que implica tener una mentalidad 'marketiniana' en todo lo que hacemos desde la gestión de personas".* Una seria dificultad que obstaculiza el desarrollo de la marca empleadora tiene que ver, según los autores, con que *"en muchas ocasiones la 'comunicación corporativa', entendiendo por tal la comunicación que emana hacia el mercado desde una corporación, no siempre está pensando que llega también a sus empleados y, sobre todo, a los que un día podrían ser sus empleados".* Esto implica la necesidad imperiosa de lograr una fuerte alineación entre las áreas de comunicación, marketing, sistemas y RR. HH. El mensaje tiene que ser uno. Es la misma imagen la que tiene que llegar al mercado en general desde el área de marketing y la que el área de RR. HH. envía al mercado laboral cuando comunica la propuesta de valor al empleado (PVE).

En su libro *Empresas que dejan huella* (2017), los autores destacan algunos puntos para tener en cuenta a la hora de desarrollar efectivamente una marca empleadora.

---

1 Disponible en https://www.academia.edu/59937916/Practicas_Actualizadas_de_Seleccion_Ano_2019_Resultados

Uno de ellos es que hay que trabajarla en primer lugar desde dentro. De nada sirve si se produce un divorcio entre lo que se manifiesta hacia el mercado y lo que realmente se vive en la empresa, lo que los propios empleados o exempleados dicen de la compañía. Estos últimos son los verdaderos embajadores de la marca y su opinión es la que mejor la promociona en el mercado.

El segundo punto es el papel de los líderes respecto de la promoción de prácticas que consoliden el compromiso y la fidelización de los empleados talentosos. Ellos son fundamentales en la consolidación de la marca empleadora hacia dentro para convertir a los empleados en "embajadores de la marca".

Aguado y Jiménez (2017) también proponen promocionar la marca en instituciones educativas antes de que las personas ingresen al mercado laboral, por un lado, y por otro hacia docentes universitarios, asociaciones profesionales y periodistas. Sin duda, en Argentina queda todavía un largo camino por recorrer. Incluso en las empresas grandes, no aparecen prácticas innovadoras para convertir en "embajadores de la marca" a otros interlocutores como los proveedores y exempleados.

La confianza de los empleados en los proyectos de la empresa debe ser tan importante como la confianza de los clientes en los productos y servicios que ofrece la compañía.

Campaña de identificación del talento

En el próximo capítulo se verá en profundidad la importancia de armar un buen perfil del puesto y se desarrollarán los ítems requeridos para contar con toda la información necesaria para llevar adelante la búsqueda.

Una vez que el área de RR. HH. tiene claro el perfil, debe iniciar una campaña de identificación de talento.

Históricamente podemos identificar distintos paradigmas para promocionar las búsquedas de personal. El aviso en el diario, presente por años, se basaba en un modelo de estímulo-respuesta. Solo se informaba la búsqueda y se esperaba la respuesta.

Hacia principios de los años noventa aparecieron varios portales de reclutamiento, entre ellos, Laborum. Este paradigma continuaba replicando el modelo reactivo de publicar y aguardar la postulación. No obstante, empezaron a aparecer las opciones para consultar las bases de datos (Bumeran, Zona Jobs, etc.). Este fue un cambio muy significativo porque se pasó del modelo reactivo al proactivo, permitiendo buscar gente que no se estaba postulando a una oferta. Pero no fue el único cambio. La posibilidad de utilizar filtros (experiencia, estudios, remuneración, etc.) facilitó la realización de una preselección más adecuada de los currículums, resultando en una enorme reducción de los tiempos del selector.

En 2002 se funda LinkedIn; en el 2003, Xing (muy fuerte en Europa), y en el 2004, Facebook. Y el mundo se transforma. Las redes sociales empiezan a crecer lentamente para adquirir en la siguiente década un crecimiento exponencial. Y el mundo de la selección se modifica. Otra vez, un modelo pierde fuerza y comienza a desarrollarse un nuevo paradigma, basado en la Web 2.0, que está transformando los modos de identificar el talento.

LinkedIn se convirtió en una herramienta fundamental de reclutamiento, especialmente para los niveles de conducción, mandos medios y profesionales. Sus mecanismos de búsqueda permiten identificar fácilmente a potenciales candidatos sin que se postulen.

La expansión de otras redes sociales como Facebook, Twitter e Instagram abrió enormes posibilidades de llegar a un público masivo a un costo muy reducido, no solo por las publicaciones en sí, sino también por la viralización de la información. Las empresas empiezan a usar estas redes para promocionar sus búsquedas y desarrollar su estrategia de marca empleadora.

Estrategias de marketing para captar el talento

El impacto del social media *en la selección*

A partir del surgimiento de la Web 2.0, a principios de los años 2000, se desarrollaron los medios de comunicación sociales (*social media* en inglés) que son plataformas de comunicación en línea cuyo contenido es creado por los propios usuarios y que facilitan la edición, la publicación y el intercambio de información (fotos, videos, imágenes, audio, etc.). Los más utilizados son las redes sociales y los blogs.

El informe "Digital 2021: Global Overview Report" de *DataReportal* (2021) aporta datos muy interesantes que muestran la expansión de los medios sociales o *social media* a nivel mundial.

- El 53,6% de la población mundial era un usuario activo de *social media*, casi un 10% más que en enero de 2020.
- El número de usuarios de *social media* pasó de 2.310 millones en 2014 a 4.200 millones en 2020.

Con relación a la Argentina en especial, el informe "Digital 2021: Argentina" de *DataReportal* (febrero de 2021) destaca que:

- El porcentaje de usuarios de *social media* asciende en nuestro país al 79,3% de la población (45,4 millones de personas).
- El 97,5% de los usuarios de *social media* lo hacen a través del celular y le dedican 3 horas y 22 minutos diarios.

Las redes sociales se han convertido en las fuentes de comunicación más potentes en la actualidad, con millones de usuarios que en forma casi instantánea les permiten a las personas, así como a las empresas, ponerse en contacto. No se puede negar el impacto y los cambios que han generado en la vida cotidiana y en el mundo del trabajo. Esto hace que una parte importante de la captación del talento sea necesario hacerla a través de esta herramienta.

El viejo modelo de reclutamiento fundado en una actitud pasiva, donde la empresa propone y los candidatos se postulan, está llegando a su fin. Tiene que dejarse de lado esta vieja concepción, para pasar a un modelo fundado en el marketing. Este nuevo paradigma se basará en el desarrollo de una actitud proactiva consistente en identificar los distintos *targets* donde se encuentren las personas talentosas y definir una planificación para captarlos.

> En julio de 2019 realizamos una investigación en torno de las nuevas prácticas de RR. HH. en Argentina, en la que participaron más de 100 empresas. Los resultados (Figura 4) mostraron que LinkedIn ya se ha instalado como el medio más usado para realizar búsquedas relativas a los niveles de gerencia, dirección, mandos medios y profesionales.

En los otros tipos de búsqueda, LinkedIn también ha empezado a ocupar un lugar importante, por ejemplo, en los puestos administrativos, de asistencia y atención al cliente (19%) frente al 23% de Bumeran y Zona Jobs.

Otro dato interesante que mostró la investigación (Figura 5) es que 11% de las empresas consultadas resuelven más del 75% de las búsquedas a través de las redes sociales y el 16% de ellas, entre 51 y 75% de las mismas.

Esta investigación muestra el lugar que ocupan las redes en la captación del talento. Lo que habría que preguntarse es si se está aprovechando todo su potencial. Sería conveniente evaluar de qué manera se usan las redes sociales. Los profe-

Figura 4. Medios usados para búsquedas de personal

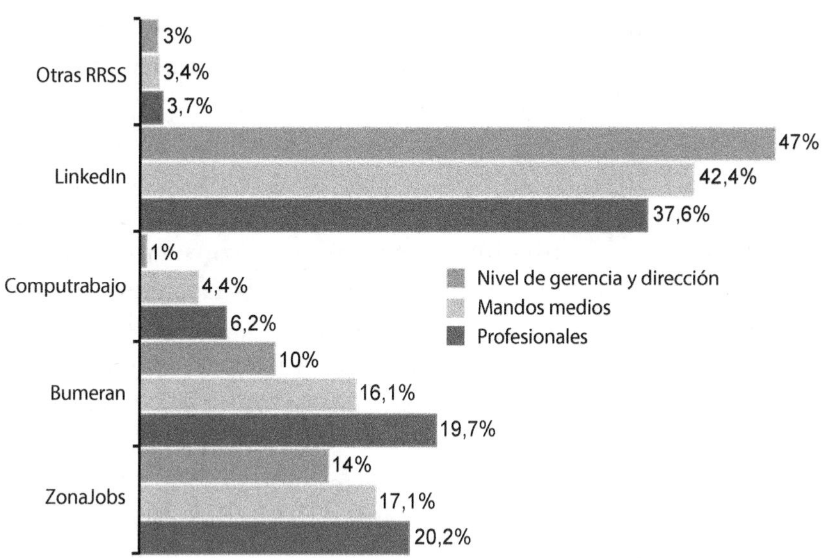

Fuente: investigación "Las nuevas prácticas de RR. HH. en Argentina" realizada por *Pharus People & Business* en 2019.

Figura 5. Búsquedas resueltas a través de las redes sociales

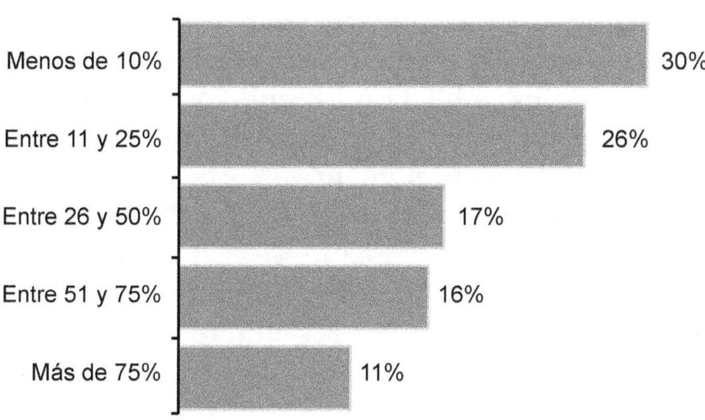

Fuente: investigación "Las nuevas prácticas de RR. HH. en Argentina" realizada por *Pharus People & Business* en 2019.

sionales de RR. HH. no tienen ninguna formación idónea para gestionarlas. No se formaron para eso y normalmente van aprendiendo por ensayo y error. Lo que habitualmente se observa es una reproducción del modelo utilizado en los portales de empleo. Es decir, se publica un aviso y se espera que los interesados se comuniquen. Algunas empresas suelen realizar un *flyer* con una linda imagen que promociona el aviso y después se le agrega una síntesis de las características y los requisitos del puesto. No obstante, trabajar con las redes es mucho más que eso. El verdadero sentido que tienen es la interacción entre los miembros de una comunidad. Por eso aquellas consultoras o los selectores que entienden esta lógica generan una red de contactos y trabajan activamente en la interrelación con ellos antes de iniciar una búsqueda activa. Esto es parte del cambio de paradigma: comparten información interesante, videos, publican *tips* acerca de cómo buscar trabajo, cómo encarar una entrevista o el futuro del trabajo.

Al igual que en el marketing, las áreas de RR. HH. deberán identificar claramente el *target* de personas entre las que pueden estar las que necesitan para cubrir un puesto. Una vez detectado, habrá que evaluar qué medios serán los adecuados para captar a los candidatos.

Lo primero que hay que hacer es investigar las distintas redes sociales y analizar cuáles son sus características, los hábitos de uso y los públicos a los que apuntan. Esta información es útil a la hora de definir qué acciones realizar y en qué medio para detectar el talento.

Según el informe de la consultora IGNIS Media Agency (2018) (Figura 6), la distribución de uso de las redes por género es bastante similar, con cierta preeminencia de aproximadamente un 10% de las mujeres respecto de los hombres. La mayor diferencia se presenta en la utilización de Instagram, donde las mujeres superan a los hombres en un 16%. La excepción es Twitter, donde la diferencia está a favor de los hombres por un 6%.

Figura 6. Uso de aplicaciones según nivel socioeconómico y género

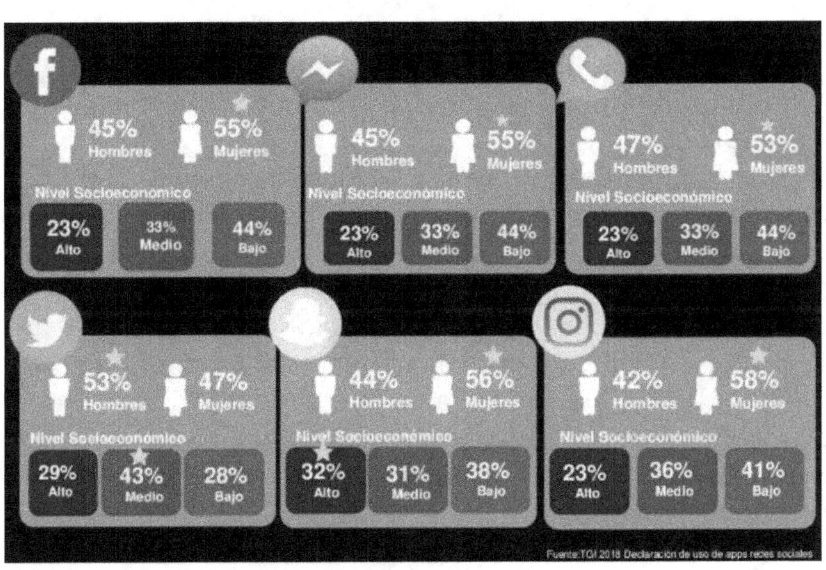

Fuente: IGNIS Media Agency, *Mobile Life* (2018).

El mundo de las principales redes

Facebook. Nació en 2004 y sigue siendo la red social dominante con 2.740 millones de usuarios activos. Según *DataReportal* (enero de 2021), el 31,6% de los usuarios tiene entre 25 y 34 años y el 23,8%, entre 18 y 24 años. En su momento fue la red social de los *Millennials*, pero estos la fueron dejando de lado para volcarse a Instagram. Es una red para toda la familia. La utilizan tanto los jóvenes como los abuelos. Se pueden encontrar publicaciones de compañeros de estudio, de amigos o de familiares. Teniendo esto en cuenta, es deseable que el tono de comunicación de los mensajes sea emocional y cercano.

Se utiliza también para promocionar venta de productos

y servicios. Las empresas suelen tener una *fanpage* en la que postean novedades y también propuestas de empleo. Esta es una buena oportunidad para difundir las búsquedas, sobre todo cuando las empresas gozan de un fuerte reconocimiento en el mercado y, por ende, una gran cantidad de seguidores.

Su ventaja con respecto a Instagram es que, si se promociona una búsqueda en el muro, las personas pueden compartirla con toda su red de contactos y viralizarla fácilmente, haciendo que llegue a muchísima más gente.

Es la principal red de alcance global. Por lo tanto, no se puede dejar de tenerla en cuenta en las acciones de promoción de empleo. Tiene la posibilidad de publicar avisos pagos. Para lograr efectividad y llegar al *target* deseado es necesario interiorizarse acerca de cómo funcionan los algoritmos de Facebook.

Instagram. Es la red social de moda entre los *Millennials* y la Generación Z. Fue creada en 2010 y Facebook la compró en 2012. Desde entonces viene creciendo a gran velocidad. Según el informe de *DataReportal* (enero de 2021), hoy cuenta con 1.221 millones de usuarios activos en todo el mundo. Un dato fundamental es que el 62,8% de estos son menores de 35 años; por lo tanto, es una red muy buena para publicar búsqueda dirigidas a los más jóvenes.

Es una red que se caracteriza por compartir fotos (cuenta con una variedad de filtros) y videos. Esto hace que cualquier publicación que se haga tiene que estar acompañada por una imagen. A diferencia de Facebook, Instagram no permite generar tráfico hacia el sitio web.

No obstante, al no poder compartir la información con los contactos de la red propia, es efectiva solo si se consigue un gran número de seguidores. Las empresas reconocidas en el mercado reciben seguidores en forma continua, por lo cual tienen una base interesante para llegar a un público masivo. Las consultoras, en ese sentido, están algo más limitadas.

LinkedIn. LinkedIn es la red social profesional más importante del mundo. Fue fundada en diciembre de 2002. Permite realizar *networking*, buscar empleo y desarrollar la marca personal. El informe de *DataReportal* (enero y febrero de 2021) destaca que tiene 727,6 millones de usuarios activos y que el rango de edad más importante para esta red social es de 25-34 años (60,1%). Se utiliza un lenguaje profesional, aunque descontracturado.

LinkedIn vincula a los profesionales entre sí y con las empresas para compartir información, buscar empleo y promocionar productos o servicios. Está más orientada a relaciones comerciales y profesionales que a relaciones personales. Es sin duda la red de búsqueda de empleo más usada en la Argentina y en el mundo.

El objetivo de esta plataforma no es la acumulación de contactos, sino "crear relaciones nuevas" que contribuyan a lograr los objetivos profesionales, sean estos de empleo o de negocios.

La gran innovación que aporta LinkedIn es, sin duda, el acceso a los candidatos pasivos, es decir, a los profesionales que no se encuentran en búsqueda activa de empleo. Los filtros de búsqueda vienen por puesto, por empresa, por país, etc. Esta herramienta posibilita identificar personas que de otra manera sería imposible contactar.

En la medida en que LinkedIn se fue convirtiendo en la red social profesional más importante del mundo, fue desarrollando nuevos servicios como Recruiter y Recruiter Lite, que ofrecen a los selectores potentes herramientas para identificar a los mejores candidatos en la red de más de 700 millones de usuarios.

Una de las opciones del menú principal es, precisamente, "Empleo". Funciona prácticamente como un portal de empleo. Cuenta con la posibilidad de publicar avisos pagos a los que los interesados pueden postularse.

Hay que tener en cuenta que la respuesta no es inmediata. No es una red de uso frecuente como Facebook o Instagram. Esto implica que el tiempo para contactar una persona puede extenderse y volver más lento el avance de la búsqueda.

LinkedIn también permite ingresar a grupos de determinada profesión/especialidad, para investigar el mercado o simplemente compartir información sobre la empresa para fortalecer la marca empleadora. Este es un espacio interesante para promocionar las búsquedas. Incluso, muchos de ellos tienen una instancia específica para ese fin.

Es sin duda la red social por excelencia para las búsquedas de talentos. No obstante, hay que tener presente lo mencionado por Tran (2020): más del 50% de los usuarios estadounidenses son profesionales y el 84%, mayores de 25 años. Tiene un público adulto. El 57% de los usuarios son hombres. Se utiliza especialmente para posiciones medias, altas y de profesionales *senior*. En el último tiempo se han incorporado usuarios con un título secundario, aunque no superan el 10%.

WhatsApp. Creada en 2009, WhatsApp es la aplicación de mensajería instantánea dominante en el mundo. No es considerada una red social. Según el informe *DataReportal* (enero de 2021), hoy cuenta con 2.000 millones de usuarios activos en todo el mundo. Se ha convertido en el medio de contacto predilecto de todas las generaciones, no obstante, es la forma de comunicación casi exclusiva de *Millennials* y *Centennials* que dejaron de comunicarse por teléfono.

Permite formar grupos o difusiones para compartir información (texto, fotos, videos, etc.), por lo tanto, promover búsquedas entre la red de contactos propia. Al igual que en Instagram, no se pueden compartir los mensajes masivamente a toda la red, lo que limita la viralización.

Redes sociales y profesionales de Recursos Humanos

En todas las redes sociales, tener un perfil supone más que brindar información. Gestionar una red social implica ser activo, tanto en la gestión de contactos como en la faceta de conversar e interactuar con sus miembros. Esto significa invertir una buena cantidad de tiempo para usar efectivamente la red y sacar el máximo provecho de ella.

El profesional de RR. HH. tiene que convertirse en un especialista para poder gestionar las redes. Se requiere un cambio en el perfil del selector. El nuevo rol del profesional de RR. HH. implica diseñar un *flyer* (o al menos solicitarlo al área de marketing o a un diseñador externo), dedicar tiempo a interactuar con potenciales postulantes, subir contenido atractivo para que esas personas sigan la empresa en las redes, se interesen por ella y estén dispuestos a postularse a una búsqueda. Su función ya no es la actitud pasiva de publicar un aviso.

Un error común es querer estar en todas las redes sociales. No es una buena recomendación "estar por estar". Implica esfuerzos de gestión que no van a contribuir a alcanzar los resultados esperados. Por eso es muy importante hacer una evaluación a conciencia de las redes en las que conviene estar presente, por el tipo de público que se desea captar, y manejar métricas orientadas a llevar un control de la performance de cada una de las redes y su aporte a las tareas de selección.

Las redes invitan a pensar la comunicación del aviso como un spot publicitario. No solo respecto de la estética, sino también del contenido. En las redes, la gente interactúa de una manera distinta de como lo hace en un portal de empleo. En los portales, las personas entran a buscar trabajo y se disponen a eso. En las redes, más bien van surfeando, curioseando mediante el *roll*. Para que un potencial postulante preste atención a un aviso, es necesario hacer algo que realmente capte su atención.

En la Universidad Argentina de la Empresa (UADE), les propongo el siguiente ejercicio a los alumnos de la materia "Empleo y Selección de personal". Les pido que traigan una cartulina y materiales varios para hacer un *collage*. La consigna es realizar un aviso con formato de *flyer* que genere impacto y capte la atención de los posibles interesados. Los invito a pensar qué frase, qué palabra puede ser la clave para que una persona detenga el roll mientras mira su red preferida. El objetivo es asegurarse que la persona buscada sea atraída por el aviso. Que diga: "me están buscando a mí". Inicialmente, este ejercicio los pone en la incomodidad de salir de su zona de confort, pero después empiezan a desplegar su creatividad y realizan cosas muy buenas.

Un aviso para las redes sociales deberá presentar las siguientes características:

- Llamar la atención. Despertar el interés de la persona que se está buscando.
- La imagen deber tener poco texto y solo destacar los aspectos fundamentales susceptibles de atraer a un potencial postulante.
- En el texto del post se debe poner el detalle completo de la búsqueda para que las personas puedan evaluar si les interesa.
- Dejar un link o un mail donde el candidato se pueda postular a la posición, así como a la forma de postularse.

Fase 2. Interacción. Inicio de la experiencia de valor

El proceso de atracción es el primer contacto entre el postulante y la empresa. La publicación en una red social, en un portal o en una feria de empleo genera "algo" en él. Este contacto no es inocuo. Inspira interés, rechazo, curiosidad, lo que sea, pero algo sucede. No obstante, a partir del primer contacto se inicia el *proceso de interacción*, la fase 2 del embudo selección. Nuevamente, podemos tomar conceptos de otras disciplinas para implementarlos en las prácticas de RR. HH. y construir empresas competitivas en términos de talento. El llamado telefónico, el mail, la entrevista constituyen lo que se denomina "momento de verdad". Albrecht (1998) lo define como

> [...] cualquier situación en la que el cliente (se puede interpretar como postulante) se pone en contacto con cualquier aspecto de la organización y obtiene una impresión sobre la calidad de su servicio (podría ser las características de la empresa, su liderazgo, sus posibilidades de desarrollo) (p. 30).

La suma de momentos de verdad a través del proceso de selección conforma la experiencia de valor para el postulante. La sumatoria de momentos de verdad satisfactorios a lo largo del proceso constituye una experiencia total de valor positivo.

Aguado y Jiménez (2017) mencionan que Alan Lafley, CEO de Procter & Gamble, se refirió a dos tipos de momentos de verdad. El primer momento de la verdad (FMOT, por sus siglas en inglés) "es aquel en que un consumidor o usuario toma contacto con el producto por primera vez, ya sea en tienda o en su vida cotidiana". El segundo momento de la verdad (SMOT) es cuando "el consumidor adquiere el producto y experimenta en primera persona el grado en que este se ajusta a la 'promesa' de la marca, producto o servicio" (p. 118).

Estos conceptos de momentos de la verdad resultan perfectamente aplicables a la gestión de RR. HH.

Primer momento de verdad: el proceso de interacción se inicia con el primer contacto y abarca todo el proceso de entrevistas y evaluaciones hasta la negociación final.

La imagen que el candidato se forma de la compañía

se va construyendo a partir de los contactos vía mail, Whats-App o un mensaje de LinkedIn. En esta primera conversación se comenta en forma general la propuesta, las condiciones de contratación y se consulta al postulante acerca de algún aspecto de su trayectoria laboral o sus conocimientos específicos. Pero ya existen nuevas tecnologías, como los *chatbots*, que irán cambiando la forma de generar este primer contacto.

Este primer momento de verdad está integrado por otros menores:

> El modo en que un candidato se informa sobre las oportunidades en la compañía, sobre el tipo de profesionales que en ella trabajan, el propio proceso de selección digital (tecnología) y personal (entrevistas), la impresión que causan las oficinas, las personas con las que interactúa, el modo en que se le informa del momento del proceso en que se encuentra y los próximos pasos, e incluso la decisión final, sea positiva o negativa... (p. 119).

Cada uno de estos aspectos es importante. No deberían ser descuidados.

El *segundo momento de verdad* suele ser más extenso que el primero. Se inicia con el ingreso de la persona y se extiende a lo largo de su vida en la empresa. Es el momento en el cual el empleado corrobora si la propuesta de valor que prometió la empresa se cumple. Durante el tiempo en que una persona se desempeña en una empresa ocurre una infinidad de momentos menores que van conformando el compromiso, la identificación y el deseo de continuar en ella. Algunos de estos son el *onbording*, las instalaciones, la formación, las posibilidades de promoción y la salida de la organización.

Pero, sin duda, la relación con la empresa estará mediatizada por sus líderes. Cada vez más, las investigaciones confirman la relevancia de estos en la decisión de los empleados de continuar en la empresa.

Estos momentos de verdad son menos precisos, más difíciles de identificar, pero tal vez los más importantes para fidelizar a los empleados. Por este motivo es tan crucial que desde RR. HH. se trabaje el liderazgo de la empresa, pues resulta ser un factor fundamental para conservar a las personas más talentosas.

En su libro *La empresa consciente*, Fred Kofman (2018) menciona un estudio realizado por la organización Gallup. Su conclusión es que

> Los empleados talentosos necesitan directivos excelentes. Un empleado talentoso puede sumarse a una compañía por sus líderes carismáticos, sus beneficios generosos, y sus programas de entrenamiento de categoría mundial, pero el tipo de relación que tenga con su supervisor inmediato será lo que determine cuánto tiempo permanecerá en esa compañía y cuál será su nivel de productividad durante ese período (p. 38).

A los líderes les cabe una gran responsabilidad en la fidelización de su equipo, pues son quienes deben conocer a su gente y detectar qué significa "valor" para ella en cada momento de su carrera laboral.

La experiencia de valor

El concepto de experiencia de valor en RR. HH. se funda en la idea de que el proceso de selección es mutuo. Esto se ve cada vez más. Hoy, los postulantes de casi cualquier nivel no tienen un papel pasivo en la entrevista. Comparten con el entrevistador sus experiencias, sus logros, los conocimientos con los que cuentan, pero también consultan en torno de las características y la situación de la empresa, los beneficios que brinda, las posibilidades de desarrollo, etc. El entrevistador se convierte en entrevistado. Debe explicar en qué consiste lo que la empresa tiene para ofrecer y mostrarlo bien; de lo contrario, se puede perder una persona talentosa. Le corresponde a la empresa obtener que las personas que atraviesan ese proceso tengan una experiencia absolutamente satisfactoria y que esto continúe mientras sigan en la compañía. Si esto se logra, tanto los postulantes que no ingresan como los que ingresan se convertirán en "embajadores de la marca", lo cual retroalimentará la intención de muchos otros de incorporarse a la organización.

Hay que darle importancia a cada momento de verdad. El llamado de citación, la espera antes de la entrevista, la forma en que los candidatos son entrevistados, etc., van conformando en ellos una idea de la empresa a la que postulan. Sin hablar de los aspectos que el área de RR. HH. no controla: los comentarios de la recepcionista, el cuidado edilicio, entre otros. Todo "habla" de la empresa, de su cultura y sus valores. Cada uno de estos detalles participa de la "elección" del postulante. Por lo tanto, es importante cuidarlos. Así como el selector presta atención al desenvolvimiento del postulante en la charla telefónica, a cómo es la concertación de la entrevista, la puntualidad o la vestimenta, el candidato también está observando todo. Está escaneando lo que ocurre a su alrededor. Es más, cuando llega a la entrevista, ya buscó información de la empresa, comentarios en blogs sobre el clima laboral e investigó quién es la persona que lo va a entrevistar.

Hoy, empresa y postulante eligen. No hay que olvidarse de ello.

Una de las actitudes que más enojan a los candidatos es que los hagan esperar y que no les den *feedback* sobre el avance de la búsqueda. Estos comportamientos suelen suceder en forma reiterada y se asocian al paradigma de la selección unidireccional del tipo *"Yo elijo, tú aceptas"*. Cuando se piensa el proceso bajo ese modelo, parece no haber problema en que el candidato se quede esperando 15 o 20 minutos (existen casos de más tiempo) a que lo atiendan, ya sea en forma presencial o virtual. Se piensa que debe estar a disposición y agradecido de que se le brinde una oportunidad de trabajo.

> Mi hijo Iván fue citado a una entrevista laboral en una empresa nacional líder del mercado asegurador. Trabajaba de cadete en una empresa y tuvo que inventar una excusa para ir a la entrevista. Se presentó puntualmente y entusiasmado con la oportunidad que se le presentaba. Cuando preguntó por la persona que iba a entrevistarlo se acercó otra y le dijo que la persona que lo había citado no lo podía atender y que lo iban a citar para otro día. Recuerdo cuando me contó esto la bronca que tenía. Se sentía que no se lo había respetado, tuvo que mentir en el trabajo, sortear un tráfico infernal y nadie lo había considerado. Con menos entusiasmo fue a la segunda entrevista. Cuando llegó ocurrió algo similar. Le dijeron que la persona no lo podía atender porque lo había llamado de urgencia el gerente. Cuando volvió de la entrevista su bronca era mucho mayor. Tratando de no desanimarlo le dije que esas cosas a veces podían pasar, y que se diera una nueva oportunidad. Él me respondió rotundamente: "¡A mí no me interesa trabajar en esa empresa! Ni loco voy a otra entrevista". Y no fue más…

Situaciones como estas "comunican" algo. Y lo que transmiten favorece o desfavorece la posibilidad de que una persona talentosa se interese por incorporarse a la empresa.

La participación de la línea y de los servicios tercerizados

Como decía el primero de los axiomas de la comunicación de Paul Watzlawick: es imposible no comunicar. Para el postulante, todo lo que ocurre durante el proceso habla de la empresa. Desde la consultora que lo entrevista hasta la institución que le realiza los exámenes médicos, cada instancia es parte del mismo proceso. Él no diferencia si existe un

servicio tercerizado. Identifica cada acontecimiento con la empresa. Cada uno de esos "momentos de verdad" condiciona la imagen que se hace de la marca.

No basta con que los profesionales de RR. HH. deseen ofrecer una experiencia de valor al postulante. No pueden hacerlo solos. Albrecht (1998) destaca que

> [...] para que los momentos de verdad resulten un éxito y para que todos ellos adquieran una imagen de servicio de calidad, es necesario que muchos niveles de la organización funcionen correctamente, y no solo aquel en que se entra en contacto con el cliente (pp. 22-23).

Debe existir una cadena de calidad que se extienda más allá del área de RR. HH. Esto concierne desde la persona de vigilancia hasta la recepcionista y desde el servicio médico al gerente. Pero de manera especial, requiere de parte de los miembros de la línea (supervisores, gerentes, directores, etc.) un fuerte compromiso para alcanzar una experiencia satisfactoria. Con frecuencia, debido a sus numerosas obligaciones, los miembros de la línea postergan las entrevistas con los candidatos o los dejan esperando demasiado tiempo.

Este nuevo modelo implica un cambio cultural, en el que toda la empresa esté comprometida con la atracción, la incorporación y la fidelización de las personas talentosas. Es decir, requiere modificar muchas de las tareas que se vienen haciendo. Albrecht (1998) hace hincapié en la necesidad de realizar un inventario de los momentos de verdad y comenzar a mejorar aquellos que lo necesiten, así como buscar la manera de perfeccionarlos.

Existen "momentos de verdad" que se generan con personas ajenas a la compañía. Esto ocurre, por ejemplo, cuando interviene en el proceso una consultora, un profesional encargado de un estudio psicotécnico, o un instituto dedicado a la evaluación médica. Estos actores son una parte fundamental de la experiencia de valor del postulante, aunque no integren la empresa. En este sentido, los profesionales de RR. HH. son los responsables de la selección de los proveedores y de la clarificación de las condiciones que esperan de sus servicios. Deben concientizarlos de la importancia de cada contacto con cada postulante para lograr una experiencia de valor satisfactoria.

> Una vez tuvimos que buscar un ejecutivo de ventas para una prestigiosa empresa multinacional, para liderar la gestión comercial en Córdoba. Presentamos la terna y el gerente regional decidió avanzar con uno de los candidatos. Se realizó el psicotécnico y el examen médico. Normalmente, este último puede demorar 72 horas. Después de varios días nos contactamos con la gerenta de RR. HH. para conocer los resultados de los estudios y los pasos a seguir para el ingreso. Nos comentó que todavía no tenía los resultados. A los 10 días, el candidato empezó a impacientarse (y con razón) y a consultarnos cómo se seguía el proceso, para lo cual seguíamos sin ninguna respuesta de nuestro cliente. Para el día 20, nuestro cliente no sabía qué decirnos por la mala prestación de su proveedor. Finalmente, a los 30 días le presentaron el informe a la empresa y el candidato pudo ingresar. Tuvimos suerte de que no haya conseguido otra propuesta durante ese tiempo. Pero, más allá de esto, se podría haber perdido un muy buen candidato, por la percepción que se fue formando de la empresa. Esa primera imagen de oficinas modernas y confortables, de un puesto interesante, de un reconocimiento de sus productos en el mercado, empieza a deteriorarse cuando ve esa inoperancia para realizar un sencillo examen médico. ¿Qué le asegura al candidato que cuando necesite mayor presupuesto para una acción comercial o cuando solicite material POP para un cliente nuevo, lo va a tener en los tiempos adecuados?

Situaciones como la mencionada se observan en forma reiterada en las empresas. Estos momentos de verdad poco satisfactorios deterioran la experiencia de valor. Si bien no dependen de los profesionales de RR. HH., ellos son sin dudas quienes deben sensibilizar y alinear cada uno de los involucrados.

Los "momentos de verdad"

Cada uno de ellos es fundamental. Hay que tenerlos claramente definidos y revisados.

En el proceso de selección, podríamos dividir la etapa de interacción en pequeños "momentos de verdad" (Figura 7) que representan las situaciones críticas de contacto. Los profesionales deberían identificar en cuáles están brindando una experiencia satisfactoria y en cuáles no lo logran tanto. De esta manera, detectarían oportunidades de mejora, tanto en los momentos que se desarrollan dentro de la compañía como en los relativos a un servicio tercerizado.

Figura 7. Momentos de verdad de la etapa de interacción

Primer contacto
Entrevista R.R. H.H.
Informar situación
Entrevista con la línea
Informar sit. y citación a evaluación psicotécnica o médica
Evaluación
+
+
+
-
+
Evaluación psicotécnica
Examen médico
Negociación
Confirmación de ingreso
Ingreso
Evaluación
+
-
+
+
+

Fuente: elaboración propia basada en un modelo desarrollado en: https://innokabi.com/claves-para-emocionar-a-tu-cliente-customer-journey-map/.

Proponemos a continuación algunas recomendaciones para mejorar la experiencia en un proceso de selección.

Para los líderes de la organización:

- Atender al candidato o iniciar la *call* en el horario acordado.
- Hacer una presentación exhaustiva del puesto, de la empresa y del negocio.
- Explicar claramente el puesto y aclarar las expectativas vertidas en el ingresante.
- Destacar los motivos por los cuales sería ventajoso desempeñarse en el puesto y en la empresa.

Para los proveedores externos:

- Alinearlos (profesionales e instituciones externas) con el trato y la forma de actuar deseados por la empresa (esperas, trato, instalaciones, etcétera).
- Conocer sus instalaciones (es muy habitual que los estudios psicotécnicos se hagan en domicilios particulares o consultorios alquilados).
- Transmitir las pautas de conducta esperadas para esta instancia (demoras, trato, vestimenta, etcétera).
- Transmitir los cuidados institucionales que deben brindar a los candidatos.
- Elaborar el *speech* que deberán transmitir sobre la empresa.

Para el área de RR. HH.:

- Si el candidato no sigue avanzando, es absolutamente necesario informarle de esta situación por algún medio: mail, teléfono o WhatsApp.
- Si el candidato avanza en el proceso, mencionarle los pasos a seguir. Si existe algún retraso, mantenerlo informado.

Las entrevistas son sin duda los "momentos de verdad" más críticos del proceso y los que mayor impacto generan en la experiencia de valor del postulante. La forma de conducirlas es fundamental. Que el candidato se sienta cómodo, respetado (hay un interés genuino por él y no es uno más), informado para que pueda elegir, etc., contribuye a conformar una imagen positiva que favorecerá su aceptación de la propuesta.

Fase 3. Conversión

Esta es la etapa final del proceso de selección. Es la fase en la que un potencial postulante se convierte en empleado de la empresa. Es el momento en que cada una de las partes elige trabajar junto con la otra. El postulante atravesó una serie de entrevistas y evaluaciones que le permitieron a la empresa conocer lo suficiente de él como para determinar que es la persona adecuada para el puesto.

Por su parte, el postulante ha recibido de los distintos interlocutores con los que tuvo contacto información sobre el puesto y la empresa. Además, se enteró por distintos medios de la situación financiera de esta (el balance de las SA es accesible) y de su posicionamiento en el mercado, buscó la opinión de exempleados, etc. Pero lo más importante es la impresión que se ha llevado de cada uno de los momentos de verdad que vivió durante el proceso. Esa experiencia es intransferible y es clave en su decisión, sobre todo si esta persona está trabajando en una buena posición y una empresa prestigiosa.

El proceso de conversión se solapa con el de interacción. Martha Alles (2013) explica que durante la entrevista el selector debe realizar un relevamiento e indagar, tanto la motivación para ocupar el puesto (es decir, las expectativas de desarrollo profesional) como el cambio de trabajo (básicamente, los motivos para cambiar de empresa). Es fundamental contar con esta información en la etapa de conversión. El selector intentará descubrir qué aspectos de la empresa pueden agregarle valor al postulante y favorecer que acepte la propuesta. Son muchos los ítems que se suelen poner en juego. Algunos comunes son:

- El salario.
- Las condiciones de contratación (estar registrado, la prepaga, auto de la empresa, etcétera).
- Beneficios (gimnasio, cochera, guardería, etcétera).
- *Bonus.*
- La cercanía a su vivienda.
- El nuevo puesto (responsabilidades, tareas, etcétera).
- Las posibilidades de desarrollo.
- Los nuevos desafíos.
- El balance entre vida personal y vida laboral.
- Flexibilidad de horarios (*home office*, horario flexible de ingreso y egreso, permisos para cuestiones personales, etcétera).
- El prestigio de la empresa.
- Un buen liderazgo.
- La capacitación.
- Un superior de quien aprender.

El salario, los premios, el auto no dejan de ser una contraprestación que el empleador brinda a sus empleados. Sin embargo, se observa que muchos de los aspectos mencionados no son factores relacionados con lo económico. Estos se concentran en satisfacer las motivaciones intrínsecas de las personas y conforman lo que se denomina "salario emocional". **El salario emocional se vincula más con la satisfacción psicológica que con la monetaria. Trabajos desafiantes, un buen liderazgo, oportunidades de crecimiento y reconocimiento son algunos de los componentes que lo integran y que contribuyen a aumentar la satisfacción de los empleados en el trabajo y, por lo tanto, aseguran su fidelización.** Los aspectos relacionados con el balance entre vida personal y vida laboral también conforman el salario emocional y cobran cada vez más relevancia, especialmente en las nuevas generaciones.

Durante la entrevista, el selector deberá identificar esos intereses y evaluar en qué medida la empresa puede satisfacerlos o compensarlos. Pero es en esta etapa cuando el entrevistador presenta todos los aspectos positivos de la empresa, destacando aquellos que satisfacen las necesidades manifiestas y latentes del postulante. Esta instancia debe ser muy medida. Hay que mostrar las bondades de la empresa y del puesto con entusiasmo y con los mayores detalles posibles. No obstante, conviene no exagerar. **Es el momento de verdad en que se está forjando el contrato psicológico entre el individuo y la organización, y en que cada parte especifica lo que espera recibir de la otra y darle en la relación. La fidelización de un empleado en la organización se vincula, en gran parte, con la coherencia entre lo que la empresa exige y ofrece en el momento de la selección y lo que realmente es la experiencia de la persona en ella. Por esta razón es importante que la selección y la fidelización de las personas estén integradas.** Si se dice algo que no sea absolutamente real, se pagará caro. Pero si no se hace una buena indagación ni se muestran las mejores características de la empresa, se puede perder un candidato excelente. En los tiempos de la guerra por el talento, eso es imperdonable.

Tuve que buscar una analista de selección para uno de mis mejores clientes. Hacía años que conocía a la gerenta de RR. HH. Además de una excelente profesional, era una persona maravillosa. Sus empleados la adoraban tanto como las personas de otras áreas. Ayudaba a crecer a todos los que trabajaban con ella. La empresa era líder mundial en su rubro, con una cultura organizacional en la que se cuidaba muchísimo a la gente, por lo cual había muchas cosas positivas para decir de la compañía. Cuando entrevistaba a los candidatos, además de destacar los atributos de la empresa, mencionaba las características de la futura jefa. No siempre tenemos la oportunidad de hablar así de un superior. Seguramente, los postulantes valorarían todo lo referente a la compañía, pero si para ellos tener un buen líder que los guiara era importante, esta información podía ser determinante e influir notablemente en su decisión. Ahora bien, si la gerenta no fuera como yo mencionaba y exageraba,

cuando se encontrara con ella frente a frente en su día a día, recordaría mis palabras y se sentiría defraudado/a.
La ingresante no solo reconoció repetidas veces la veracidad de lo que le había dicho y mostraba admiración por su jefa, sino que cuando la gerenta se jubiló, ocupó su puesto.

El selector tiene que convertirse en un "vendedor de proyectos". De igual modo que el vendedor de un producto o un servicio, debe identificar las características de la empresa que pueden resultar atractivas para satisfacer las necesidades del candidato.

En la mayoría de las búsquedas, el proceso de conversión se va dando en forma paralela con el proceso de interacción. A medida que se realizan las entrevistas, se explicitan y se van cerrando las condiciones de contratación. Se avanza mientras ambas partes van definiendo un acuerdo tácito.

En los casos de posiciones estratégicas o claves, se abre una instancia de negociación durante la cual ambas partes plantean sus necesidades y expectativas y buscan llegar a un acuerdo. En estas situaciones, se suelen poner por escrito (se verá más adelante, cuando se hable de *headhunting*).

Fase 4. Fidelización

Si el proceso de selección es difícil, la etapa de fidelización es muchísimo más compleja. Una encuesta tras otra demuestran que la inmensa mayoría de los empleados sienten desinterés por su trabajo. En su libro *El nuevo liderazgo*, Cañeque (2017) menciona un estudio del sitio trabajando.com que destaca que el 73% de los empleados argentinos están descontentos con su trabajo. Sin embargo, lo mismo ocurre en otros países, como es el caso de Estados Unidos donde una investigación del año 2012 reveló que uno de cada cinco empleados está descontento con su trabajo. El mismo autor señala una encuesta de Gallup de 2013 que concluyó que solo 13 % de los empleados de todo el mundo se sienten implicados con su trabajo (63% no se implican y 24% muestran activamente su desinterés).

Hay muchos casos exitosos de empresas que han implementado distintas modalidades para obtener el compromiso y la fidelidad de las personas talentosas. Para lograr estos cambios, las empresas deben modificar una visión únicamente centrada en las necesidades propias ("Yo elijo, tú aceptas") y pasar a una mirada que contemple las del empleado, es decir, cambiar al paradigma "Yo elijo, tú eliges".

En el artículo "La experiencia de empleado: cuando el cliente también es interno", Calleja, Méndez y Rojo (2019) plantean la necesidad de avanzar hacia una visión centrada en el empleado que ellos denominan gestión de la experiencia del empleado:

> [...] la gestión de la EX (experiencia del empleado) aporta una visión global que requiere una coordinación de esfuerzos *end-to-end*, porque concibe la carrera profesional de un trabajador en una empresa de un modo integral, y analiza su ciclo en la compañía segmentando cada etapa y punto de interacción. De esta forma, las organizaciones pueden enfocarse, y así priorizar lo realmente importante, calibrar el impacto de cualquier acción y actuar sobre los resortes adecuados (p. 3).

Para esto, proponen realizar el *employee journey map*, que permite visualizar la experiencia del empleado de modo gráfico, identificando claramente todas las interacciones que los colaboradores tienen durante el proceso del embudo, desde la etapa de búsqueda hasta la finalización de la relación laboral. Estas interacciones (*touchpoints*), se organizan y agrupan en seis fases secuenciales siguiendo el ciclo de vida del empleado en la compañía.

Estas fases, además, se desglosan en distintos *touchpoints*, como muestra la Figura 8.

**Figura 8. Factores críticos para el diseño
de un *employee journey map***

Encontrar	Entrar	Crecer	Consolidar	Cambiar	Salir
1. Busco información sobre la empresa. 2. Proceso de selección.	3. Presentación en la empresa. 4. Asignación de ubicación y herramientas. 5. Información sobre el puesto y empresa para empezar a trabajar.	6. Formación/ desarrollo (cursos, coaching, mentoring). 7. *Learning on the job.* 8. Gestión del desempeño/ dirección por objetivos. 9. *Ongaing feedback.* 10. Trabajo en equipo y relaciones. 11. Promoción y/o plan de carrera.	12. Condiciones laborales. 13. Reconocimiento. 14. Retribución económica. 15. Comunicación de la empresa. 16. Recogida de sugerencias. 17. Gestiones y procesos administrativos. 18. Organización del trabajo. 19. Situaciones difíciles (conflictos, crisis, etc.). 20. Situaciones personales.	21. Comunicación de necesidad de cambio. 22. Oportunidades internas para cambiar (movilidad).	23. Comunicación y negociación de salida. 24. Despedida de la empresa/ compañeros.

Fuente: Calleja, Méndez y Rojo (2019).

A través de distintos medios, el área de RR. HH. puede evaluar la importancia de cada uno de esos *touchpoints* para los empleados y cómo se sienten con respecto a esa interacción. En función de la brecha entre estos puntos se puede definir cuáles son los "*gains*", es decir, los momentos que tienen importancia para el empleado y lo hacen sentirse bien; y los "*pains*", es decir, los momentos también percibidos como importantes por el empleado, pero en los que, sin embargo, no se siente bien y experimenta una emoción significativamente más baja. A partir de identificar las interacciones "*gains*" y "*pains*", es posible reforzar unas y mejorar las otras.

Esta modalidad de gestión implica trabajar en un plano más "emocional", para llegar a un cambio cultural que genere vínculos más profundos y emocionales entre la empresa y el empleado, tratando a cada persona de manera única.

La dificultad reside precisamente en identificar y gestionar las emociones y expectativas individuales cuando el colectivo de personas asume diferentes situaciones, necesidades y motivaciones. Por este motivo, Calleja *et al.* (2019) consideran necesario formar patrones que describan las diferentes tipologías de empleados, lo que permitiría una gestión factible y más efectiva. Con esta información categorizada se podría identificar los factores clave y mejorar la experiencia de cada empleado.

De la misma manera en que desde el marketing se busca brindar valor al cliente y esto se transformó en la principal ventaja competitiva de las empresas, habría que incorporar esta perspectiva en la gestión de las personas. Ya muchas empresas están desarrollando el **concepto de propuesta de valor al empleado** (EVP, por su sigla en inglés). Jiménez y Avilés (2013) la definen como

> el conjunto de atributos empresariales que el mercado laboral y los empleados perciben como el valor que les aporta trabajar en una compañía determinada. Así, hace referencia a todo lo tangible y lo intangible, tanto desde el punto de vista económico (salarios) como de otros beneficios (formación, flexibilidad, estabilidad, beneficios sociales) (p. 18).

El modelo de gestión de la experiencia del empleado se enfoca en qué es importante y valorado por cada uno de los empleados. Busca identificar, a lo largo de la carrera laboral, cuáles son los *touchpoints* que presentan oportunidades de mejora. La EVP intenta atraer a los talentos que podría requerir la empresa, y también retener y comprometer a aquellos que están en la organización. En definitiva, busca mostrar los atributos que hacen que la empresa sea percibida como un buen lugar para trabajar.

Definir la EVP implica, por un lado, identificar en el mercado los atributos que hacen que una persona *target* (la que le interesaría incorporar a la compañía) desee trabajar en la empresa. Por el otro, que las personas que están en la compañía puedan seguir comprometidas y felices.

Jiménez y Avilés (2017) mencionan los tres atributos principales de la EVP.

- Que sean valorados: tanto por los empleados como por aquellos talentos que la empresa podría querer incorporar en el futuro.
- Que sean reales: que haya coherencia entre lo que se promociona y lo que se hace. En definitiva, que la propuesta de valor prometida se cumpla.
- Que sean diferenciales: que se destaquen de lo ofrecido por otras compañías, para resultar más atractivas en el mercado.

Al mismo tiempo, las empresas se han visto en la necesidad de encontrar alternativas no monetarias destinadas a que sus empleados no mermen su productividad y compromiso con ellas. A través del denominado "salario emocional" reconocen los logros de los empleados desde un componente más emocional que monetario, implementando políticas de flexibilidad laboral, desarrollo de carrera y conciliación de vida profesional y vida laboral.

El modelo de gestión de la experiencia del empleado le otorga a este una excelente experiencia durante toda su trayectoria laboral, que lo lleva a un mayor compromiso y productividad, contribuyendo de este modo a que la empresa alcance sus objetivos.

Este modelo significa un cambio de mirada en los profesionales de RR. HH. Implica una gestión centrada en el empleado, por lo que deben reinventarse para convertirse en desarrolladores de "experiencias" para los empleados. Pero no hay que equivocarse. La gestión de la experiencia, según Calleja *et al.* (2019),

> busca algo más que la satisfacción de los empleados. Se trata de crear una fuerte conexión emocional que fidelice a los mismos y los anime a quedarse y a trabajar mejor en la compañía, para conseguir también mejores resultados de negocio.

Los profesionales de RR. HH. tienen que convertirse en promotores de un cambio que abarque toda la organización. Las experiencias satisfactorias se construirán con directivos que aprueben presupuestos, líderes que cuiden, motiven y desarrollen a las personas, y un área de RR. HH. más holística y creativa que pueda cambiar de enfoque.

El proceso de selección y desarrollo de líderes es sin duda un punto clave para este cambio de paradigma. Kofman (2018) lo explica claramente:

> Los gerentes conscientes crean el entorno adecuado para que los empleados alcancen su desarrollo óptimo como profesionales y como seres humanos. Hacen posible que los trabajadores brinden lo mejor de sí. Nada es tan vital para un desempeño excepcional como un management consciente. Sin importar de qué tipo de empresa se trate, el único modo de generar una ventaja competitiva y rentabilidad en el largo plazo es atraer, desarrollar y retener a los empleados talentosos (pp. 36-37).

La ventaja competitiva de las organizaciones en el nuevo entorno empresarial está en las personas. Los procesos de selección y fidelización de los empleados no pueden verse como aislados, sino como parte de un continuo inseparable.

Esta última etapa es la finalización de un proceso completo y complejo que las empresas deben revisar y modificar inmediatamente. **El cambio no está en las formas, sino en la concepción de la mirada sobre la realidad empresarial. El enfoque ya no puede estar solamente en las empresas, tiene que estar también en las personas. El paradigma "Yo elijo, tú eliges" llegó para quedarse.**

CAPÍTULO 3

RELEVAMIENTO EN PROFUNDIDAD DEL PERFIL POR COMPETENCIAS

La descripción del puesto

El proceso de selección está compuesto por varios pasos necesarios para lograr una búsqueda efectiva. **Una clara definición del perfil del puesto es el punto crítico del proceso. En cada paso, el perfil es la guía. Ya sea cuando tenemos que definir la estrategia de medios de reclutamiento, cuando realizamos la entrevista, cuando se hace un análisis psicotécnico, lo que nos guía es el perfil. Si no es correcto o adecuado, cualquier acción en las distintas etapas estará errada y no se logrará el resultado esperado.**

El propósito de las empresas es lo que orienta e inspira las acciones de sus miembros. A su vez, los directivos definen una estrategia y objetivos anuales que la compañía tiene que lograr. Estos objetivos generales se desglosan en objetivos de cada área que, en la medida en que se cumplan, llevarán al cumplimiento de los primeros. En cada área, entonces, se requiere que las personas asuman distintas funciones, responsabilidades y tareas a los fines de lograrlos.

El organigrama es la representación de la estructura de la empresa: define las distintas áreas y los niveles de responsabilidad de los empleados. En él se establecen los puestos que la organización requiere para acompañar la estrategia. Para complementarlo se realizan descripciones de puestos que muestran claramente qué tiene que hacer cada una de las personas para contribuir al logro de los objetivos de la empresa.

Es muy importante entender que las descripciones sirven para explicitar qué se requiere del puesto y de ninguna manera lo que hace una persona en particular. Parece mentira que muchas veces se haga una descripción de puesto describiendo lo que hace la persona en lugar de lo que la persona debería hacer en el puesto. Este malentendido genera a menudo que se diseñe un puesto para que lo ocupe una determinada persona, dejando de lado lo que necesita la compañía. Entonces, lo que ocurre es que, en vez de diseñar la estructura que requiere la empresa, se arma en función de las personas que se desempeñan en ella. El único beneficiario es la persona, pues se le diseña un puesto a su medida. Lo correcto es definir el puesto en primer lugar y después evaluar si la persona que lo ocupa es la indicada para desempeñarse en él. Si no lo es, se evaluarán distintas acciones como cambiarlo de puesto, capacitarlo, o incluso despedirlo. Pero lo que no se puede hacer es resignarse a que funciones críticas para la empresa no se realicen.

Esta práctica, muy habitual en las organizaciones, hace que se ubique a una persona de "confianza" en una posición para la cual no tiene condiciones (lo que afecta a la calidad, la productividad, a la falta de conducción de un equipo, etcétera).

Una vez que tengamos una clara descripción del puesto, habrá que evaluar quiénes son las personas que tienen las condiciones para ocuparlo.

Existen distintos modelos de descripción de puesto, pero en mayor o menor medida cuentan con los siguientes ítems:

1. Denominación del puesto.
2. Misión del puesto.
3. Su lugar en el organigrama (dependencia y supervisión ejercida).
4. Manejo de recursos.
5. Funciones.
6. Principales responsabilidades.
7. Tareas que se desempeñan.
8. Relaciones/interacciones con otros puestos.
9. Requisitos (especificación de estudios, experiencias, competencias, etcétera).

En general, las organizaciones disponen de descripciones de puestos. No obstante, con frecuencia hay que tener cuidado al usarlas para una búsqueda laboral. Los cambios cada vez más veloces y constantes en las firmas hacen que estas se desactualicen rápidamente.

Esa descripción que unos años antes se adecuaba perfectamente a lo requerido por el puesto, puede ocurrir que ya no sea útil, por distintos motivos:

1. Se produjeron cambios en el área y se modificaron las tareas.
2. La compañía ha sido comprada y el puesto adquirió nuevas responsabilidades.
3. Se debieron realizar recortes de personal y se sintetizaron en un puesto las tareas de dos.
4. Se produjeron cambios en el negocio o en el mercado, generando que se requieran nuevas competencias para ese puesto.

Por este motivo, es fundamental tomar las descripciones de puesto como una información para revisar con la línea y definir claramente el perfil del puesto de manera de emprender un efectivo proceso de selección.

Gabriel, el dueño de una empresa pyme que brinda desde hace veinte años servicios a la industria de la construcción, me llamó una tarde de verano para que lo ayudara con la incorporación de un empleado para el área de Administración. Vino junto con su socio. Contaron que veían que Rosana, su empleada (trabajaba desde hacía diez años con ellos), no podía cumplir con todas las tareas que le requerían. Se quejaban de que muchas de las tareas que le pedían, ella no las hacía y las postergaba. Era la única empleada y realizaba todas las tareas administrativas y contables de la empresa. Durante un proceso de consultoría, les pedí que describieran las funciones y tareas del puesto. Al finalizar la descripción, se dieron cuenta de que ella no estaba en condiciones de realizar determinadas tareas como el *cash flow* o los análisis de proyectos de inversión, porque no tenía los conocimientos necesarios. No era únicamente un tema de carga de trabajo, sino de formación. Cuando la empresa se inició, Rosana no tenía ningún inconveniente para realizar las tareas que se le encomendaban. No obstante, ahora no podía cumplir con las necesidades de los socios en este momento de la organización. Durante esos diez años ella había estudiado *counseling* y tenía consultantes fuera del horario de trabajo. Por lo tanto, parecía no tener interés en formarse, ni en aprender conocimientos contables, ni en iniciar estudios terciarios. Lo que se hizo fue rediseñar el organigrama y establecer una posición *senior* que se encargara de las tareas más analíticas y de proyecciones. Rosana mantuvo las tareas netamente administrativas que venía haciendo sin problemas. La organización del área fue funcional a lo que requería el negocio y funcionó muy bien.

La realidad también nos muestra que numerosas empresas aún no cuentan con una descripción de puesto o esta resulta muy incompleta. En estos casos, con mayor necesidad se requiere un exhaustivo trabajo para relevar el puesto. Esto ocurre en empresas de cualquier tamaño y actividad, no obstante, se observa con mayor frecuencia en las pymes.

Perfil del puesto

El perfil del puesto es una herramienta fundamental del proceso de selección que permite conocer en profundidad sus características para, de esta manera, captar a la persona más adecuada en el mercado.

La clara definición de las necesidades del puesto que se desea cubrir favorece un proceso más eficiente y adecuado a la cultura de la empresa.

El perfil del puesto es como la imagen que se utiliza para hacer un rompecabezas de 1.000 piezas. Sin ella sería muy difícil identificar en qué espacio del rompecabezas van las piezas. Contar con esa figura, guía al selector en todo el proceso. Cuando tiene enfrente a un postulante, percibe con mayor claridad si las distintas piezas de información detectadas en la entrevista coinciden con la figura de la imagen a completar.

Todo perfil tiene dos componentes: el perfil del puesto en sí mismo, y el perfil organizacional.

¿Cuál es la diferencia entre la descripción de puestos y el perfil del puesto?

En esencia, son muy similares. Para la primera, el objetivo último es la distribución explícita de funciones y tareas en toda la organización para que cada uno, desde su lugar, contribuya al logro de los objetivos de esta. Se convierte en un elemento fundamental para armar la estructura de remuneraciones. El perfil del puesto, en cambio, es una herramienta que toma la información de la descripción de. puesto (siempre que esté actualizada) pero suma algunos aspectos específicos necesarios para hacer una buena selección de personal. Por ejemplo, los requerimientos del entorno social.

El perfil del puesto en sí mismo

Está compuesto, mínimamente, por los siguientes ítems, cuyo contenido pasaremos luego a detallar.

1. **Misión del puesto:** se trata de entender para qué existe el puesto en la organización y cómo contribuirá a los objetivos de esta.
2. **Dimensión del puesto:** se refiere a ubicación en el organigrama, cantidad de personas a cargo, recursos administrados, resultados deseados, etcétera.
3. **Funciones y tareas:** se establecen las acciones críticas que una persona deberá realizar para lograr los resultados esperados del puesto.
4. **Requerimientos objetivos:** son aquellas características personales y/o profesionales necesarias para desempeñarse en un puesto de trabajo, que se puedan comprobar de manera objetiva (nivel de estudios, conocimientos, idiomas, experiencias previas, etcétera).
5. **Requerimientos de las competencias conductuales:** son aquellas habilidades o aquellos atributos del comportamiento profesional del empleado que garanticen la consecución de los objetivos asignados al puesto (liderazgo, proactividad, visión estratégica, capacidad de influencia, orientación al cliente, tolerancia a la frustración, etcétera).
6. **El valor agregado para el candidato:** se trata de identificar el atractivo que pueden tener para el

mercado, y para un candidato en particular, el puesto, el área, el posicionamiento de la empresa, el liderazgo de quien lo conduce, la actualización tecnológica, los beneficios que se brindan, el balance vida personal-vida laboral, etcétera.

7. **Desarrollo de carrera:** se evalúan las posibilidades de desarrollo propias de la posición (perspectivas de ascensos, cambios a nivel horizontal, posibilidades de traslados, etcétera).

Misión del puesto

La misión del puesto es una guía que ayuda a entender para qué existe el puesto en la organización. Deberá responder a las siguientes preguntas:

- ¿Cuál es el resultado principal que debe cumplirse y su impacto en los objetivos de la empresa?
- ¿Qué parte de los objetivos totales de la organización debe ser alcanzada a través del puesto?

Dimensión del puesto

La dimensión del puesto es relativa al lugar que este ocupa en la organización. Esto no se refiere solamente a su lugar en el organigrama y a la cantidad de personas a cargo. Se relaciona con los recursos que administra o los valores que edebe manejar.

La experiencia y las capacidades de un gerente para liderar dos personas o 50 son totalmente diferentes. Lo mismo ocurre con un vendedor para vender un electrodoméstico o un *software* de gestión tipo SAP. El nivel de complejidad y los valores que se ponen en juego, por ejemplo en una negociación, son distintos.

Ariel se desempeñó por mucho tiempo en la famosa tienda "Casa Tía" (Buenos Aires, Argentina) como jefe de Publicidad. En este puesto tenía un presupuesto de 50 millones de dólares. Podía realizar campañas publicitarias en televisión, diarios, revistas, promociones en la vía pública, etc. El manejo eficiente de ese presupuesto le permitía hacer inversiones y una gestión de marketing sumamente completa y abarcadora. Esto no ocurría en otras posiciones similares del mercado donde tenían un presupuesto mucho más acotado y, en consecuencia, menos posibilidades de desarrollar acciones publicitarias. La dimensión de un puesto y otro son diferentes, aunque el puesto sea el mismo.

Por este motivo es muy importante, cuando se releva el perfil, identificar la dimensión del puesto. Esto nos será de suma utilidad para poder comparar a los cadidatos con las necesidades que requiere el puesto.

Funciones y tareas a realizar

- *Funciones*: son el conjunto de áreas de desempeño o resultados esperados del puesto para contribuir a los objetivos de la empresa. Para cumplir con las funciones del puesto, los empleados tienen que realizar una serie de tareas.
- *Tareas*: las tareas son las acciones o actividades concretas que una persona realiza en su puesto de trabajo. Estas tienen que contribuir a cumplir con las funciones esperadas para el puesto.

Ejemplo de funciones y tareas de un analista de RR. HH.

Funciones

- Identificar las necesidades de capacitación de los empleados y planificar las acciones necesarias para el desarrollo de las competencias que contribuirán a alcanzar los objetivos de la empresa.

- Identificar en el mercado a aquellas personas que poseen las competencias necesarias para desempeñarse en un puesto de trabajo de manera de contribuir a lograr los objetivos de la empresas.

Tareas de la primera función

1. Definir e implementar un plan de capacitación anual a partir de los proyectos que se van a desarrollar en la empresa.
2. Involucrarse en la estrategia de la compañía.
3. Analizar y evaluar distintos proveedores de capacitación.
4. Mantener entrevistas con los participantes de las acciones de formación y sus jefes para evaluar la efectividad de la capacitación.
5. Investigar el mercado para conocer las ofertas de formación.
6. *Ocuparse de invitar a los participantes a los talleres.*
7. *Realizar la logística de materiales, catering y equipos de las actividades de capacitación.*
8. *Documentar la asistencia de los participantes en una planilla para presentarla en las auditorías de las ISO.*

Todas estas acciones son importantes. Esto significa que no cabe duda de que hay que realizar esas tareas en el puesto. No obstante, solo algunas son críticas. Es decir, si no se realizaran esas acciones, no se lograrían los resultados esperados del puesto. Esto es lo que, fundamentalmente, las convierte en críticas. Por ejemplo, en el puesto de selección la coordinación de los exámenes complementarios es una tarea necesaria, pero no es crítica porque no hace al resultado, que es "identificar en el mercado…". Es más, lo podría hacer otra persona. Entrevistar a los postulantes es una tarea crítica porque impacta directamente en el resultado de un buen proceso de selección. La diferencia está clara cuando, durante un proceso de selección de un selector, nos enfocamos en que el postulante tenga un buen perfil como entrevistador y no tanto en cómo coordina los exámenes preocupacionales.

En el caso del analista de RR. HH., podemos decir que todas las tareas son necesarias pero que solo son críticas las cinco primeras de la lista.

Identificar y definir claramente cuáles son las tareas críticas para un puesto es fundamental para relevar un buen perfil. Un buen profesional de RR. HH. deberá trabajar en conjunto con el responsable de la línea para entender cuáles son la tareas críticas y cuáles solamente son importantes (en cursiva en el listado). Cuando se habla de un perfil del analista de RR. HH., las tareas son de fácil comprensión. Sin embargo, en una búsqueda de un bioingeniero con perfil comercial, seguramente no resultaría tan fácil. **Por eso es relevante esforzarse en identificar esta diferencia. Hay que tener en cuenta que, normalmente, el responsable de la línea suele describir a todas las tareas como críticas; no obstante, el profesional de RR. HH. puede ayudar a sopesar el impacto de cada una de las tareas en el resultado esperado.**

Requerimientos objetivos del puesto

Son aquellas características personales y/o profesionales necesarias para desempeñarse en un puesto de trabajo. Se las denomina requerimientos objetivos porque se pueden cotejar fácilmente. Por ejemplo, estudio, manejo de idioma, conocimiento de determinado sistema, experiencia, etc. Muchas veces, son las variables más duras que se utilizan en el momento de la preselección curricular. **El hecho de que un candidato tenga alguna de esas características o**

que no las tenga es definitorio para que continúe avanzando en el proceso. ¿Son realmente objetivos estos requisitos, o fruto de la subjetividad de quien los define?

Existen algunos criterios objetivos que se usaban y aún se usan para realizar la preselección de los candidatos. Los más habituales son la edad y el género. Estos requisitos son sin duda objetivos pero esconden prejuicios que privan a determinadas personas de acceder a un trabajo. Algunas empresas están desarrollando una gestión de la diversidad y promoviendo, desde el área de RR. HH., dejar de lado estas prácticas, que atentan contra la inclusión en forma igualitaria de todas las personas en un proceso de selección.[2]

¿Cuáles son los motivos para buscar un hombre en vez de una mujer para un puesto administrativo? ¿Qué hace que para una búsqueda de ingeniero de planta se seleccione un hombre? ¿Por qué una recepcionista tiene que tener entre 20 y 25 años? ¿Qué argumentos objetivos podríamos esgrimir?

Una gerenta de Marketing de una empresa líder de cable estaba describiendo el perfil del puesto que necesitaba para su área. Entre los requisitos mencionados destacaba que tenía que ser hombre, de forma excluyente. Ante la pregunta del motivo por el cuál creía que tenía que ser un hombre me dijo: "Lo que pasa que estoy harta de tener bajas por embarazo. Tengo cuatro de las cinco chicas embarazadas o en lactancia. Así es muy difícil poder manejar el área. No quiero más mujeres, quiero un hombre".

Se podrían mencionar innumerables historias como la descripta. Y en todas podríamos hacernos la misma pregunta: ¿son estos requisitos objetivos? La respuesta parecería ser que no. Que si bien pueden verificarse fehacientemente la edad o el sexo, la elección de esta variable es absolutamente subjetiva y basada en estereotipos sociales muy arraigados en la sociedad en general y en el mundo empresarial en particu-

---

2   Mientras el libro estaba en edición se promulgó la Ley N° 6471 de Búsqueda Laboral equitativa en la Ciudad Autónoma de Buenos Aires.

lar ¿Por qué una edad, por qué un género, incluso por qué una formación u otra? Estas decisiones se relacionan con los juicios de valor de quien propone esas limitaciones y no con una necesidad que se requiera para cumplir satisfactoriamente con la tarea.

Los juicios son interpretaciones que se hacen de la realidad, pero no la realidad misma. Muchas veces, esos juicios pueden ser fundados en nuestras experiencias (como en el caso de la gerenta de Marketing) y otras veces, solo son prejuicios infundados. **Sean unos u otros, los profesionales de RR. HH. deben indagar y asesorar al cliente interno/externo para tomar distancia y mirar realmente qué es lo que se requiere de una persona para que cumpla con sus tareas.**

Para Anzorena (2008) los juicios son una interpretación, una valoración que expresa la perspectiva de quien los hace. Son opiniones pero no describen la realidad, solo la califican de una manera particular, de acuerdo con los modelos mentales de cada persona. No son verdaderos ni falsos. Echeverría (1999) destaca que los juicios "resultan de sus experiencias y cabe, por lo tanto, sustentarlos en esa misma experiencia. Cuando lo hacemos podemos hablar de juicios fundados. Cuando ello no es posible, hablamos de juicios infundados. La fundamentación de un juicio es un criterio importante para determinar la autoridad que le otorgamos" (p. 5).

Cuando un cliente emite un juicio sobre un requerimiento objetivo, el profesional de recursos humanos debe cuestionar ese juicio y pedir que se fundamente. No puede limitarse a tomar notas de lo que solicita el cliente. Tiene un rol que cumplir para proveer a la empresa de los talentos que requiere para alcanzar sus objetivos. Aunque no sea fácil, cuando una persona atravesó una experiencia en la que se asienta un juicio, este debe ser revisado a conciencia.

En el año 2003, estábamos realizando un programa de jóvenes profesionales en una empresa multinacional líder mundial de alimentos cuando se planteó la siguiente situación. Teníamos que cubrir posiciones de ingeniería y el requisito era que fueran hombres. Lo cierto es que de los jóvenes (hombres y mujeres) evaluados, las mejores eran mujeres. Insistimos con la gerenta de RR. HH., explicándole la situación y que realmente se perderían muy buenas candidatas si seguían con esa decisión. Después de conversar con la gente de la línea, que se resistía fuertemente a incorporar mujeres en las áreas productivas, nos dio el visto bueno para entrevistarlas.

Al finalizar el proceso de selección, terminaron incorporando dos ingenieros y una ingeniera, todos de excelentísimo nivel y los gerentes de la línea quedaron muy conformes. Durante un año, la ingeniera tuvo un desempeño extraordinario, motivo por el cual decidieron trasladarla a un planta situada en la provincia de Buenos Aires. La disponibilidad de traslado era un requisito que se había establecido claramente al ingreso. La joven se trasladó a esa ciudad y siguió trabajando muy bien. Al cabo de seis meses, le planteó al gerente de la planta que no se sentía bien, que extrañaba al novio, etc. En definitiva, tuvieron que buscar la forma de retenerla durante seis meses más hasta poder trasladarla nuevamente a la capital.

Al año siguiente, cuando se tuvo que relevar el perfil para el nuevo programa de jóvenes profesionales, se negaron definitivamente a incorporar alguna mujer al programa.

Distintas experiencias sumadas a esta última, que reforzó las anteriores, hicieron que se convirtiera en un juicio fundado la idea de que los hombres se adecuan mejor al trabajo en planta y a los traslados.

Se pueden dar mil explicaciones para justificar que no tiene sentido excluir a las mujeres para ese puesto. No obstante, a veces la experiencia se impone. Que el juicio esté fundado en una experiencia no implica que deba aceptarse. El profesional de RR. HH. tiene que cuestionar estas decisiones, pero tiene un límite. Si es miembro de la empresa, puede continuar trajando para desarrollar una cultura más diversa. No obstante, cuando es un consultor externo está mucho más limitado.

Sin embargo, muchas veces los juicios que llevan a determinar algunos requerimientos suelen ser infundados. No tienen una explicación clara de su motivo, ni se basan en experiencias anteriores, solo en apreciaciones estereotipadas de la realidad.

El dueño de una empresa pyme me pidió que buscáramos una empleada administrativa contable. Un requisito era que fuera estudiante de Administración y/o contadora. Cuando le consulté sobre el motivo de esta decisión, no supo muy bien qué contestar. Finalmente, me dijo que quería profesionalizar la empresa. Le expliqué que profesionalizar la empresa no necesariamente pasa por contratar universitarios para todos los puestos. Le propuse que revisáramos juntos las funciones y tareas del puesto y vimos que no requerían necesariamente una formación universitaria, que podía realizarlas una persona con una larga trayectoria en un puesto similar. Comprendió la situación y aceptó nuestra sugerencia. La empleada que se incorporó no fue profesional y se desempeñó satisfactoriamente en el puesto.

Una empresa con una exitosa trayectoria en el mercado de salud solicita una recepcionista. Hacía casi un año que tenía una alta rotación en el puesto y no podía lograr que ninguna jovencita se mantuviera en este. La descripción del puesto definía que la persona debía tener entre 20 y 24 años. Cuando le consulté sobre el motivo de este requisito, me dijo que iba a ser la cara visible de la empresa y que tenía que ser un chica bonita y con buena presencia. Le pregunté si una mujer de 40 a 45 años, jovial y bien arreglada, no podría dar una buena imagen de la empresa. No muy convencido, aceptó la idea. También le dije que esa mujer podría involucrarse mucho más con el trabajo pues, seguramente, tendría otros compromisos que asumir (hijos, alquiler, etc.) y, por ende, al no poder dejar un trabajo de un día para otro, tendría mayor continuidad en el puesto. Eso cobró mayor sentido para él y aceptó convencido la sugerencia. María Laura (46 años) se incorporó a la empresa y está en ella cumpliendo muy bien su rol desde hace cinco años.

Muchos de estos juicios no se pueden fundamentar claramente y le corresponde al profesional de RR. HH. ponerlos en duda y asesorar para ayudar al cliente a dejar de lado sus prejuicios. Esas situaciones se dan todo el tiempo y es responsabilidad del profesional detectarlas y abordarlas seriamente.

> Hace muchos años, una empresa farmacéutica me encargó la búsqueda de un secretario para su vicepresidenta. Cuando ella me describió el perfil, me explicó que debía ser un hombre, en forma excluyente. Ante mi consulta sobre el motivo, me dijo que no había tenido buenas experiencias con las mujeres contratadas anteriormente y que creía que un hombre se desempeñaría satisfactoriamente en el puesto. No esperaba que tuviera mucha experiencia pero sí una actitud proactiva, que fuera muy responsable y organizado. La búsqueda no resultó nada fácil. Normalmente, es y fue un puesto ocupado por mujeres. Las respuestas al aviso, por ende, eran de mujeres que ya habían tenido esa experiencia o que esperaban realizar una carrera como secretaria. Recibimos muy pocos postulantes varones. Buscamos en nuestra base de datos jóvenes que tuvieran una experiencia administrativa y de asistencia en otras áreas. Los entrevistamos y pusimos *énfasis* en las competencias que se requerían para la función. La posición estaba muy bien remunerada y significaba un paso importante para varios candidatos. No obstante, muchos de ellos se resistieron a aceptar ese puesto, por sus propios prejuicios. Finalmente, identificamos un joven excelente que fue asistente de la vicepresidenta durante varios años. Su excepcional desempeño hizo que después pasara a asistir al CEO de la compañía y, *más tarde*, pasó al área comercial, donde él quería desarrollarse.

En este caso, tenemos juicios de las dos partes. Por un lado, el de la vicepresidenta, basado en sus experiencias anteriores, que le hacía pedir un asistente hombre. Por el otro, los propios prejuicios de los hombres, que consideraban el puesto como uno de mujeres, no acorde para ellos.

En el proceso de selección es muy habitual que los juicios interfieran en la descripción del perfil y dificulten la objetividad para evitar "prejuicios" que terminen siendo discriminatorios. Estos prejuicios están fuertemente arraigados en los

individuos, pero también en la cultura en la que están inmersos. El caso del asistente "hombre" lo muestra claramente. El selector, como profesional de RR. HH., debe cuidar estas cuestiones y ser un promotor de procesos inclusivos y antidiscriminatorios dentro de la empresa. Esto implica, en primer lugar, romper con sus propios paradigmas. Y, en segundo lugar, fomentar estos conceptos en el interior de la organización para generar un cambio de cultura. De todos modos, debe quedar claro que este proceso será gradual, pues no se puede dejar de lado el contexto en el cual se produce la búsqueda. Algunos países están mucho más avanzados en este sentido. En Estados Unidos, estos temas están sumamente arraigados que los postulantes no indican edad, ni sexo en su currículum y a ningún entrevistador se le ocurriría preguntarlo. Argentina y Latinoamérica en general están atravesando un proceso de toma de conciencia de estas temáticas. Los profesionales de RR. HH. se han ido interiorizando al respecto y en muchos casos están sensibilizando tanto a empleados como a directivos de las empresas. En este sentido les cabe un rol protagónico en el transitar este largo camino.

Otro aspecto que se debería incluir en las características del puesto es si existe alguna limitación o un riesgo significativo para una persona con discapacidad. En principio, deberíamos considerar que las personas con una discapacidad pueden desempeñarse en el puesto y solamente señalar si existe algún impedimento que no puede ser subsanado con una adecuación por parte de la empresa.

Requerimientos de las competencias conductuales

Las competencias son los conocimientos, habilidades y actitudes que debe tener una persona para desempeñarse satisfactoriamente en un puesto de trabajo. Cuando hablamos de "competencias conductuales", nos referimos a las habilidades y actitudes. Los conocimientos están comprendidos dentro de lo que se denominó requisitos objetivos.

Según Alles (2013), "las competencias son las características de personalidad devenidas en comportamientos, que generan un desempeño exitoso en un puesto de trabajo" (p. 20). **Hay que entender que las competencias no son ni buenas ni malas. Lo que sí se puede plantear es si son las necesarias para desempeñarse satisfactoriamente en un puesto. Es importante entender esto.**

Diego Armando Maradona, el famoso ídolo del fútbol mundial, se convirtió en uno de los mejores jugadores de fútbol por tener una serie de competencias: liderazgo, visión global, rapidez mental, actitud positiva, buena pegada, resistencia física, etc. Estas competencias, las puso en juego en los distintos equipos en los que se desempeñó y en la Selección argentina, cumpliendo más que satisfactoriamente con su función de número 10.

Años más tarde, ocupó una nueva posición: director técnico de la Selección argentina. Las competencias requeridas eran distintas: visión estratégica, planificación y organización, influencia, liderazgo de equipos, habilidad para dar *feedback*, manejo de las emociones, etc. Las competencias que lo habían encumbrado como jugador no se adecuaban a las requeridas para ese puesto. Los resultados fueron una gestión para olvidar.

La persona es la misma, sus competencias son las mismas, sin embargo, en un puesto le permiten ser exitoso y en otro, no.

Los *conocimientos* son todas aquellas ideas, técnicas, métodos, sistemas, etc., que constituyen los contenidos que se transmiten de unas personas a otras a través de cursos, libros, películas, redes sociales, entre otros medios. Cuando se describieron los requerimientos objetivos, se incluyeron los conocimientos dentro de ese concepto, pues se pueden identificar de manera objetiva (especialmente los que implican un estudio formal), o se los puede evaluar fácil y objetivamente.

Las *habilidades* consisten en la facilidad para realizar una tarea u operación (física o mental) que, a diferencia de los conocimientos, no puede transmitirse fácilmente. Cada individuo debe adquirirlas según sus propios esquemas de percepción, juicio y respuesta. Lo importante es que se pueden perfeccionar con el entrenamiento. Algunos ejemplos de habilidades son el liderazgo, el trabajo en equipo, entre otras.

Las *actitudes* son la disposición natural a actuar de una determinada manera. Son aquellos marcos de referencia a través de los cuales juzgamos la realidad y condicionamos nuestra conducta. La tolerancia a la frustración, la orientación a resultados, la empatía, son algunas muestras de ellas.

Las "competencias conductuales" son aquellas habilidades o actitudes que se manifiestan en una persona como comportamientos observables, que le permiten cumplir con excelencia con los objetivos, las funciones y las tareas de un puesto de trabajo.

Las competencias han sido presentadas numerosas veces con el modelo del iceberg.

A la hora de evaluar un candidato, los jefes o gerentes de las áreas suelen hacer mucho hincapié en los conocimientos técnicos, dejando en un segundo lugar las competencias conductuales. Tiene cierta lógica, porque ellos requieren una persona que empiece a desempeñar sus funciones lo antes posible y con un mínimo entrenamiento. Sin embargo, esto conlleva un "gran error". **Los conocimientos pueden adquirirse medianamente rápido. Implican, por parte del líder o de un compañero, una inversión de tiempo, pero ello no debería llevar más que unos meses. Las habilidades se pueden entrenar. Llevan más tiempo, pero es posible. No obstante, las actitudes son muy difíciles de modificar.** Si se incorpora a un puesto comercial a un ingeniero muy bueno técnicamente (conoce los productos), pero con poca tolerancia a la frustración, es realmente un problema. No hay ninguna capacitación, ningún entrenamiento que pueda ayudarlo a desarrollar esta competencia. Es poco probable que pueda cambiarla.

Es crucial tener esto muy presente al realizar una búsqueda. No significa descuidar el perfil técnico, pues es necesario y sería conveniente evitar una inversión de tiempo en la capacitación de un ingresante. Pero si no tiene las competencias conductuales adecuadas, su incorporación puede no ser una buena decisión. Es fundamental que el profesional de RR. HH. converse este tema con línea y explique claramente los riesgos que se corren.

Para tener presente

Cuando estoy frente a un cliente que prioriza lo técnico sobre lo conductual, le hago la siguiente pregunta: "¿Cuántas veces en tu trayectoria laboral tuviste que despedir a un empleado porque no pudo aprender un sistema, una tarea, un proceso, etc.?". Y a continuación sigo: "¿Cuántas veces tuviste que despedir a un colaborador porque tuvo una mala actitud, no respetaba la autoridad, no colaboraba con el equipo, no se comprometía, etcétera?".

¿Adivinen qué me responden SIEMPRE? ¡Sí! ¡Eso! Absolutamente todas las personas responden que siempre los despidos fueron por cuestiones conductuales y nunca por no poder aprender algo.

Hay distintos tipos de competencias: las genéricas, que son las que la empresa define como necesarias para toda la organización; las de nivel, que son las requeridas para desempeñarse en un nivel de liderazgo, y las técnicas, que son las específicas para realizar las distintas tareas del puesto.

Valor agregado para el candidato

El mundo cambió. Actualmente, las empresas eligen y el candidato elige tanto o más que ellas. Con un nivel de desempleo razonable esto se potencia. Los candidatos, antes de

ir a una entrevista, quieren saber si la búsqueda puede ser interesante para ellos. Son muy exigentes y consultan todos los detalles, aun en puestos de niveles operativos. Mucho más si están trabajando. Esto es razonable porque, como dice el dicho, piensan: "más vale malo conocido, que bueno por conocer". Consultan respecto de remuneración, *bonus*, *home office*, beneficios, etc., pero también acerca de la empresa, su inserción en el mercado, los planes de desarrollo de carrera, entre otros aspectos.

Esto obliga a los profesionales de RR. HH. a prepararse para dar respuestas idóneas a los postulantes. **Ya no alcanza con hablar sobre la empresa y las condiciones de contratación. Ahora hay que explicar al candidato cuál es el valor agregado de esa posición, en esa empresa y en ese mercado, como para que acepte avanzar en un proceso de selección.**

Hace algunos años tuve que buscar la secretaria de Presidencia de una empresa top de medicina privada. Era una de esas compañías en las cuales todo el mundo quisiera trabajar. Cuando relevé el perfil, la colega de RR. HH. mencionó algunos beneficios: excelente plan de salud y tres semanas de vacaciones a partir del primer año. La búsqueda no fue nada fácil. La remuneración estaba por debajo del mercado y los beneficios no alcanzaban a compensarlo. Cuando nuevamente me reuní con la gerenta de selección y le mencioné la situación, se sorprendió. Me dijo, algo ofuscada, que la empresa tenía muchos beneficios que la hacían sumamente atractiva. Así, empezó a nombrar una serie de beneficios increíbles que había dejado de lado en la primera reunión: un dinero para que las madres puedan destinarlo a guarderías, créditos a una tasa irrisoria después del primer año, comedor en la empresa, pago de parte de los estudios de posgrado, entre otros. Todo esto implicaba un paquete más que interesante y no se le había dado la justa importancia. La empresa tenía políticas que podían agregar muchísimo valor, sin embargo, no las estaba presentando a los candidatos. Este caso fue un disparador para mí. Comprendí que, muchas veces, los profesionales de RR. HH. no nos ponemos en el lugar del candidato y gestionamos solamente en función de la mirada de la empresa.

En los últimos años irrumpió una nueva generación que está cambiando la relación con el trabajo. Sus integrantes ya no trabajan en cualquier lugar, ni bajo cualquier condición. No les importa la marca. Eligen. Y si no les gusta, se van. Esto implica, para los profesionales de RR. HH., un cambio rotundo en la forma de encarar la búsqueda. Ya la gente no viene a una entrevista si no conoce datos sobre la empresa y si esta no es atractiva. **Este nuevo rol del profesional de RR. HH. como "vendedor" implica un aprendizaje. Hoy debe "vender" la propuesta. Para esto, como cualquier buen vendedor, tiene que prepararse, y mucho.**

Es conveniente que esa preparación tenga en cuenta por lo menos los siguientes ítems.

- Condiciones claras de contratación y beneficios ofrecidos por la empresa.
- Motivos por los cuales esa posición es atractiva para ese candidato en su aspecto profesional (la posibilidad de aprender las últimas tendencias en su especialidad, un líder que suele desarrollar a sus colaboradores, la oportunidad de ser parte de un start up, etcétera).
- Motivos por los cuales la empresa resulta atractiva como empresa en sí misma (tiene un plan de expansión, es líder en su mercado, etcétera).
- Motivos por los cuales uno se siente bien trabajando en esa compañía (buen clima de trabajo, políticas de diversidad, balance vida personal-vida laboral, etcétera).

En definitiva, se trata de darle al candidato todos los elementos necesarios para que tome una buena decisión. Los profesionales de RR. HH., por lo general, no tuvieron que enfrentarse a estos desafíos. Para abordar estos cambios, deben prepararse y usar herramientas nuevas de la Administración de empresas.

Una de ellas es el FODA. Es una herramienta habitualmente utilizada para analizar la estrategia competitiva de una empresa. No obstante, resulta también muy útil para estudiar el valor agregado que presenta una empresa como marca empleadora y cuán atractiva puede ser para potenciales candidatos. El FODA busca identificar Fortalezas, Oportunidades, Debilidades y Amenazas. Las fortalezas y debilidades se refieren específicamente a las cuestiones internas y propias de la empresa, como pueden ser: claridad de rumbo, organización y distribución de tareas, liderazgo, clima de trabajo, relación vida personal y vida laboral, entre otras.

Las oportunidades y amenazas en cambio se refieren al exterior, con enfoque particular en el mercado: la imagen de marca empleadora, la competitividad salarial, el nivel de desocupación, etcétera.

Con esta información, el profesional de RR. HH. puede prepararse mejor para identificar en el mercado a personas talentosas, brindándoles toda la documentación para optar a favor de su propuesta. También sirve para entender cuáles son las limitaciónes a la hora de captar esos candidatos.

> Estaba realizando una búsqueda de jefe de Mantenimiento para una empresa multinacional con varias plantas en Buenos Aires y en las provincias. La remuneración ofrecida estaba por debajo de la media del mercado. Cuando se lo manifesté a la gerenta de RR. HH., me dijo que la empresa tenía un nombre en el mercado y que cualquiera querría trabajar en ella. Lamentablemente, tuve que explicarle que no solo no iba a poder cubrir esa posición, sino que los jefes de Mantenimiento de tres de sus seis plantas se habían postulado para el puesto. Esto significaba que pronto iba a tener que cubrir esas posiciones. Evidentemente, no había hecho un buen análisis del valor que la empresa brindaba a los candidatos. Sin duda la marca era atractiva, pero eso no alcanzaba. Solo se había quedado en el análisis de las fortalezas.

Para realizar el FODA es muy conveniente que participen tanto el área de RR. HH. como otras áreas de la empresa. Este es un modo de enriquecer notablemente la visión. Se debería hacer poniendo énfasis en los aspectos de la organización que pueden agregar valor a un candidato detectando aquellos que no lo hacen. Con esta información los profesionales podrán armar su estrategia para presentar la propuesta a los postulantes. **Las fortalezas y oportunidades constituyen lo que el selector deberá destacar en la presentación de la posición y la empresa al candidato. Pero lo más importante es entender si estos ítems pueden ser valorados por él. Si esto ocurre, será posible compensar las debilidades. De lo contrario, será muy difícil captarlo. Lo fundamental es identificar a qué le da valor el candidato y ver si lo que tiene la empresa para ofrecer concuerda con ello.**

Desarrollo de carrera

Parte de las motivaciones que movilizan a un candidato se relaciona con las posibilidades de desarrollo de carrera. El profesional de RR. HH. conoce las verdaderas oportunidades de crecimiento que tiene la persona dentro de la empresa (siempre entendiendo que tuviera un buen desempeño). Sabe si existen perspectivas de ascensos o no, si podrá hacer cambios a nivel horizontal, contar con posibilidades de traslados dentro o fuera del país, etc. Asimismo, la empresa puede contar con políticas claramente definidas de desarrollo de carrera para sus distintos niveles jerárquicos.

Esta información tiene que estar muy presente y clara al relevar un perfil. Sirve muchísimo para analizar si esas posibilidades de desarrollo son acordes con las expectativas de un candidato. En función de eso se puede evaluar si, a pesar del buen perfil que tenga, es la persona indicada para un puesto dentro de la empresa.

Cuando se hace internamente, el profesional de RR. HH. ya cuenta con estos datos. No obstante, cuando es un consultor externo quien hace el relevamiento, tiene que brindarse en forma exhaustiva. Esta información tiene que entrar dentro del FODA. Es un aspecto muy importante para captar gente en el mercado.

El perfil organizacional

De nada vale tener un perfil que describa en detalle las funciones y tareas del puesto si no se entiende en qué contexto se va a desempeñar el ingresante. El filósofo español José Ortega y Gasset hablaba "del hombre y sus circunstancias". En selección, esta idea es fundamental. **Una persona con las mejores experiencia, formación y actitudes profesionales no es la misma en contextos distintos. Hay entornos que son favorecedores, que potencian y permiten que la persona saque lo mejor de sí y otros que desmotivan, que obstaculizan el desempeño y que empobrecen.** El selector no solo tiene que lograr que el postulante cumpla con los requisitos del puesto, sino también evaluar de qué manera la adaptación del ingresante al contexto puede ser funcional. Si esto no se logra, el proceso de selección puede fracasar. Por eso es tan importante identificar el perfil organizacional. Cuando el selector trabaja dentro de la empresa, tiene acceso a mucha información. No obstante, cuando es externo a la organización, la información sobre la misma se recolecta a partir de distintas fuentes, lo que muchas veces vuelve su tarea más difícil. Algunas de ellas pueden ser:

- El responsable de RR. HH.
- El responsable del área correspondiente.
- Información del mercado.
- Información institucional.
- La observación.

El perfil organizacional es un complejo sistema integrado por tres componentes:

- Visión de futuro.
- Cultura organizacional.
- Requerimientos del entorno social.

Visión de futuro

- *El propósito de la empresa* (algunas empresas lo describen como la Misión y la Visión): es una visión inspiradora del futuro, que expresa sentido para sus miembros y que los guía en su accionar.
- *Sus planes estratégicos y su proyección de negocio:* se trata de los planes y proyectos de la empresa para el futuro. Es la definición del camino a seguir para alcanzar el futuro deseado.

El **próposito** y los **planes estratégicos** dan cuenta de la visión de largo plazo y los pasos que se definieron para llevar adelante la empresa. Es importante conocerlos, porque son una fuente de información necesaria para compartir con el candidato, especialmente si es una posición de gerencia y dirección.

Cultura organizacional

- *La impronta cultural que regula a la organización:* la cultura es, para sintetizarlo, "cómo se hacen las cosas en una empresa" (normas, premios y castigos, espacios, administración del tiempo, etcétera),
- *Los valores que se promueven:* los valores son cualidades que permiten ponderar la forma de manejarse dentro de la empresa. Los valores guían las acciones de

las personas dentro de una organización. Son parte esencial de la cultura.

- *La historia, los hitos más significativos:* la cultura de la empresa se construye a partir de su historia: el inicio de los fundadores, los momentos que marcaron un antes y un después en la organización.

La **cultura**, los **valores** y la **historia** son el entorno general en el que se enmarcan los otros elementos. A lo largo de la historia se va consolidando "cómo se hacen las cosas en la empresa".

La adaptación de un candidato al ámbito cultural será determinante, tanto para su desempeño como para su permanencia dentro de la organización.

La información sobre estos elementos no siempre es fácil de conseguir. Incluso alguien que esté adentro de la empresa no siempre logra identificarlos, por estar inmerso en ella. Para quien esté afuera (un consultor externo, por ejemplo) tampoco es fácil, porque es intangible, aunque esté presente permanentemente. Por este motivo se recomienda especialmente ir a la empresa y recorrerla para captar la cultura.

> En alguna oportunidad visité una empresa líder del mercado (no puedo mencionar la actividad, porque sería fácil descubrir su nombre) para entrevistarme con la vicepresidente, para relevar un perfil. Mientras esperaba tuve que ir al baño. Me indicaron una puerta que estaba fuera de su oficina a apenas unos metros y que era de uso común de los empleados. Cuando entré, no lo podía creer. Sentí que estaba dentro de un baño de una estación ferroviaria y no en una empresa líder. Era vergonzoso el estado de ese baño. Rápidamente pude entender "cómo eran las cosas" en esa empresa y cómo se valoraba a sus empleados.

La observación es una muy buena forma de conocer la cultura de la empresa. La distribución de los espacios, la higiene, el orden, la charla inocente de la recepcionista con otro empleado, los murmullos o los silencios brindan información muy rica que no se puede recolectar en una entrevista.

En *Aprender a liderar*, Cañeque (2011) menciona que los valores son:

> una cualidad que permite ponderar el valor ético o estético de las cosas, por lo que es una cualidad especial, que hace que estas sean estimadas por la persona o la sociedad en un sentido positivo o negativo… modificando –a partir de esa atribución– su comportamiento y [sus] actitudes hacia el objeto en cuestión (p. 294).

Entender los valores de la empresa también es fundamental. Las personas, cada vez más, esperan ser parte de una empresa que tenga valores compartidos por ellas. Y que estos valores se vean reflejados, tanto en la relación con los empleados como respecto de la sociedad en su conjunto. Ya no es un tema indiferente qué tipo de valores se promueven en una compañía. Especialmente para las nuevas generaciones, este es un asunto importante.

Requerimientos del entorno social

- *Las características de liderazgo de la empresa y, en especial, en el área:* se refieren al estilo de liderazgo (estilo paternalista, estilo autoritario, etc.). Además, cada líder (gerente, jefe, etc.) tiene su estilo particular, que puede o no concordar con el de la empresa.
- *Los clientes y proveedores más frecuentes:* son aquellos con los que el postulante va a interactuar asiduamente y con quienes deberá entrar en sintonía y generar un vínculo de confianza.

- *El equipo de trabajo al que se va a incorporar:* el equipo al que se integre el ingresante será su contexto más inmediato y con el que estará en constante interacción.

El **líder** y el **equipo**: quien dirige un equipo genera una impronta fundamental en el mismo. En todas las investigaciones sobre fidelización del personal, el líder aparece en los primeros puestos de los motivos por los que una persona deja una empresa o se queda en ella. Un buen líder puede obtener que una persona desarrolle todo su potencial. En las organizaciones hay distintos tipos de líderes. **Cuando se hace una selección se deben tener en cuenta las características del líder, de modo de buscar una persona que sea capaz de adaptarse a su estilo, en pos de lograr un buen desempeño.**

Ocurre en ocasiones que el superior, consciente o inconscientemente, no permite el crecimiento de sus subordinados.

Recuerdo haber buscado un jefe de Sistemas para uno de los ingenios azucareros más importantes del norte argentino. Tuve una entrevista con la gerenta y después con el director. Esto fue determinante para llegar a cubrir la búsqueda. La gerenta aclaró que no era necesario que el ingresante fuera profesional. No obstante, cuando hablé con el director, me lo planteó como un requisito indispensable, más teniendo en cuenta que la gerenta no era profesional. Durante la búsqueda contemplamos seriamente ese dato. No solo tuvimos que buscar un profesional muy bueno, técnicamente, y con capacidad de liderazgo, sino también con perfil bajo, para que la gerenta no lo viera como una amenaza.

El postulante elegido era un profesional con una muy buena trayectoria laboral, experiencia técnica y capacidad de liderazgo. Tenía un perfil con baja motivación de poder, por lo cual no parecía implicar un riesgo para su jefa.

No obstante, en menos de un año el empleado fue echado. La jefa no soportó tener a su cargo a una persona más preparada que ella y decidió su despido. Cuatro meses más tarde, fue despedida ella. Es cierto que no pudo sostenerse en el puesto, pero realmente creo que cualquier candidato hubiera tenido pocas posibilidades de convivir con una gerenta que se sentía en riesgo con un subordinado con mayor nivel de formación que ella.

También es muy importante el equipo en el que una persona se va a insertar. Una persona que trabajó con un empleado en otra compañía lo recomienda de manera muy especial por el buen desempeño que tuvo en una empresa anterior. No obstante, se observa que ese recomendado tan especial, inserto en otra cultura, con otro jefe y otro equipo de trabajo, no funciona. Esto ocurre porque las personas no son independientes del contexto, sino que interactuamos con él. Un equipo con determinadas características puede hacer que una persona desarrolle sus conocimientos y muestre sus experiencias, y en otro, el mismo individuo puede sentirse opacado, inhibido, limitado, y no llega a exhibir un buen desempeño.

Relevamiento del perfil en la línea

Es fundamental que un profesional de RR. HH. sepa claramente cuáles son los ítems que tiene que considerar para contar con un perfil completo del puesto. Sin embargo, eso no alcanza.

El relevamiento del perfil es un proceso de interacción entre el profesional de RR. HH. y un colega de otra área que es quien conoce el perfil. Juntos y sobre la base del diálogo tienen que armar el perfil. Esta es sin duda la mayor dificultad que se encuentra para describir un muy buen perfil del puesto.

Por una parte, el profesional del área posee todo el conocimiento del puesto y, por otra, el profesional de RR. HH. dis-

pone de la información fresca del mercado. A lo largo del proceso, tienen que coconstruir juntos el perfil, para asegurarse de que sea el adecuado para encontrar a la persona indicada.

En su libro *Los talentos del siglo XXI*, Mejías (2000) cita a Robert Half en "On Hiring": "La mayoría de los errores que se cometen en el proceso de búsqueda y selección podrían prevenirse si los responsables de la búsqueda fueran más rigurosos en establecer qué es lo que están buscando antes de comenzar el proceso" (p. 60).

Con frecuencia los profesionales de RR. HH. se quejan por la actitud del gerente o responsable de la línea. Dicen que no les dan precisiones sobre el perfil, que no tienen tiempo, etc. Es cierto que esto ocurre, sin embargo esta queja coloca a los profesionales de RR. HH. en un muy mal lugar. A menudo se quedan en la queja y no se hacen cargo de que una de las responsabilidades de su puesto es realizar los relevamientos de perfil y tienen que cumplirla como corresponde. Independientemente de la colaboración del cliente interno, deben mostrar su profesionalismo recabando la información necesaria para contar con un completo perfil que favorezca un proceso satisfactorio. No se puede aceptar que el gerente sea "difícil". Es cierto que existen gerentes poco colaboradores, irrespetuosos, dubitativos, etc. No obstante, hay que poder trabajar con ellos. Por lo tanto, corresponde revisar de qué manera se encara la entrevista.

Lo primero por hacer es entender al interlocutor del área.

- *Su preocupación está puesta en los objetivos de su área:* su única preocupación es que tiene un "sillón vacío" en su área y que el trabajo no se está haciendo, o no se está haciendo como es debido. No le interesan los formularios de descripción de perfil, solo le interesa saber cuándo va a tener el candidato.

- *No maneja los conceptos de RR. HH.:* es un profesional de otra área, por lo tanto, no maneja algunos conceptos de RR. HH. Por ejemplo, si no cuenta con un modelo de gestión por competencias, tal vez no sepa a qué se refiere ese término.
- *Tiene el perfil absolutamente internalizado:* esto implica que muchas veces no profundice en aspectos que para él son obvios pero que el profesional de RR. HH. no tiene por qué conocer. Es importante profundizar en el perfil y lograr que brinde toda la información requerida para iniciar la búsqueda.

Recomendaciones para la entrevista con la línea

Si la preocupación del responsable de línea está puesta en el negocio y en los objetivos de su área, es por ahí que corresponde comenzar. No se debería iniciar una conversación revisando el perfil del puesto. No es esa la forma de captar su atención. Tenemos que consultarle acerca de sus problemas de negocios. Algunas preguntas pueden ser las siguientes.

- ¿Cómo van las cosas en el área?
- ¿Estás pudiendo cumplir con tus objetivos?
- ¿Qué dificultades se te han presentado?
- ¿De qué manera se puede ayudar desde el área de RR. HH.?
- ¿Cómo afecta no tener a la persona que se tiene que buscar?
- ¿Se van a requerir otras incorporaciones?

Ninguna de estas preguntas se relaciona con el perfil en sí mismo. No obstante, son las cuestiones que le preocupan a nuestro interlocutor. Esto es lo que está en su cabeza. Sobre estos temas tal vez le interesa hablar. Esta información es de sumo interés para el profesional de RR. HH. que quiera convertirse realmente en socio estratégico del negocio. Si se cree genuinamente en esto, el profesional de RR. HH. podrá escuchar de forma activa, ser empático y comprender con claridad cómo contribuir con su trabajo de selección al negocio.

Este primer intercambio pone a ambas partes en sintonía. Las dos están preocupadas por lo mismo y desde este consenso se empieza a armar un perfil para cubrir "el sillón vacío". Si esto no se logra, será difícil conseguir la colaboración necesaria. Esta conversación debe llevar al profesional de la línea a sentir que el colega de RR. HH. está para servirlo a él y no solo para cumplir con formalismos de RR. HH. Una vez que se llegó a este primer acercamiento, se pueden iniciar las preguntas para relevar el perfil.

Una forma de empezar a trabajar sobre el perfil podría ser de esta manera: "Veo lo importante que es esta búsqueda para ti y me comprometo personalmente a realizar todas las gestiones necesarias para encontrar lo más rápido posible el mejor candidato. Para esto voy a necesitar que me des la mayor cantidad de detalles sobre el puesto, para que pueda entenderlo perfectamente y presentarte excelentes candidatos. El tiempo que invirtamos ahora ayudará a que tengas el mejor candidato lo antes posible".

Conviene empezar hablando de la misión, las funciones y las tareas asignadas al puesto antes que de los requerimientos objetivos: ¿qué estudios debe tener?, ¿inglés? Se contradecería con lo realizado antes. Estas preguntas no se centran en el aporte del puesto al área y al negocio. Si bien son necesarias, es conveniente hacerlas hacia el final, una vez que se cuenta con una clara comprensión del puesto.

> En una oportunidad, dictando un taller de selección por competencias, una colega que tenía el área de selección a cargo me dijo: "Mira, en la teoría lo que dices sobre cómo relevar el perfil es muy lindo, pero tú no tienes que lidiar con los personajes que tengo en la empresa. Estoy con una búsqueda actual-

mente. En estos días tengo que reunirme con el gerente de Operaciones porque me pasó un perfil paupérrimo que no me sirve para nada. Hace una semana que estoy tratando de entrevistarme con él y me dice que no tiene tiempo. Que me arregle con lo que tengo. Siempre hace lo mismo".

Realmente, se la veía muy angustiada y enojada a la vez. Le dije que entendía lo que le pasaba y que eso era habitual. Le sugerí encarar la reunión de una manera diferente. Que vaya dejando de lado el prejuicio (y las emociones) que tenía respecto de esa persona y que fuera abierta a escucharla. Que iniciara la conversación enfocándola en las preocupaciones del interlocutor acerca de su área y que le ofreciera su más sincero apoyo para conseguirle la persona buscada con urgencia.

Aceptó la propuesta con cierta desconfianza y dijo que lo intentaría. En el próximo encuentro la vi aparecer por la puerta con una gran sonrisa. Apenas comenzó la clase, tomó la palabra y contó su encuentro: "No lo puedo creer. Me encontré con el gerente de Operaciones y apliqué lo que habíamos aprendido. Estuve una hora y media con él. Estuvimos hablando mucho sobre el área, las problemáticas, y después revisamos juntos el perfil. Fue increíble, dejó de lado lo que me había mandado y lo hicimos de vuelta, desde cero".

Este ejemplo muestra claramente que el profesional de RR. HH. puede tener influencia sobre los colegas de otras áreas si decide asumir su protagonismo y encarar la situación de manera diferente.

Un beneficio adicional de lograr una charla profunda y colaborativa con el responsable de la línea es que se llega a explorar otros aspectos fundamentales:

- Conocer con mayor detalles el estilo del superior, el funcionamiento del equipo y de su propia subcultura, etcétera.
- Identificar aspectos negativos del trabajo (por ejemplo: extensión habitual del horario de trabajo).
- Conocer los motivos reales de desvinculación de la persona que ocupaba el puesto.

La transmisión del perfil a la consultora de RR. HH.

Un recordado juego infantil es el teléfono descompuesto. Consiste en hacer una ronda y que un participante diga una frase para que esta se transmita entre todos los participantes. El último tiene que reproducir lo que le ha llegado. Siempre, inevitablemente, el juego termina con la carcajada de todos al comprobar la transformación que ha sufrido el mensaje al final del recorrido.

Cuando el perfil relevado por el gerente de RR. HH. no llega tal cual al selector de una consultora, no genera risas, sino un serio problema.

En el proceso que abarca desde la descripción del perfil hasta la persona que hará la búsqueda, el mensaje pasa por varios interlocutores y distintas conversaciones.

- Gerente de línea con gerente de RR. HH.
- Gerente de RR. HH. con analista de RR. HH.
- Analista de RR. HH. con socio de la consultora.
- Socio de la consultora con su selector.

Inevitablemente, y a pesar de la mejor voluntad de las partes, el mensaje sufre modificaciones, de igual modo que en el teléfono descompuesto. A veces sutiles y otras veces, groseras. El perfil del puesto es una imagen necesaria, que aporta claridad para poder conformar las mil piezas del rompecabezas que es una persona. Sin esta imagen, es muy difícil realizar una búsqueda a conciencia, la cual seguramente se terminará resolviendo después de un largo desgaste de presentación de candidatos y rechazo por parte de la línea. Esto equivale a decir que pudo haber sido un proceso eficaz (se logró el objetivo), pero no eficiente, en la medida en que no culminó haciéndose el mejor uso de los recursos (tiempos del selector, consultora, responsable de la línea, etcétera).

El perfil del puesto es la guía necesaria del selector para llevar adelante la búsqueda. Está presente en cada paso del proceso y es lo que permite confirmar si el postulante es la persona adecuada, o no, para la posición. El profesional de RR. HH. debe ser capaz de generar un vínculo colaborativo y profesional con sus colegas de las áreas, en pos de realizar un buen relevamiento que lo ayude a alcanzar la deseada efectividad en el proceso.

CAPÍTULO 4

METODOLOGÍA EFECTIVA PARA IDENTIFICAR COMPETENCIAS EN LAS ENTREVISTAS

La importancia de la entrevista

La entrevista es la actividad más importante desarrollada por el selector. Como se explicó anteriormente, es el "momento de la verdad" central del proceso de selección. Es el momento de identificar las experiencias y competencias del candidato, pero también es la instancia en la cual al selector le toca "vender" la empresa y el proyecto.

Los líderes de la organización, desde un director a un supervisor, tienen una responsabilidad compartida con el área de RR. HH. en la selección de las personas de su área. Si bien no es una tarea crítica de su puesto, es imprescindible, pues incorporar los mejores talentos para conformar un equipo sólido significa cumplir con sus objetivos. Con frecuencia, los líderes, concentrados en sus tareas cotidianas, no se involucran suficientemente en el proceso de selección. No brindan el apoyo necesario al área de RR. HH. y no se esfuerzan en describir el perfil, o no priorizan su agenda para avanzar con las entrevistas.

La entrevista de selección

Normalmente, la entrevista de selección se define desde el paradigma "Yo elijo, tú aceptas" del que ya hablamos en los capítulos anteriores. Álvaro de Ansorena Cao (1996) explica que "el propósito principal de una entrevista de selección es el conocimiento de las personas en términos de sus capacidades, cualidades e intereses actuales y potenciales con el fin de determinar la adecuación a una vacante específica en la organización" (pp. 106-107). En esta definición no aparece el postulante. La entrevista es solo una herramienta de la que disponen las empresas para elegir a sus empleados y no la instancia en la que una persona puede elegir una empresa donde trabajar.

Por otra parte, Richino (2008) define la entrevista como "una situación bidireccional entre un selector y un postulante, con la intención de establecer una relación acotada en tiempo y espacio, a través de la cual cada participante pueda obtener su propósito" (p. 86). Destaca que el selector puede "conocer al candidato y poder detectar características personales, habilidades, experiencias, etc., que pueda contrastar con el perfil buscado" y el postulante puede "desplegar los mejores recursos personales, satisfacer las expectativas del evaluador y conseguir el empleo para el cual se postula". Esta definición incluye al candidato interesado en satisfacer su propósito que parece ser "satisfacer las expectativas del evaluador" para obtener un puesto de trabajo. De alguna manera el foco continúa poniéndose en la empresa más que en los postulantes.

La entrevista de selección es un proceso comunicacional que se desarrolla entre dos personas (entrevistador y entrevistado) con el objetivo de que el primero evalúe si el perfil del otro es acorde con el requerido por la empresa y el segundo, si la posición y la empresa cumplen con sus expectativas salariales, de desarrollo profesional y de calidad de vida. Existe una manifiesta interdependencia entre ambas partes ya que se evalúan y deciden si se eligen mutuamente.

Tipos de entrevista

La elección y la modalidad de la entrevista dependen del perfil del puesto. No se entrevista de la misma manera a un operario que a un director. El nivel de profundidad y el enfoque difieren considerablemente. La dedicación de tiempo también. Una entrevista de selección puede adoptar distintas modalidades, que se basan en el grado de libertad del selector durante la misma. Richino (2008) presenta tres tipos de entrevistas.

- *No estructurada:* en Argentina, la profesionalización de la selección se inició de la mano de los psicólogos que empezaron a ocupar puestos en las áreas de RR. HH. Esto hizo que inicialmente las entrevistas adoptaran un estilo influenciado por la práctica psicológica. Este modelo basado en la "asociación libre" permitió que se desarrollara un tipo de entrevista no estructurada. Las entrevistas se llevaban adelante a partir de preguntas abiertas que conducían al postulante a un relato poco estructurado. Se caracterizaba por preguntas concretas sobre la trayectoria laboral de los candidatos. El enfoque de la entrevista estaba puesto en la forma en que se comportaba el postulante durante la entrevista, cómo estructuraba el tiempo, su relación con el entrevistador como figura de autoridad, cómo transmitía sus ideas y cómo manejaba su ansiedad. La debilidad de este tipo de entrevista es que el grado de libertad puede atentar contra la posibilidad de identificar realmente las competencias u otra información que se requiera para el puesto. Con el ingreso de profesionales de otras disciplinas y la formación en otros modelos de entrevista (competencias, incidentes críticos, etc.) esto fue cambiando.

- *Estructurada:* una entrevista muy *estructurada* consta de una serie de preguntas pautadas que permite explorar temas previstos de antemano. Es útil para entrevistadores inexpertos que cuentan con habilidades de interacción interpersonal pero escaso entrenamiento en entrevistas. Con este tipo de entrevistas asumen el rol sin inconvenientes, obteniendo información a partir de las preguntas predeterminadas y la lectura del lenguaje corporal.

- *Semiestructurada:* la entrevista *semiestructurada* otorga un mayor grado de libertad proponiendo disparadores o siguiendo hipótesis que surgen de la interacción con el candidato. Es la más usada por los entrevistadores con mayor *seniority*. Implica una planificación previa de su desarrollo, la cual se lleva adelante, pero dejando mayor autonomía al entrevistador.

En función del tipo de puesto y de su experiencia, el selector puede optar por alguna de estas opciones de entrevista. Cuanto más experiencia y trayectoria tenga un selector, menos estructurada puede ser la entrevista. Un selector *senior* no necesita una guía de preguntas (aunque puede usarla si opta por la metodología de selección por competencias) para sentirse seguro y conducir una entrevista. Esto se observa claramente en los procesos de selección de los niveles de dirección. En las consultoras de *headhunting* existen selectores por "prácticas", es decir, personas que se han desempeñado en puestos de nivel gerencial o de dirección en determinada área. Ellos evalúan a candidatos de su mismo nivel. El conocimiento de la especialidad les permite identificar fácilmente los comportamientos exitosos de los postulantes. No requieren una guía pues ellos conocen perfectamente los puestos y qué hace a un buen desempeño en los mismos. Cuanto más complejo es el puesto, más pericia tiene que demostrar el entrevistador.

Cuando el selector es novel, una entrevista más estructurada facilita la realización de esta. La metodología de selección por competencias brinda una mayor estructuración, que reemplaza la falta de experiencia. En los casos de líderes de la línea, que naturalmente ponen énfasis en los conocimientos técnicos del postulante, la selección por competencias estructurada a partir de algunas preguntas les facilita evaluar competencias.

Es recomendable que el entrevistador tenga un *seniority* igual o mayor que el del entrevistado, para que ambos sientan que el rol del primero está ocupado por alguien capacitado para la evaluación. Con frecuencia gerentes y directores se quejan por haber sido entrevistados por selectores junior. La incomodidad no es producto de la edad, sino de la falta de experiencias vividas, que genera un desfasaje entre las preguntas que realizan y el nivel del puesto.

Errores más comunes al realizar una entrevista

Existen cinco errores muy comunes que se cometen en la selección de personal y se observan especialmente en las entrevistas de la línea.

1. *Poner mucho énfasis en describir el puesto o la empresa:* sin dudas es una parte importante de la entrevista. Sin embargo, esto no tiene que ser en detrimento de profundizar la evaluación de los candidatos. El 90%

del tiempo de la entrevista debe dedicarse a conocer en detalle las capacidades del candidato.

En una oportunidad estaba buscando un empleado que iba a depender del dueño de una organización. Le presentamos tres postulantes excelentes. Después de que los entrevistó, le consulté su opinión y me dijo que no lo convencían mucho. Realmente me sorprendió porque la terna era muy buena. Empecé a repasar las experiencias de los candidatos y veía que él no había hablado de estas cuestiones durante las entrevistas. Finalmente, me confesó que no les había preguntado mucho. Les había hablado mayoritariamente sobre la compañía.
El dueño enamorado de su empresa se había pasado toda la entrevista contando cómo se inició, sus logros y del futuro de la empresa. Esto lo llevó a consumir el tiempo de la entrevista en satisfacer su ego y no en evaluar a los candidatos.

2. *Preguntar por su experiencia:* generalmente se les pide a los candidatos que describan sus tareas específicas. Esto les permite explayarse sobre lo que les parece interesante de su trayectoria y lo que necesitan mostrar para lucirse en una entrevista. Si no se hacen buenas preguntas complementarias, tal vez no se detecten ni se evalúen aspectos importantes. Lo que cuenten puede ser meramente descriptivo. Si el enfoque de la entrevista es este, puede ocurrir que no se identifiquen con claridad las competencias actitudinales. Solo se podrá contar con información acerca de su *expertise* técnica.

3. *Realizar preguntas hipotéticas:* las personas quizá sepan cómo realizar las tareas correctamente, pero esto no muestra al entrevistador de qué manera las realizaron en el pasado. Este abordaje permite que el candidato hable de "cómo se deben hacer", pero no realmente de "cómo las hizo". Estas preguntas no ayudan a predecir su comportamiento. Hay técnicas específicas para destacar acontecimientos críticos de

la experiencia laboral que revelan claramente la forma en que la persona se desempeñó en el pasado y ayudan a proyectar cómo lo hará en el futuro.

4. *Elegir por "química":* es tal vez el error más común. Cuando esto ocurre se termina conformando un equipo con el mismo estilo del líder. Lo mejor es incorporar al equipo personas que se complementen, que generen apertura y diversidad de ideas. La "química" no sirve para detectar las competencias de la persona, ni para saber si va a realizar la tarea correctamente. Sirve para encontrar alguien con quien el que elige se sienta cómodo trabajando. Esto sin duda es necesario, pero más lo es que pueda cumplir correctamente con sus tareas y responsabilidades. Este es el imperativo.

5. *Malinterpretar los comportamientos o los dichos de los candidatos:* muchas veces una información o un comportamiento favorable o desfavorable influye y determina la evaluación final de la persona. Esto ocurre cuando el entrevistador no puede descentrarse de sí mismo y concentrarse en el perfil. Se deja llevar por algún aspecto del entrevistado con el que se identifica o rechaza, lo cual hace que lo sobrevalore o lo subvalore en detrimento de otros que son más importantes. La interpretación errónea de los datos proviene generalmente de la proyección de las actitudes personales, los motivos y sentimientos del entrevistador respecto del candidato. Un logro destacado o desfavorable se convierte en un "halo" que oscurece otras dimensiones de la persona.

Los líderes tienen una experiencia y estudios específicos de su especialidad. Por lo tanto, no han sido formados para conducir una entrevista de selección. Continuamente se realizan programas de capacitación para ellos en los cuales nunca se incluye la selección como una competencia que deberían desarrollar, a pesar de lo crítica que es para conformar un buen equipo de trabajo.

> En varias empresas nacionales y multinacionales he dictado cursos de selección para sus líderes. Desarrollamos fundamentalmente dos temas: definición de perfil y entrevista.
> Con respecto al primero, trabajamos con un caso complejo en el que a partir de un rol playing tienen que relevar el perfil. Con esta actividad se les pone en evidencia la manera en que la falta de información obstaculiza la búsqueda. Se ve cómo, cuando el selector no cuenta con todos los requerimientos del puesto, termina completando el perfil con lo que le parece que debería ser, lo cual no siempre se corresponde con lo esperado por el líder de la línea.
> Con relación al segundo, se les enseña la importancia de no descuidar la parte actitudinal, que es la más profunda y difícil de detectar en la entrevista. Se les brinda técnicas que sirvan para identificar las competencias de los candidatos.

Estos tipos de entrenamientos les otorgan herramientas concretas a los líderes para realizar la entrevista, pero también favorecen que entiendan el proceso y trabajen en forma más colaborativa con el área de RR. HH.

Modelos exitosos de entrevista de selección

La entrevista de incidentes críticos

La base de la técnica de incidentes críticos fue desarrollada por el psicólogo John Flanagan para mejorar el entrenamiento de los pilotos durante la Segunda Guerra Mundial. Su metodología permitía describir con precisión los eventos o situaciones de éxito y fracaso de los pilotos. En los años 70,

David C. McClelland realizó una investigación orientada a conocer las variables que predecían la actuación en el trabajo. Comparó gerentes de las principales empresas de los Estados Unidos con un desempeño sobresaliente con otros, con desenvolvimiento de término medio. La investigación mostró que los tests de inteligencia (tan valorados en esa época) no predecían el rendimiento laboral exitoso.

David McClelland adoptó la metodología desarrollada por Flanagan y elaboró la entrevista de incidentes críticos (BEI, del inglés *behavioral event interview*). Esta herramienta, diseñada y utilizada ampliamente por él y su equipo en McBer & Company, es una técnica que se enfoca en incidentes o eventos que las personas experimentaron en el pasado y permite identificar las competencias necesarias para realizar un trabajo de manera sobresaliente en el futuro.

McClelland (1973) destaca que el entrevistador debe invitar a los entrevistados a narrar las acciones concretas que tuvieron lugar en el pasado. A través de una serie de preguntas abiertas los ayuda a describir lo que hicieron, dijeron, pensaron y sintieron durante esa experiencia concreta.

La BEI consiste en una entrevista altamente estructurada, profunda y detallada en torno del desempeño pasado del candidato, que permite identificar y medir el grado de recurrencia, consistencia y solidez de sus competencias. **Las competencias se identifican a través de los comportamientos que manifiesta el postulante en su relato de los incidentes de su vida laboral.**

El modelo de incidentes críticos tiene un alto nivel predictivo, pero es muy complejo e implica una dedicación de tiempo de entrevista y decodificación de la información muy extensa. La entrevista debe ser grabada y, una vez finalizada, otro experto identifica los comportamientos y los clasifica como indicadores de las competencias que se están evaluando. Este proceso requiere un tiempo adicional, por lo que no suele utilizarse habitualmente en los procesos de selección. Esta modalidad de entrevistas debe ser realizada por un profesional experto en este tipo de evaluación. Se utiliza con frecuencia en procesos de evaluación de potencial y planes de sucesión para evaluar el paso de empleados de una organización a puestos de mayor responsabilidad. No obstante, sus principios constituyeron la base del modelo de entrevista por competencias.

Entrevista por competencias

Los objetivos de la entrevista BEI y la entrevista por competencias son los mismos objetivos, pero difieren en la profundidad y en el tiempo que requieren. La última es una versión simplificada y con un costo menor.

La entrevista por competencias es un tipo de entrevista dirigida en la que a las preguntas clásicas de selección acerca de la trayectoria laboral se suman las preguntas por competencias. Una vez realizado el recorrido por la trayectoria laboral del candidato, se inicia la etapa de exploración de competencias. Dependiendo del tipo de perfil y del tiempo disponible se podrá dedicar más o menos tiempo a profundizar en este tipo de preguntas.

Para realizar una entrevista por competencias es ideal contar con un diccionario de competencias con una descripción detallada de los comportamientos para cada una de estas. Algunas empresas incluso cuentan con un manual para realizar entrevistas por competencias. El mismo ofrece una serie de preguntas recomendadas para evaluar cada una de las competencias del diccionario, lo cual facilita la entrevista. Cuando las empresas no tienen un diccionario de competencias, sería conveniente apoyarse en algún modelo que sirva de guía, como los de Alles (2003) o de De Ansorena Cao (1996), entre otros que tienen un detalle de los comportamientos.

De igual modo que en la entrevista de incidentes críticos, se basa en el supuesto de que los comportamientos pasados son predictores de la forma en que la persona se va a desempeñar en el futuro. Las preguntas están dirigidas a situaciones puntuales del pasado: "Podría contarme una situación...".

Las entrevistas por competencias son entrevistas estructuradas y utilizan preguntas sobre comportamientos para ayudar al entrevistador a evaluar a los candidatos en función de las competencias críticas asignadas al puesto. En la etapa previa al encuentro, el selector debería definir cuáles son aquellas que hacen a los comportamientos exitosos para desempeñarse en el puesto de trabajo. Esto permite enfocar la entrevista en preguntas especialmente referidas a ellas.

La Tabla 1 propone un ejemplo de ello.

Tabla 1. Ejemplo de preguntas para evaluar la competencia Colaboración

Definición de la competencia Colaboración	Preguntas sugeridas
Capacidad de trabajar con grupos multidisciplinarios, con otras áreas de la organización u organismos externos con los que deba interactuar. Implica tener expectativas positivas respecto de los demás y comprensión interpersonal.	1. Cuénteme de una situación en la que lo hayan asignado a trabajar en un área o con un jefe que no era de su agrado. ¿Cómo se desempeñó usted?
	2. ¿Con qué frecuencia interactúa con personas de otro departamento? Descríbame su relación con ellas.
	3. ¿Cómo se siente cuando su departamento es auditado? ¿Cómo recibe a los asesores o consultores?
	4. Cuénteme sobre algún proyecto o una asignación no rutinaria donde haya tenido que trabajar con personas de otro departamento o asesores externos.

Fuente: Alles (2003).

Modelo Integrado de entrevista por competencias

Este modelo se basa en los antecedentes de la entrevista por competencia y en la de incidentes críticos. Toma elementos de ambas y los simplifica, logrando una entrevista adaptada a la dinámica de los procesos de selección actuales.

El modelo está conformado por las siguientes etapas:

1. Preparación y planificación de la entrevista.
2. Introducción.
3. Relevamiento de la trayectoria laboral.
4. Desarrollo de eventos críticos.
5. Evaluación de perfil motivacional.
6. Cierre.
7. Evaluación final.

En la entrevista se establece una relación funcional entre entrevistador y entrevistado en la que cada uno juega un rol determinado. La diferencia entre uno y otro no está dada por la persona sino por el rol que adoptan cada uno. El entrevistador asume el papel de conductor de la entrevista. Por su parte, el entrevistado se presenta para compartir su experiencia laboral y está abierto a las preguntas que se le realicen para conocerlo con mayor profundidad. Esto habilita al entrevistador a preguntar exclusivamente sobre aspectos relacionados con su trabajo, sus estudios, etc. No obstante, hay un límite que tiene que ver con la intimidad del postulante. En este sentido se está recorriendo un largo camino en Argentina para dejar de lado preguntas que pueden ser sentidas como discriminatorias.

En el caso del entrevistado, su rol lo habilita a realizar todas las consultas pertinentes sobre la empresa, la posición, la cultura y los negocios de la compañía, pero no puede abordar cuestiones personales del entrevistador.

Ambos están en una instancia de evaluación: el primero investiga si el candidato es el apropiado para el puesto y el segundo, si es en ese puesto y en esa empresa en los que le gustaría desempeñarse. En este sentido se igualan. Pero siempre tiene que ser el selector quien dirija la entrevista y este es un lugar que nunca puede ceder. En aquellos casos en que el entrevistado, voluntaria o involuntariamente, tome el rol de conducción de la entrevista, el entrevistador deberá inmediatamente recuperar las "riendas" de la misma.

Preparación y planificación de la entrevista

Conviene insistir en algunos puntos clave previos indispensables para el buen desarrollo posterior de la entrevista.

- **Claridad respecto del puesto y de las competencias a evaluar:** el perfil es la brújula que guía al selector y que no se debe perder de vista durante toda la entrevista. En los casos en que la empresa tenga un diccionario de competencias con el detalle de comportamientos, es recomendable revisarlo antes de iniciar la entrevista, e incluso tenerlo a mano.
- **Leer cuidadosamente el *curriculum vitae*:** después de la instancia de preselección, la lectura del currículum se enfoca en algunas aparentes inconsistencias, o puntos ciegos.
  - *Interrupción del natural desarrollo de la carrera laboral:* podría ser el caso de una persona que viene realizando una carrera en el área comercial pasando de vendedor a supervisor, después a jefe y, finalmente, llega a gerente. Cuando se observa su última posición, es ejecutivo de cuentas. Las preguntas serían: ¿qué pasó que ha bajado a una posición de menor *seniority*?, ¿es una posición cor-

porativa?, ¿las responsabilidades de la nueva posición lo ameritan?, ¿pasó de una pyme a una gran empresa?

- *Cambio de andarivel de carrera:* sería el caso de una persona que realizó una carrera creciente en el área de administración y que actualmente se encuentre en una posición comercial. El evaluador podría hacerse las siguientes preguntas: ¿cuál fue el motivo?, ¿descubrió su vocación?, ¿le gusta el área comercial o sigue prefiriendo la administración?

- *Interrupción de la actividad laboral por un tiempo:* hay mil motivos que pueden generar esta situación. Esto no implica que el selector deba evitar indagarlos. ¿Un familiar enfermo?, ¿un proyecto personal independiente?, ¿necesidad de dedicar más tiempo a los hijos?, ¿decidió trabajar en la empresa de la familia?, entre otras preguntas.

- *Cambio de una empresa con mayor prestigio o posicionamiento en el mercado a una de menor importancia, o no tan conocida:* el selector podría preguntarse: ¿el puesto era más desafiante?, ¿la remuneración más atractiva?, ¿reportaba directamente al dueño, lo que facilitaba la toma de decisiones?, etcétera.

Consultar por estas u otras cuestiones similares es obligación del selector. Esto no implica juzgar al entrevistado, sino tratar de entender las motivaciones o las circunstancias que explican estas situaciones.

Siempre digo que detrás de un currículum hay una historia de vida. Por eso es muy importante no prejuzgar, sino tener registro de algunas cuestiones para consultarlas en la entrevista. Tal vez, desde nuestros ideales o modelos de vidas nos cueste entender y encontrarle un sentido. En ocasiones, la interrupción de una carrera, un tiempo importante sin actividad laboral, un cambio poco predecible en la carrera laboral son consecuencias de acontecimientos extraordinarios que se presentaron en la vida de esas personas. Siempre hay un motivo que llevó a esa persona a tomar ciertas decisiones. No hay que juzgarla, sino entenderla. Con frecuencia, los postulantes cuentan que circunstancias como un familiar enfermo, un duelo, la falta de recursos o el maltrato de parte de un jefe los obligaron a seguir determinados rumbos. No está bien, ni mal… solo hay que evaluar los comportamientos y los valores que se ponen en juego.

Introducción

Esta etapa es muy importante. La entrevista, sin duda, es una situación de exposición importante. Aun para una persona con varios años de trayectoria laboral y distintas entrevistas en su haber, no deja de ser una situación de tensión. El entrevistador tiene que detectar lo mejor del candidato, para lo cual requiere que este participe de la entrevista lo más relajado posible. De esta manera, se va a abrir y compartir sus experiencias y mostrar sus competencias. Esta instancia inicial de caldeamiento es fundamental porque condiciona toda la entrevista y la posibilidad de sacar provecho de esta.

Se puede "romper el hielo" abordando algún tema que no se relacione directamente con el motivo del encuentro. Esto ayuda a disminuir la tensión inicial del candidato. **La forma en que el entrevistador se expresa y la manera en que escucha condicionan la disposición del postulante a abrirse durante la entrevista. Esto genera un clima distendido y de confianza que contribuye a que la persona pueda desplegarse con mayor naturalidad.** En los casos en que se entrevista a un candidato con poca o ninguna experiencia laboral, el nivel de expectativas y ansiedad que despierta la entrevista suele ser muy alto.

Algo similar ocurre con personas que se desempeñaron durante muchos años en una empresa y no tuvieron una entrevista laboral desde hacía tal vez veinte años. En estos casos hay que buscar especialmente distender al entrevistado, para que la entrevista se dé en las mejores condiciones.

> En una oportunidad tuve que entrevistar a una gerenta que había quedado desempleada después de 25 años en la empresa. Llegó a la entrevista sumamente tensa, sudorosa, y se trababa cuando empecé a hacerle las preguntas iniciales. Me di cuenta de que la entrevista no sería productiva en estas condiciones. Entonces le dije muy cordialmente: "La noto algo tensa. ¿Puede ser? Sonrió algo aliviada y me dijo: "Desde que entré a los veinte años a la empresa no había tenido una entrevista. Esta es la primera". Entonces, me mostré más distendido y le expliqué que la entendía, que era normal que esto le ocurriera. Le pedí que estuviera tranquila, que solo iba a preguntarle acerca de su trayectoria que, por lo que veía, era muy interesante. Cambié de tema y empezamos a hablar de cosas no relacionadas con el trabajo, hasta que pude observarla relajada, sonriente y abierta. En ese momento le propuse: "Le parece empezar a contarme su experiencia laboral?". Ya había bajado sus resistencias y sus temores, y estaba preparada para entrar en la entrevista.

Relevamiento de la trayectoria laboral

En esta instancia, el entrevistador debe pasar a un segundo plano. Tiene que guiar al entrevistado con sus preguntas e ir introduciendo estímulos si lo considera necesario, dándole la oportunidad de expresarse con libertad. **El entrevistado se convierte en el protagonista. El selector se dedicará a explorar la trayectoria laboral de la persona, sus principales tareas y responsabilidades, sus logros y sus motivos de cambios de trabajo.**

Cuando el entrevistado es una persona sin experiencia laboral, se pondrá énfasis en su vida educativa (secundaria o universitaria) o en otras actividades, deportivas, artísticas, *hobbies*, etc., que esté realizando. Esto permite evaluar sus comportamientos y los roles que ha desempeñado, para poder predecir sus comportamientos futuros.

Cuando el entrevistado tenga experiencia laboral, se indagarán los siguientes puntos.

Consultar sobre la trayectoria en las distintas empresas/posiciones: se trata de profundizar en las principales responsabilidades asignadas a los puestos que ocupó el postulante. Normalmente se pone énfasis en la última, sin embargo, a veces hay que centrarse en las más significativas para el puesto buscado. Las preguntas deben ayudar a descubrir si las experiencias o los conocimientos que describe el candidato coinciden con las críticas del puesto.

También es muy importante identificar las propuestas que llevó adelante por sí mismo, más allá de lo esperado para su función. Puede ser organizar determinada información, diseñar una planilla de gestión, proponer un nuevo canal de ventas, rediseñar un proceso o modificar el *lay out* de un sector para mejorar la productividad.

Identificar las tareas de mayor nivel de responsabilidad y complejidad: es decir, detectar cuáles son las tareas más complejas que tuvo que realizar y de qué manera lo hizo. En ocasiones los candidatos describen sus tareas como si todas fueran similares. El entrevistador debe identificar las más desafiantes porque seguramente en esas se podrá observar de qué manera puso en juego sus mejores competencias.

También es fundamental detectar las tareas y responsabilidades que la persona realizó específicamente, más allá de las correspondientes al equipo o al área. A menudo, las personas hablan en plural. En estos casos es conveniente indagar qué realizó realmente el candidato.

Averiguar motivos de cambio laboral y desvinculación: este tipo de preguntas son muy delicadas. No siempre el candidato es totalmente sincero o directamente miente. Es un momento de la entrevista crucial para concentrase especialmente en el lenguaje no verbal. El relato de la situación, lo que dice, tiene que coincidir con lo que transmite el cuerpo. La persona puede tener un relato muy preparado y creíble de los motivos de desvinculación, pero el cuerpo no miente. Él nos dice la verdad. A través de microgestos que se producen en forma inconsciente se recibe información valiosa que ayuda a evaluar con mayor precisión lo dicho por el candidato.

Por otra parte, el selector tiene que contextualizar la explicación del entrevistado, teniendo en cuenta su conocimiento del mercado. Si conoce que determinada industria está en crisis, que cierta empresa estuvo reduciendo personal o atravesó una fusión, puede servirle para corroborar el relato del candidato.

> Recuerdo un caso muy particular. Era un muchacho joven que había tenido muchas desvinculaciones a lo largo de su corta trayectoria laboral. No dejaba de llamarme la atención que ante la pregunta por los motivos de desvinculación me dijera: "Me despidieron". No obstante, su brutal franqueza y la forma en la que me lo decía no me generaron ninguna duda. Su cuerpo, su voz, su actitud relajada me inspiraban confianza. No obstante, varios de los despidos coincidían con circunstancias que conocía del mercado. Uno de los casos se refería a la compra de la empresa (había sido publicado en los diarios) que coincidía con la fecha en que había sido desvinculado. En otro caso, la crisis del sector, que era conocida en el ámbito de los negocios, también coincidía con lo expresado por él. El lenguaje corporal transmitía transparencia y me daba tranquilidad, pero contextualizar su relato con lo que había ocurrido en el mercado reforzó y convalidó la impresión que me había transmitido.

Seguir un orden lógico: especialmente para un entrevistador novato es recomendable seguir un orden y no dejarse llevar por los saltos que el entrevistado pueda realizar en su relato (por ejemplo, de una empresa a otra). Esto le permitirá concentrarse y hacer un recorrido completo sin perder información relevante.

Desarrollo de los eventos críticos

Esta etapa es sumamente importante. **Centrarse en uno o varios incidentes permite conocer los comportamientos que la persona desarrolló en el pasado y realizar una proyección de cómo actuará en el futuro.** Se puede afirmar que un incidente crítico es una actividad lo suficientemente compleja en sí misma desarrollada por el postulante, que permite identificar y comprender sus conductas, y evaluar si coinciden con el desempeño esperado para el puesto. **Enfocar incidentes críticos proporciona información suficiente para la identificación de las competencias y una descripción precisa de las conductas críticas puestas en juego por el candidato.**

Se deberá profundizar en una descripción precisa del incidente, de las conductas de los involucrados en el mismo y de los resultados o consecuencias resultantes.

Introducir en el evento: en primer lugar, invitar al entrevistado a recordar una situación reciente (menos de 18 meses) en el ámbito laboral, que sea realmente significativa. Luego hay que explicarle que se le van a realizar preguntas sobre algunos momentos muy puntuales de su historia laboral y que se requiere un gran nivel de detalle: "como si contara una película y relatara lo que hizo, dijo, sintió y pensó". A lo largo de la entrevista tal vez sea necesario recalcarlo nuevamente si el postulante no siguiera la consigna.

Elección del incidente: el incidente debe ser un hecho que recuerde bien, que pueda localizar geográficamente, cuya situación pueda describir, así como quiénes estaban y cómo se resolvió. **El entrevistador tiene que asegurarse de que se**

refiere a algo que sucedió realmente. Es conveniente, ante la duda, hacerle preguntas concretas a tal efecto: ¿con quién estaba?, ¿a qué empresa le hizo la propuesta?, ¿recuerda el nombre del empleado a quien tuvo que dar *feedback*?

En esta instancia, el entrevistador ya conoce las situaciones de la actividad laboral que son críticas y pueden poner en juego las principales competencias del puesto. Por lo tanto, se puede hacer una pregunta específica, por ejemplo: "¿Podría contarme un caso particular de una venta que realmente ha sido muy difícil y le requirió un gran esfuerzo para lograrla?".

Ingreso al incidente: **para que la pregunta sea efectiva, es decir, para que la persona "entre" al evento crítico, debería ser clara y precisa. La forma en que se formule es fundamental. No debe contener ningún tipo de ambigüedad, ni dejarle a la persona dudas acerca de qué tiene que responder.**

Si se preguntara: "¿Podría contarme un evento exitoso/significativo de su gestión de ventas?", resultaría muy abierta e imprecisa. El postulante podría tomar diversos caminos que quizá no lleven al tipo de eventos que se están buscando. Por ejemplo, podría mencionar que logró el premio al mejor vendedor, lo cual fue un orgullo muy grande para él. No obstante, no sería un evento significativo para desarrollar.

Entonces, preguntar: "¿Podría contarme una venta exitosa?" es una consulta más cerrada; sin embargo, habría que evaluar qué interpreta por exitosa: ¿porque fue difícil? ¿Porque implicó un monto grande de dinero? ¿Porque le llevó mucho tiempo?

Volviendo a la pregunta mencionada anteriormente: "¿Podría contarme un caso particular de una venta que realmente ha sido muy difícil y le requirió un gran esfuerzo para lograrla?", no cabe duda de que tiene que apuntar a una situación puntual y que haya sido realmente compleja. No cualquiera. Tampoco una generalidad, sino un caso concreto.

Obstáculos para ingresar al incidente: el postulante está en una situación de entrevista, por lo cual, normalmente, vive cierta tensión. Está siendo evaluado y por lo tanto no le es fácil detectar un momento significativo de su trayectoria para contar. El selector tiene que ayudarlo haciendo silencio. Es necesario darle tiempo para que pueda revisar brevemente su historia y elegir una situación. Suele ocurrir que el entrevistador no aguanta el silencio y comienza a hacer aclaraciones innecesarias que solo entorpecen las ideas del postulante. Es fundamental resistir la tentación de hablar y respetar el silencio para que el entrevistado pueda elegir el incidente.

Dos obstáculos principales suelen presentarse para ingresar al evento crítico.

El postulante puede:

- **Hablar en general**: no habla de una situación concreta de su experiencia laboral o lo hace sobre la base de una hipótesis, es decir, qué haría si tuviera que enfrentarla. Esta información no sirve, porque no da cuenta de la manera en que la persona se desempeñó en el pasado y resulta imposible inferir cómo lo haría en el futuro.

Cuando en una reunión familiar o de amigos pensamos qué haríamos frente a una situación de robo a mano amada, generalmente todos coinciden en que "hay que entregarle todo" para que no le hagan nada. Sin embargo, quienes han atravesado esa lamentable experiencia no siempre han actuado de este modo. Muchos empiezan a correr, gritan o le pegan al asaltante. La forma en la que creemos que actuaríamos no siempre es la que finalmente llevaremos adelante. Esto mismo ocurre cuando un postulante explica lo que haría frente a una situación hipotética. No necesariamente sería la forma en la que se desempeñaría si tuviera que atravesarla realmente. Por lo tanto, no serviría para predecir su comportamiento.

Cuando el postulante toma el camino de explicar cómo enfrentaría una situación o como debería hacerse (teniendo en cuenta lo que estudió, por ejemplo) se debe desviarlo hacia un evento específico que él haya vivido y en el que haya sido protagonista. Es conveniente decirle que se concentre en una situación con un cliente, con un compañero de otra área, con un colaborador. Hay que llevarlo a que pueda visualizarlo claramente hasta tener la certeza de que logró entrar en el incidente.

- **Utilizar "nosotros" al describir el evento crítico:** Muchos postulantes suelen relatar un incidente en plural: "Llevamos adelante la implementación del sistema", "Diseñamos una campaña de marketing *online*". **Cuando la persona habla en tercera persona del plural, no se puede identificar realmente su participación en la situación y detectar qué acciones concretas realizó. Por lo tanto, el relato no sirve para la evaluación.**

En estas situaciones, se le pedirá al postulante que especifique lo que él hizo y cuáles eran sus responsabilidades para poder pronosticar su desempeño futuro. Por ejemplo: "Camila, por favor, ¿puede detallar qué hizo usted concretamente en esa situación?".

Armar la película: **el entrevistador tiene que convertirse en un director de cine para ayudar al candidato a presentar el evento como si fuera una película. Deberá guiarlo para poder "ver" a la persona en acción y evaluar sus competencias.**

Cuando dicto un taller sobre selección por competencias suelen preguntarme, al realizar el relevamiento inicial, cómo hacer para identificar las competencias en la entrevista, qué preguntas formular. Yo suelo responderles con la siguiente pregunta: "¿Qué competencias podemos identificar en el 'Profesor' en la serie La casa de papel?".

Las respuestas suelen ser:
- Capacidad de análisis.
- Planificación y organización.
- Manejo de las emociones.
- Capacidad de adaptación.
- Toma de decisiones.
- Creatividad.

A continuación, les pregunto: "¿Cómo hicieron para identificar esas competencias sin realizar una sola pregunta?". Sorprendidos, me responden que se dieron cuenta por cómo actuó (o sea, cómo se comportó) en las distintas escenas. Esto me da pie para explicar la forma en la que se debe "dirigir" la película para identificar las competencias en una entrevista.

Para dirigir el evento crítico, el selector puede usar la técnica STAR (De Ansorena Cao, 1996), que es una excelente metodología para llevar adelante la entrevista. Se explica a continuación:

Situación: ¿qué sucedió exactamente? ¿En qué ámbito se dio? ¿Cómo ocurrió? ¿Cuándo? ¿Con quién?

Tarea: ¿cuál era su papel? ¿Qué debía hacer? ¿Qué se esperaba de usted?

Acción: ¿qué hizo puntualmente? ¿Cómo actuó? ¿Qué ocurrió cuando dijo/hizo eso? ¿Por qué se comportó de esa manera? ¿Qué hicieron las otras personas que intervinieron?

Resultado: ¿cuál fue el efecto? ¿Qué indicadores vio? ¿Cómo pudo corroborar los resultados? ¿Cuáles fueron consecuencias inmediatas y de largo plazo de lo ocurrido?

Situación: de igual modo que en una película, lo primero que observamos es dónde transcurre la escena. Esta etapa es fundamental para consolidar el evento en la mente del entrevistado, es decir que "pueda entrar en escena", para poder relatarla en forma vívida. A tal efecto, el selector debe indagar: ¿quiénes estaban en la escena?, ¿dónde transcurrió?, ¿en la oficina?, ¿en la sala de directorio?, ¿cuál era el motivo del encuentro?, ¿en qué momento ocurrió?

De esta manera, la persona empieza a ubicar la situación, a visualizarla y vivenciarla, lo que va a asegurar una "buena historia".

Tarea: una vez que el director tiene claro el escenario donde se va a realizar la película, debe determinar los roles de cada personaje. En esta instancia, el selector debe profundizar en estos puntos: ¿cuál era su función en esa situación?, ¿qué se esperaba qué hiciera?, ¿qué rol cumplía cada uno de los que intervenían?, ¿cuál era el suyo?, ¿qué puesto tenían?, ¿qué relación los unía?

Teniendo en cuenta que la persona está relatando un evento específico ocurrido dentro de una trayectoria laboral, el entrevistador no conoce toda la película; por lo tanto, le importa conocer los roles de las personas que intervinieron y qué se esperaba de cada una de ellas.

Hay que preguntar hasta tener una idea exacta de sus responsabilidades y objetivos en esa circunstancia.

Acción: después de definir los roles, el director debe obtener que los actores lleven adelante el guion. Para esto, el selector indagará: ¿qué hizo?, ¿cómo lo hizo?, ¿cuáles fueron los motivos?, ¿qué dijo?, ¿qué le respondió?, ¿qué sintió?, ¿qué pensó?

El entrevistador apunta a lograr que la escena tome vida realizando preguntas para que el entrevistado ponga de manifiesto en el relato los diálogos que se produjeron en esa situación. Lo que se busca es conocer en detalle cómo se comportó la persona en esa instancia. Para profundizar, el selector debe ir más allá y averiguar qué sintió y qué pensó durante su accionar.

Resultado: es fundamental conocer el resultado de las acciones llevadas adelante. Por eso se debe consultar: ¿qué ocurrió después?, ¿cómo puede evaluar lo sucedido?, ¿qué le hace pensar eso?, ¿fue satisfactorio para ambas partes?, ¿qué podría haber hecho distinto? Lo que se busca en esta situación es determinar el grado de eficiencia conductual que mostró en la resolución de la situación y en qué medida mostró las "competencias conductuales" que se están tratando de identificar.

Si se logra sortear los obstáculos mencionados anteriormente para introducir al candidato en el evento y se profundiza indagando por medio de la técnica STAR, la "película" obtenida permite visualizar claramente las competencias del candidato. El secreto de la técnica es convertirse en un buen "director" que, mediante preguntas y repreguntas, pueda ir delineando el perfil del entrevistado. Las preguntas deben:

- **Ser breves y claras.** El entrevistado no debe dudar de sus respuestas. A veces, el entrevistador no elabora la pregunta antes de formularla y, entonces, la va armando en la medida en que se la transmite a la persona. En estos casos la pregunta se hace larga y confusa, por lo que la respuesta no se corresponde con lo que se quiso averiguar.
- **Estar centradas en acciones del pasado:** esta técnica se basa en que la forma en que una persona se comportó en el pasado puede ser un buen predictor de cómo se va a comportar en el futuro.

Evaluación del perfil motivacional

Sin duda, conocer las experiencias, los conocimientos y las competencias de una persona es absolutamente necesario para la evaluación de un candidato. No obstante, la motivación es un componente fundamental, que hace a un buen desempeño.

Alles (2013) menciona que el talento es producto de la conjunción de conocimientos, competencias y motivación. La motivación puede ser un factor determinante para que una persona se destaque o se vea limitada en su puesto. Por eso, la autora manifiesta que es muy importante identificar las motivaciones del postulante a fin de evaluar si podrán ser satisfechas en el puesto y en la organización. Con este objetivo, el selector debe indagar los verdaderos motivos que con frecuencia no aparecen manifiestamente en la entrevista. Es necesario relevar dos aspectos de la motivación.

Motivación para el puesto: se refiere a los "motivos" que tiene una persona para desempeñarse en el puesto. Es aquello que la entusiasma, que disfruta, que la desafía. En definitiva, lo que le despierta pasión. La motivación, para Goleman (1999), es el motor que hace que una persona se mueva a la acción. Si es así, es muy importante que una persona esté motivada para desenvolverse en un puesto, porque ello le va a inyectar una energía e inspirar una dedicación que sin duda favorecerán su mejor desempeño. También es necesario conocer sus expectativas de proyección de carrera.

El selector debe detectar una coincidencia entre las expectativas respecto del puesto y la proyección de carrera, para asegurarse de que esta correlación permitirá que el empleado se sienta satisfecho y brinde lo mejor de sí durante su paso por la empresa. Se podría indagar lo siguiente.

- ¿Por qué le gustaría ingresar a…?
- ¿Qué es lo que más le entusiasma de la posición?
- ¿Qué recorrido le gustaría hacer dentro de la compañía?

- ¿Cuál puesto le gustaría que sea el siguiente en su carrera laboral?
- ¿Dónde podría realizar su mejor aporte a nuestra organización?
- ¿Qué aprendizaje espera que le deje el paso por este puesto?
- ¿En qué área le gustaría especializarse?

Motivación para el cambio: es la relativa a las razones que llevan a la persona a realizar el cambio. Cabe comprender cuáles son las necesidades insatisfechas más profundas que se generaron en la empresa o en el puesto actual. Conocerlas ayuda a asegurarse de que estén alineadas con lo que la empresa puede ofrecer, para que no se realice un "contrato psicológico" que se rompa rápidamente y que deje disconformes a ambas partes.

- ¿Qué evalúa a la hora de hacer un cambio?
- ¿Qué espera de la nueva empresa?
- ¿Está participando en otras búsquedas? ¿Para qué puesto?
- ¿Cuáles son las tres características más importantes que debería tener una empresa para que quisiera trabajar en ella?
- ¿Qué lo motiva a realizar un cambio? ¿Cuáles son los motivos por los cuales realizaría un cambio?
- ¿Qué sería aquello que no está dispuesto a negociar para cambiarse a una nueva empresa?

El año pasado realicé una búsqueda para una posición en una compañía nacional líder. Cuando indagué a una candidata sobre sus motivos para el cambio, ella mencionó que quería crecer profesionalmente, que se sentía estancada y necesitaba un cambio (esta es una respuesta muy habitual y correcta).
Seguí preguntando y me comentó que no se la valoraba. Ante mi insistencia, aclaró que se le pedía quedarse trabajando fue-

ra de horario y que ella no tenía problemas al respecto, pero que cuando llegaba tarde se la cuestionaba.

La empresa para la que estaba haciendo la búsqueda desde hacía unos meses había incorporado un nuevo gerente general que había cambiado las políticas de RR. HH. Se endureció la supervisión de los horarios de entrada y salida y se suspendió el día semanal de *home office*. Lo mismo que le ocurría en su trabajo anterior le iba a pasar en la empresa, por lo que este aspecto de sus expectativas no se podría cumplir.

Cierre de la entrevista

A esta altura de la entrevista, el entrevistador obtuvo la información necesaria para evaluar en qué medida el perfil de la persona resulta acorde con el puesto. El selector retoma su rol activo. Esta es una etapa a la que no se le suele dar la suficiente importancia. Es la instancia en la que el entrevistador debería explayarse más sobre el puesto y la empresa. **Hasta este momento, el selector se dedicó a realizar la evaluación de la persona. Ahora empieza la evaluación mutua. El candidato ya mostró sus experiencias y competencias, y qué puede aportar a la empresa. Ahora, el entrevistador debe presentar los aspectos destacados del puesto y la empresa, para que el postulante evalúe si satisfacen sus intereses.**

Brindar información precisa de la modalidad de contratación: Si se parte del paradigma "Yo elijo, tú eliges", se debería compartir la información acerca de la forma y las condiciones de contratación para que el candidato evalúe si desea continuar con el proceso de selección. Esto transmite seriedad y transparencia al proceso, mostrando respeto por el candidato. Si esto no ocurre y, además, la empresa no es reconocida en el mercado, suele generar mucha desconfianza en los candidatos, los cuales pueden interpretar falta de planificación, desorganización e incluso intención deshonesta. En tal caso, puede que desista de la búsqueda.

"Vender" la empresa: El entrevistador está frente a una persona talentosa, posiblemente valiosa para la organización. No puede perderse la oportunidad de captarla e incorporarla al equipo de la empresa. Ella puede estar trabajando o evaluando otras propuestas, por lo tanto, el selector tiene que "venderle" la empresa, el puesto y el proyecto.

Esto no significa mentir. Significa identificar realmente cuáles son las características más destacadas de la empresa, del puesto y del proyecto para poder transmitirlas al candidato. Durante la entrevista se fueron detectando los intereses y las motivaciones del postulante, por lo que es factible evaluar cuáles son los aspectos que se deben destacar con cada uno. También se está en condiciones de identificar los puntos que no coincidan con sus expectativas. Este es el momento en el que se conforma el contrato psicológico y debe ser transparente para ambas partes si se desea que perdure en el tiempo.

Dar un espacio para las preguntas del entrevistado: El entrevistado está evaluando si esta es la empresa en la que desearía trabajar. Debe poder realizar todas las preguntas que considere necesarias. **Cada vez más, los postulantes asumen este rol activo y es muy conveniente que así sea. Es fundamental que la persona pueda contar con toda la información que necesite para tomar la decisión. Esto le asegura, tanto a él cómo a la empresa, que las necesidades de ambas partes se verán satisfechas.**

Especificar los siguientes pasos: El entrevistado debe saber cómo seguirá el proceso. Participar de una búsqueda genera muchas expectativas, no solo en el candidato sino también en toda su familia. Merece, de parte de la empresa, la consideración de explicitar los tiempos aproximados y quedar informado de los avances, incluso de si finalmente no es elegido para continuar en el proceso.

En los casos de posiciones operativas o de analistas, la empresa suele tener un mayor grado de libertad para imponer sus condiciones de contratación. No obstante, en los puestos clave, en aquellos con fuerte demanda del mercado o posiciones de liderazgo, la negociación es un aspecto fundamental del cierre de la entrevista.

En la actualidad se suele consultar la remuneración pretendida antes de la primera entrevista y se realiza un chequeo para ver si las expectativas del candidato son acordes con la banda salarial de la empresa. En las posiciones de conducción siempre hay un margen de negociación que está atado al perfil del candidato y a la demanda del mercado.

En la primera entrevista con RR. HH. se suelen revisar algunos aspectos con mayor profundidad, para garantizar una posible coincidencia entre las expectativas del entrevistado y lo ofrecido por el empleador. Puede ser la fecha esperada de incorporación, las expectativas salariales, el plan de salud, el auto y otros beneficios. Si en esta primera instancia existe cierto acuerdo, se puede avanzar en el proceso con el candidato. Si bien el paquete remunerativo es un factor fundamental a la hora de tomar una decisión, las personas cada vez más consideran otros factores relativos a su bienestar y desarrollo profesional y que no se vinculan con lo económico. Se satisfacen con lo que se domina el "salario emocional".

En el modelo "Yo elijo, tú aceptas", esto no se contemplaba. En el nuevo paradigma de la selección de personal hay que pensar en ofrecer una propuesta de valor (paquete remunerativo + salario emocional + proyecto + empresa).

Evaluación final

Presentación de ternas: Después de las primeras entrevistas, el profesional de RR. HH. o el consultor debe presentar una terna de candidatos. Esto implica realizar una exhaustiva evaluación de los candidatos en función del perfil requerido para la posición. No solo los aspectos relativos a las experiencias, los conocimientos, las habilidades y actitudes, sino también el ajuste con la cultura de la empresa y el equipo de trabajo.

Al finalizar la ronda de entrevistas en la línea es deseable organizar una reunión entre los distintos entrevistadores para compartir las impresiones de cada uno. Si bien todos han realizado una entrevista teniendo presente el mismo perfil, es posible que el abordaje de cada uno permita obtener miradas distintas sobre los candidatos. La multiplicidad de miradas objetiva la evaluación, llegándose así a un mejor resultado. El profesional de RR. HH. debe funcionar como moderador, logrando la participación de los involucrados y realizando preguntas que faciliten la reflexión y eviten sesgos conflictivos. Él es quien señala continuamente los aspectos críticos definidos para que el candidato pueda desempeñarse satisfactoriamente en el puesto y evita que algún rasgo particular lo favorezca o desfavorezca.

La decisión final quedará a cargo de la persona que liderará al ingresante. No obstante, este proceso la ayudará a tomar una mejor decisión.

Fiabilidad del modelo

Esta metodología, si bien se basa en la técnica BEI, es más sencilla porque no requiere grabación y decodificación, las cuales implican un esfuerzo enorme que hace imposible su uso para la selección. No obstante, una indagación profunda y a conciencia permite detectar fácilmente las competencias que una persona pone en juego en una determinada situación.

> He aplicado esta metodología durante más de veinte años con excelentes resultados. Aunque no se haya realizado una investigación para demostrar su validez, la satisfacción de los clientes con los procesos de búsqueda que hemos realizado avala que se trata de una herramienta efectiva para la selección de personal. Por otra parte, hace años que entreno a profesionales en selección por competencias y ellos mencionan recurrentemente la utilidad de la aplicación de esta metodología.

En función del puesto se pueden requerir más incidentes, lo que permitiría detectar mejor las recurrencias y, por ende, ganar en fiabilidad. Si bien se puede utilizar para distintos tipos de posiciones, se recomienda para niveles profesionales *senior*, mandos medios y gerenciales.

En los niveles operativos también se puede aplicar, pero de una manera más sencilla. El evento tal vez sea el uso de una máquina o una tarea concreta. En estos casos se evalúa la consistencia de la explicación, la seguridad en la ejecución, etcétera.

La entrevista como proceso comunicacional

La entrevista de selección consiste en una conversación entre dos personas (a veces pueden ser más) que, cómo destaca Anzorena (2008), no deja de ser una "danza entre el hablar y el escuchar y el escuchar y el hablar, una ida y vuelta incesante de palabras y emociones" (p. 248). En esta danza se pone en juego el sentido que cada uno de los interlocutores le asigna a lo que dice el otro. La efectividad de la comunicación está dada por la relación que existe entre lo que una persona dice y lo que el otro interpreta. La efectividad del selector en el proceso comunicacional que es la entrevista depende de cuatro factores: estar presente, la escucha activa, la indagación y el silencio.

Estar presente

En toda conversación entre dos personas se ponen en juego tres diálogos. Aquel en el que están involucradas ambas y los diálogos internos que mantienen cada una consigo misma. Estar presente implica ser capaz de concentrarse en la conversación común y calmar la conversación interna. La dinámica del día a día mantiene la mente acelerada y cuesta entrar a una entrevista y desconectarse de todas las preocupaciones. No obstante, es necesario hacer el ejercicio de apaciguar la mente antes de iniciar la entrevista. Se puede hacer algún ejercicio de respiración que ayude. De esta manera se podrá escuchar desde el silencio que se genera en la mente en blanco. Sin duda, no es fácil acallar ese diálogo interno. El desafío es tomar conciencia de que este existe y buscar silenciarlo cuando aparece. Si esto no ocurre, es muy probable que se pierda parte del contenido de la conversación.

La escucha activa

Se puede decir que la escucha activa se produce cuando el oyente interpreta el real sentido de lo que el emisor quiere decir, es decir, le asigna el mismo sentido. En definitiva, la escucha no es más que un proceso de asignación de sentido. Cuando escuchamos, buscamos significados que nos permitan interpretar y comprender las palabras que oímos.

En esto consiste la complejidad de la comunicación. Este es el desafío del selector, que tiene que predecir cómo una persona se va a desempeñar en el futuro a partir de este proceso comunicacional.

El entrevistador debe desarrollar la escucha activa, pues es una competencia crítica de su labor. La escucha es realmente activa cuando se integran los cuatro niveles de interpretación (Anzorena, 2008) de los que está compuesta.

- *Escuchar lo que se dice:* en este nivel se interpreta el significado que pretende transmitir nuestro interlocutor, es decir: ¿qué está diciendo? Es lo que se expresa a través del lenguaje en el contexto propio de la entrevista. Para lograr efectividad en este nivel de escucha es fundamental que el entrevistador pueda corroborar lo que dice su interlocutor a través de preguntas y/o de repetir lo que comprendió para asegurarse de que coincide con lo manifestado por la otra persona.
- *Escuchar lo que no se dice:* cuando se escucha, no solo se interpreta "qué se dice" sino también "para qué se dice". El selector tiene que preguntarse: ¿qué lo lleva a decir lo que dice?, ¿cuál es su motivación? Es decir, para qué nos está diciendo lo que nos dice. Cuando un postulante pregunta: ¿cuál es el horario de trabajo?, ¿qué otro beneficio tiene la empresa?, o, ¿qué nivel de toma de decisiones voy a tener?, existe una preocupación que está latente y no se manifiesta explícitamente. Esto que no se dice, que no se escucha, el entrevistador tiene que encontrarle un sentido y, por lo tanto, en este nivel se interpretan las preocupaciones del interlocutor.
  Desarrollar esta capacidad de escucha permite detectar necesidades o expectativas del postulante sin que las manifieste claramente y evaluar si la empresa puede satisfacerlas. Lo que no puede es "hacerse el tonto" y fingir que no pasó nada. Por ejemplo, si

pregunta por otros beneficios, podemos inferir que está esperando otros, o que los que se ofrecen no lo satisfacen del todo. En todo caso, habrá que estar atento cuando se presente el paquete remunerativo para asegurarse de que le satisfaga la propuesta.

- *Escuchar las consecuencias de lo que se dice:* cuando se escucha, también se hace desde la propia preocupación del entrevistador que se pregunta ¿qué consecuencias tiene lo que está diciendo? Un ejemplo puede ser cuando se está llevando a cabo una búsqueda compleja y para la que no tenemos fecha de ingreso cierta, si el postulante comenta que está avanzado en otra búsqueda. ¿Cómo afecta esto el proceso? Lo que dice es inevitablemente decodificado por el selector desde el impacto que tiene para él y cómo puede afectar su trabajo.

- *Escuchar cómo se dice:* este nivel de escucha conlleva la interpretación de la emocionalidad del interlocutor. El selector no solo "escucha" lo que dice el entrevistado (las palabras, el lenguaje verbal) sino también cómo lo dice, es decir, se "escucha" el "lenguaje no verbal", el tono y el volumen de la voz, los gestos, el énfasis en las palabras, la posición del cuerpo. Todos estos elementos son parte constitutiva del acto comunicacional y transmiten un mensaje. El lenguaje corporal es inconsciente, por lo tanto, más genuino que lo que se dice. El selector debe prestar mucha atención al mismo porque brinda una información sumamente valiosa.

La escucha cumple un rol fundamental en el proceso de selección. En consecuencia, se deben tener muy en cuenta los elementos que influyen, para lograr interpretar y darle un correcto sentido a lo que expresa el entrevistado.

La indagación

Según Anzorena (2008), la indagación implica manejar dos componentes del acto de hablar: el hecho de exponer y el de indagar. En la entrevista hay dos momentos diferenciados: una primera instancia cuya prioridad es la indagación. Es el momento de explorar la experiencia laboral del candidato y su desempeño en los incidentes críticos. La segunda se inicia cuando el entrevistador tiene que exponer sobre el puesto, la empresa y las condiciones de contratación. También es el momento para él de responder a las preguntas del entrevistado.

Cuando se indaga, lo que se busca es comprender en profundidad lo que el entrevistado transmite. Es una actitud receptiva.

Indagar supone formular las preguntas pertinentes en cada momento de la entrevista, de acuerdo con los objetivos que se plantee el entrevistador. Se puede profundizar en los estudios, la experiencia laboral, las responsabilidades, etc., para conocer el grado de adaptación del candidato al puesto. Pero especialmente en las competencias requeridas, a partir de identificar comportamientos pasados que permiten predecir un desempeño satisfactorio en la posición buscada.

El objetivo de indagar es obtener información valiosa y mejorar nuestra escucha para realizar una buena evaluación del candidato. Se busca que el candidato desarrolle sus experiencias o que brinde información precisa sobre alguna cuestión.

La etapa de indagación se caracteriza por la formulación de preguntas. Hay tres criterios importantes para tener en cuenta en la formulación de las preguntas.

No hacer preguntas que tengan una respuesta obvia: estas son las que Olleros Izard (2005) denomina "dirigistas". Son aquellas preguntas que en su misma formulación determinan la respuesta. Es común que esto le suceda, no solo al selector que se inicia, sino también al experto. Lo importante es darse cuenta, después de realizarla, de que la respuesta está sesgada. De este modo, se puede repreguntar para confirmar la información de otra manera. Esto ocurre cuando el entrevistador se apura y no se toma el tiempo para formular bien la pregunta. Tiene en su cabeza lo que quiere preguntar y lo realiza directamente, por lo que el postulante rápidamente puede escuchar el "para qué" de la formulación de la pregunta y elaborar una respuesta acorde. Se podría preguntar: "¿Le gusta tener relación con el público?". El postulante, en esta pregunta, escucha "el puesto requiere tener relación con el público" e inmediatamente, si quiere conseguir el puesto, responde que sí, aunque no le guste tanto. Una pregunta más adecuada sería: "¿Qué es lo que más le gusta de su trabajo?". Así, no se induce la respuesta y se deja abierta la posibilidad de que el postulante pueda hablar de su interés por tratar con el público.

No hacer preguntas teóricas: como se mencionó anteriormente, las preguntas deben servir para detectar comportamientos del pasado. Las preguntas teóricas no hablan del pasado, es decir, de lo que el candidato ha hecho, sino de lo que considera que debería hacer ante una situación determinada. Esta información no es válida para predecir futuros comportamientos, por eso se debe evitar. Es posible que la persona pueda explicar claramente cómo se hace determinada tarea; sin embargo, eso no implica que cuando tenga que realizarla en el puesto lo pueda hacer en forma eficiente.

No hacer preguntas que impliquen algún signo de discriminación: en Argentina y Latinoamérica se suele realizar preguntas relacionadas con la edad, el cuidado de los niños o la planificación familiar, que son claramente discriminatorias. En Argentina no hay una legislación que prohíba determinados tipos de preguntas inadecuadas en un contexto laboral por tratarse de la vida privada de las personas.[3]

Hay que ser cuidadoso con estas preguntas, pues cada vez más existe conciencia respecto de las prácticas discriminatorias y averiguaciones que antes eran consideradas "aceptables" no lo son en el nuevo contexto social. Además de incomodar al postulante, no brindan información relevante para evaluar si este cumple con los requisitos para el puesto. En su *paper* "Cuestiones éticas en Recursos Humanos. La ética en los procesos de selección", Alles (2004) desarrolla un listado de preguntas aceptables e inaceptables que puede servir como guía, para tener presente.

Se utilizan distintos tipos de preguntas durante la entrevista.

- **Abiertas:** son aquellas que permiten obtener una información más amplia. Quien la responde se ve obligado a elaborar una idea mucho más completa y a dar una mayor cantidad de detalles. Cuando el entrevistador plantea una pregunta abierta, lo hace porque desea conocer un tema en profundidad. Sirven para que el entrevistado se explaye y explique sus responsabilidades, sus tareas y la forma en que las llevó adelante. Por ejemplo, se puede preguntar: "¿Podría explicarme cuáles son las responsabilidades del puesto en que se desempeñó? ¿Cuáles fueron los principales desafíos que tuvo al llevar adelante la implementación del sistema de gestión? ¿Podría explicarme cómo es el proceso productivo de acondicionamiento?".

- **Cerradas:** son preguntas que llevan a una respuesta categórica acerca de algún aspecto específico. Son

---

aquellas que se pueden responder utilizando un "sí" o un "no", o bien dando respuestas muy cortas y concretas. Sirven para confirmar alguna información. Cabe cuidar la manera de formularlas, pues muchas veces pueden sesgar la respuesta: "¿Le gustaría desempeñarse en el área de selección?". En una entrevista, el candidato entiende perfectamente que si quiere seguir en proceso debe manifestar su interés. En este caso, sería mejor: "¿Cuál es el área que más le interesa dentro de Recursos Humanos?". La pregunta lleva a una respuesta única, pero sin sesgar la información. Por otra parte, se utilizan para confirmar un dato: "¿Podría ingresar el 1 de septiembre?", o para cerrar un acuerdo.

- **Verificación:** se utilizan para chequear la escucha, verificar si lo que se escuchó coincide con lo que el otro quiso expresar, o comparar el significado asignado por el otro. Por ejemplo: "¿Tenía la responsabilidad de la planificación del proyecto?".
  A veces, el entrevistado no deja claro quién realiza una tarea o tiene una responsabilidad. Esto tal vez genere una sospecha en el entrevistador, quien entonces puede hacer una pregunta afirmando que esta tarea la hacía otra persona. Por ejemplo: "¿El gerente es quien tenía la responsabilidad de la planificación del proyecto?". Si es así, el postulante se verá más inhibido de negarlo, porque puede sentir que ha sido descubierto.
- **Contraste o comparación:** son preguntas útiles cuando se necesita saber preferencias, comparar experiencias o situaciones. Obligan al candidato a reflexionar, evitando respuestas preparadas. Además, lo llevan a explayarse, por lo que estas preguntas suelen brindar información muy rica. Por ejemplo, "¿Cuál fue la diferencia entre la implementación del

sistema en la empresa A y la B? ¿Cuál de los dos puestos le gustó más y por qué motivo?".

- **Profundización:** las preguntas de profundización son complementarias de las otras y buscan descubrir las conductas desarrolladas por el postulante con mayor detalle. Se van concatenando a partir de una inicial y profundizando y buscando información valiosa con las siguientes, para poder hacerse una idea de cómo se desempeñó la persona en un puesto anterior. Algunos ejemplos: "¿Qué acciones realizaba para lograr que se cumplan los objetivos de ventas del equipo? ¿Con qué frecuencia tenía reuniones con el equipo? ¿Cómo organizaba esas reuniones? ¿Qué hacía cuando veía que un vendedor no estaba cumpliendo con sus objetivos?".

El silencio

El silencio forma parte de nuestro lenguaje y es un componente fundamental de la comunicación humana. Implica abstenerse de hablar durante unos segundos. Esto no significa que no haya comunicación. Es imposible no comunicarse. Por lo tanto, el entrevistador debe manejarlo de forma muy atinada durante la entrevista. El silencio permite:

- **Mostrar respeto.** El silencio es la mejor forma de mostrar respeto e interés por lo que la otra persona está diciendo. Cuando el entrevistador se abstiene de hablar, escucha con atención y no interrumpe, contribuye a que el postulante se sienta confortable y se muestre más dispuesto a expresarse. Si lo que se busca en la entrevista es que la persona se explaye y brinde toda la información que se requiere para la evaluación, mantenerse en silencio ayuda mucho. El silencio no es la nada, brinda un mensaje: "Te respeto", "me interesa".

- **Reflexionar antes de hablar.** Realizar una pausa le permite al entrevistador contar con un momento para analizar lo que dijo el entrevistado y evaluar cuál es la próxima pregunta que debe realizar. Si no se da ese "permiso", puede ocurrir que, en vez de concentrarse en lo que está diciendo el postulante, esté enfocado en su diálogo interno, pendiente de sus propios pensamientos. A muchos selectores les cuesta hacerlo porque ellos mismos no pueden "soportar" ese vacío que genera el silencio. Lo que se suele hacer es, rápidamente, realizar una pregunta que muchas veces no es pertinente o necesaria, pero sirve de "salvavidas" frente a la angustia que causa el silencio. Las pausas también son una oportunidad para ordenar las ideas y tomar distancia, para ver el proceso de entrevista desde una perspectiva más amplia.

- **Generar respuestas.** Un silencio después de una pregunta es fundamental para darle al entrevistado el tiempo para procesarla y brindar una respuesta. En estos casos, el entrevistador tiene que "aguantar" el silencio. A veces, ante esta imposibilidad empieza a formular aclaraciones innecesarias que finalmente confunden al postulante. Que el entrevistado haga silencio para reflexionar no implica que no haya entendido. Solo necesita tiempo para responder. El selector tiene que concederle ese tiempo. Si no lo hace, es posible que empiece a poner sus propias palabras, incluso a veces sesgando la respuesta del postulante.

La comunicación no verbal

La comunicación no verbal se refiere a todos aquellos mensajes que se envían sin hacer uso de la palabra. Son los gestos, las expresiones, los movimientos corporales, el contacto visual y el tono de la voz. Estas señales tienen mucha importancia en la relación entre las personas. La comunicación no verbal es una comunicación totalmente inconsciente sobre la que el postulante no puede actuar.

Es muy habitual en los mensajes de WhatsApp incluir emoticones y onomatopeyas como ahh, jaja, uhh, etc. Esta es una muestra clara de la necesidad imperiosa que tenemos las personas de usar el lenguaje corporal y el tono de la voz para comunicarnos. Las palabras solas no alcanzan para transmitir un mensaje y la emocionalidad que contiene. Por eso se apela a estos recursos.

El selector debe estar muy atento a las señales del cuerpo, pero también cuidadoso en su interpretación dentro del contexto total de la entrevista. El lenguaje no verbal no se evalúa en forma individual sino en *clusters*, pues ello evita que se tome un solo gesto o movimiento como elemento definitivo en la determinación de los pensamientos o emociones del entrevistado. Muchos estudios explican los significados de distintos gestos o posturas: los brazos cruzados en el pecho, la forma de dar la mano o de cruzar las piernas. No obstante, no se puede generalizar y hay que tomarlos como parte de uno de los tantos indicadores que aparecen durante el proceso de entrevista. El lenguaje gestual es parte de la comunicación, pero no la totalidad del acto comunicacional. Lo que se debe interpretar es la congruencia, que es el alineamiento entre las palabras, el tono de la voz y el lenguaje corporal. Es decir, que transmiten el mismo mensaje y se complementan. Cuando la comunicación es incongruente, el selector recibe señales contradictorias y no sabe qué mensaje debe creer. Cuando esto ocurre, cabe optar por la señal más fiable, es decir, la del lenguaje corporal. Entre creer el contenido de la palabra y el mensaje del cuerpo, siempre hay que darle prioridad al cuerpo.

Esto se ve claramente en infinidad de situaciones de la vida cotidiana. Cuando un papá le pregunta al niño si escondió un objeto, el niño responde: "¡No, yo no lo toqué!", mientras baja la mirada y se pone colorado. ¿Qué conclusión saca el padre? ¿Le cree a la palabra o al cuerpo? El padre le cree al cuerpo.

Cuando un postulante miente, el inconsciente actúa de manera automática e independiente del mensaje verbal y emite signos gestuales contradictorios con las palabras. Un buen selector deber aprender a decodificar esas señales y no pasarlas por alto.

Los microgestos son las señales más sutiles del abanico del lenguaje corporal. Son imperceptibles en forma consciente, pero el inconsciente los capta y los procesa como información valiosa de la comunicación. Esta decodificación inconsciente del mensaje nos lleva al concepto de intuición. La intuición es la habilidad para conocer, comprender o percibir algo sin la intervención de la razón, basándose netamente en la percepción y los indicios gestuales. No se puede negar que la intuición está presente en la selección de personal. En su libro *La inteligencia emocional en la práctica*, Goleman (1999) cita un comentario de un reconocido *headhunter*: "Si el cerebro, el corazón y las tripas me dicen que alguien es la persona adecuada, esa es la que recomiendo"(p. 76).

El problema es cuando el selector se basa solamente en su intuición. Esta tiene que ser un dato más de los que recolecta, pero nunca el único. Una entrevista en profundidad nunca puede ser reemplazada por la intuición. Toda la información reunida acerca de los antecedentes laborales y académicos, la forma en que se desempeñó en los incidentes críticos desarrollados, sus motivaciones, conforman las piezas de un rompecabezas donde la intuición es solo una pieza más.

Los seres humanos somos "sujetos", por ende, la subjetividad está en nuestra naturaleza. Por este motivo se debe recurrir a metodologías que minimicen los sesgos del selector.

> Por cierto, después de muchos años de práctica de selección me ocurre cruzarme con una persona cuando se presenta para la entrevista o en la sala de espera y no puedo evitar percibir una impresión a partir de algunas de sus características. A veces, le pregunto su opinión al selector que la entrevistó y corroboro con mucha frecuencia que coincide con la imagen que me había hecho. Sin embargo, no siempre ocurre. Por eso aplicamos la metodología desarrollada para asegurarnos de que la decisión está fundada en el entrecruzamiento de múltiples datos, que permitirá dar con el mejor candidato para el cliente.

Las nuevas realidades del contexto

Las diferencias culturales

En la actualidad, la multiculturalidad se ha convertido en la normalidad de la vida laboral. Ya sea por asignaciones laborales, porque deciden vivir y trabajar en otros países, o porque las tareas implican interactuar con personas de otras partes del mundo, cada vez más se ven equipos de trabajos con empleados de distintas nacionalidades, razas y religiones. Eso hace que también el selector tenga que enfrentarse a entrevistar personas con una cultura diferente.

Las personas no siempre atribuyen el mismo sentido a una palabra. Cada persona le da un significado particular relacionado con su historia y sus modelos mentales. No obstante, cuando las personas habitan una misma sociedad hay significados compartidos que surgen de las convenciones sociales y permiten comunicarse sin la necesidad de hacer aclaraciones constantes.

Cuando se entrevista a una persona de otra nacionalidad y también, en mucha menor medida, de otra provincia del propio país, hay que tener en cuenta que aun cuando el idioma es el mismo, una palabra puede cobrar un sentido absolutamente distinto. Es fundamental para el selector informarse y conocer la idiosincrasia, especialmente cuando tiene que realizar búsquedas regionales o globales. En el caso de hacer selección en el propio país, tendrá que estar atento y abierto para entrevistar personas con diferentes terminología y estilos.

En una entrevista intercultural, se deben cuidar los aspectos de puntualidad, saludos, el significado de los gestos, la vestimenta, los ritmos y el estilo de negociación.

La vestimenta: el típico código de vestimenta de los negocios (saco y corbata) fue cambiando notablemente a nivel mundial. Cada cultura tiene sus características y algunas siguen siendo más tradicionales mientras que en otras está bien vista la informalidad en el vestir para presentarse a una entrevista. Las diferencias con respecto a este tema también surgen con relación a la actividad de la empresa, aun dentro de un mismo país. Sabemos que en las empresas de tecnología y sistemas que adoptan el "modelo Google" la vestimenta puede resultar excesivamente informal en comparación con lo habitual para otro tipo de empresas.

La forma de expresarse: Hofstede (2001), un estudioso de las diferencias culturales, plantea una distinción entre las culturas más individualistas y las colectivistas. Estas últimas, por ejemplo, las orientales, se caracterizan por una fuerte identidad grupal y sentido de pertenencia. Es muy común en esas sociedades que las personas hablen en plural cuando describan sus logros, pues no pueden pensarlos sino como obra de un todo que es el equipo.

La actitud: en algunas culturas es normal y aceptable que el candidato se "venda" y que haga preguntas al entrevistador, mientras que en otras se espera que adopte un rol menos efusivo y más pasivo, solo respondiendo a las preguntas que se le realiza. Esto se vincula con lo que Hofstede (2001) analiza respecto de algunas sociedades donde existe un orden social fuertemente estructurado e incuestionable, a diferencia de otras, que manifiestan una percepción más igualitaria del lugar que ocupan las personas dentro de ellas. En las primeras suele ocurrir que el selector sea colocado en una posición de poder frente al candidato.

Otro aspecto para tener en cuenta es la atmósfera de la entrevista. En algunos países suele realizarse de manera más seria y formal mientras que en otros será más relajada y cordial.

La puntualidad: el antropólogo norteamericano Hall (2003) afirma que existen culturas monocrónicas y policrónicas. Las primeras –la cultura anglosajona, la del centro y norte de Europa, y algunos países orientales como Japón, Corea o la China más industrializada– tienen una concepción lineal del tiempo y lo consideran un bien escaso. Lo segmentan en forma precisa y, por lo tanto, le dan un valor importante al cumplimiento de los horarios. En estas sociedades, la puntualidad es un valor y no acatarla se considera una falta de respeto. En las segundas –países árabes, orientales, africanos en general y Latinoamérica–, las personas entienden el tiempo como algo más flexible. Priorizan las relaciones personales a la productividad y al cumplimiento estricto de los horarios, aceptando el incumplimiento de los horarios pautados para un encuentro. En estas sociedades, un retraso en la presentación a una entrevista no puede ser considerado de la misma manera que en las primeras.

El fenómeno de la entrevista *online*

Desde hace tiempo se empezaron a implementar las entrevistas de selección a través de distintas aplicaciones. Las empresas pioneras fueron las de sistemas y las multinacionales que tenían que realizar búsquedas para otros países. Se pueden destacar algunos beneficios.

Mayor eficiencia y productividad: muchas veces en las ciudades grandes el traslado de los postulantes implica entre 30 minutos y una hora y media para participar de una entrevista. Esto suele ser un impedimento para coordinar las entrevistas. La modalidad *online* evita estos traslados y que algunos candidatos desistan de la búsqueda. Por parte del selector, tiene la ventaja de que puede realizar búsquedas en localidades alejadas o en otros países sin ningún problema, lo que significa una reducción de los tiempos y los costos invertidos en los viajes a otra provincia para entrevistar candidatos.

Hace varios años, una empresa norteamericana desembarcó en el país con la producción de una nueva barra de cereal. Nos contrató para seleccionar la fuerza de venta de todo el país, que sumaba casi 40 personas entre jefes, supervisores, vendedores y repositores. Para realizar la búsqueda de las posiciones del interior del país tuvimos que planificar los viajes de los distintos selectores con la inversión de tiempo y dinero que esto implicó.

Se pueden realizar desde cualquier lugar: la entrevista *online* se puede efectuar desde cualquier espacio y dispositivo electrónico, por lo que cualquier directivo o gerente con una importante agenda de viajes puede avanzar con un proceso de selección realizando entrevistas desde el hotel, un bar o el aeropuerto de otro país.

En el año 2019 realizamos una búsqueda de un gerente de administración y finanzas para una empresa multinacional. La gerenta de RR. HH. tenía previsto un viaje de un mes de capacitación en Estados Unidos y una semana después de su regreso tenía que operarse por un problema de salud. Esto implicaba que por dos meses no iba a poder entrevistar en forma presencial a ningún candidato. Lo que se hizo fue coordinar con ella entrevistas *online* cuando tenía algún espacio en su agenda mientras tomaba el curso y unos días después de la operación. Esta modalidad permitió avanzar sin ningún inconveniente en el proceso, algo que no hubiera ocurrido de manera presencial.

Se puede grabar y observar nuevamente: muchas de las aplicaciones como Zoom, Teams, entre otras, permiten grabar las entrevistas, por lo que se pueden visualizar con posterioridad para volver a revisar algunos detalles o la información brindada por el candidato. Esto sin duda es una ayuda muy importante para los selectores. Un punto adicional es que el video se puede mostrar a otras personas que no participaron de la entrevista.

La pandemia de 2020 estableció la modalidad *online* como prácticamente la única forma de entrevista posible. El problema es que la mayoría de los profesionales de RR. HH. y de otras áreas no estaban acostumbrados ni preparados para manejar los procesos a distancia. En este tipo de entrevistas se puede aplicar la metodología detallada anteriormente, pero tiene características propias.

Puede parecer una trivialidad, pero no es un tema menor. La aplicación es solo un medio para realizar las entrevistas, pero no implica que no sean necesarios los cuidados que se tienen en la entrevista presencial. Para el entrevistado, el selector y la imagen que se transmite durante la entrevista constituyen la imagen de la empresa y la primera impresión que se hace de la misma.

Algunas cuestiones para tener en cuenta

La vestimenta: la vestimenta tiene que ser la misma que se usaría en la forma presencial, de acuerdo con la modalidad habitual que se estila en la empresa.

El entorno: es necesario tener en cuenta el lugar donde se realizará la entrevista, qué imagen muestra la cámara (un fondo neutro es lo mejor), el orden del ambiente, la iluminación (por ejemplo: no ponerse a contraluz), los ruidos, etcétera.

La privacidad: es importante que el espacio esté libre de distracciones y que se perciba un ambiente profesional silencioso y privado donde se mantenga la confidencialidad de la conversación. Se entiende que en la situación de pandemia otros integrantes de la familia puedan compartir espacios y que a veces haya interrupciones o ruidos que entorpecen la entrevista. No obstante, hay que ser consciente de esto y procurar evitarlo.

El equipo: la tecnología suele fallar. Por lo tanto, sería conveniente comprobar el funcionamiento del equipo antes de la entrevista. El sonido de salida y entrada, los auriculares, la conexión a Internet, etc. De esta manera se reducen los imprevistos al máximo para evitar contratiempos.

El contacto visual: en la entrevista presencial se suele mirar el rostro de la persona. En la virtual, la mirada se enfoca con frecuencia en la pantalla y no en la cámara. Esto genera desconexión con el candidato, pues se habla mirando hacia abajo o a un costado. Es importante tener en cuenta este aspecto para lograr un mayor contacto visual y una mejor proximidad en la conversación.

La comunicación: la conexión de red no siempre es buena y puede haber interferencias. Hay que tenerlo presente y buscar la manera de manejar la situación pidiendo al candidato que repita una frase o regule el tono y el ritmo de voz si existe algún *delay* en la comunicación.

La entrevista de selección es una instancia fundamental del proceso de selección. El uso de una metodología adecuada para llevarla adelante es imprescindible para lograr una buena evaluación de los candidatos. La función del área de selección es estratégica porque permite identificar en el mercado e incorporar a la empresa los mejores talentos. Tanto el área de selección como los líderes de los otros sectores tienen que disponer de las herramientas que los ayuden a realizar una entrevista efectiva. Tienen que poder identificar las experiencias y competencias que los postulantes desarrollaron en el pasado para predecir que el desempeño del futuro ingresante va a satisfacer las necesidades de la empresa.

CAPÍTULO 5

UN ENFOQUE NOVEDOSO: LA SELECCIÓN INCLUSIVA

Distintas perspectivas de la diversidad en las organizaciones

La composición social de las organizaciones se está transformando, los mercados están cambiando, así como las relaciones con los *stakeholders*. Existen algunos factores que han provocado cambios significativos en la sociedad, en el mercado y, por ende, en las empresas. Se pueden destacar los siguientes.

- El fuerte proceso de internacionalización de las empresas y las series de fusiones que llevaron a la integración de equipos multiculturales con estilos de trabajo, prácticas y conocimientos distintos.
- Las nuevas estructuras demográficas en los mercados de trabajo, debido a las grandes olas migratorias.
- Los nuevos *targets* de mercados que aparecen a partir de colectivos sociales que empiezan a convertirse en interesantes consumidores, como los adultos mayores, las mujeres y los jóvenes.

- Los empleados con habilidades interpersonales y de similitud cultural que brinden un servicio de mayor calidad a sus clientes de otras culturas o países, cada vez más requeridos por las empresas de servicios.
- El protagonismo que fue adquiriendo la comunidad LGBTIQ.

En los últimos treinta años se ha observado un creciente interés por la temática de la gestión de la diversidad en las organizaciones, debido a la urgencia de las organizaciones por adaptarse a los tiempos actuales.

Los antecedentes de la gestión de la diversidad tienen su origen en las décadas de 1960 y 1970 en Estados Unidos, como resultado de los movimientos por los derechos civiles.

En los años 90 empezó a desarrollarse el debate académico en torno de la eficacia de estas medidas. Desde entonces, se fueron conformando distintas perspectivas sobre la diversidad y la necesidad de consolidarla en las empresas. Estas perspectivas de gestión de la diversidad se pueden sintetizar de la siguiente manera.

1. Hay que cumplir con la ley. Las *Affirmative Actions* fueron las precursoras de esta mirada desde la cual las empresas se ven obligadas a cumplir con las reglamentaciones antidiscriminación. Si bien en la mayoría de los países existen normas que establecen condicionamientos legales y penalizaciones para las empresas que cometen actos de discriminación, se sigue observando la transgresión a las mismas. En Argentina, sin ir más lejos, se siguen publicando avisos de búsquedas laborales que establecen requisitos de edad y género. **En nuestro país, la Ley 23.592 (1988) de actos discriminatorios establece que "quien arbitrariamente impida las garantías constitucionales de igualdad será obligado [...] a dejar sin efecto el acto discriminatorio o cesar en su realización y a reparar el daño moral y material ocasionado".**

Por otra parte, en la Argentina la Ley 22.4311 (1981) establece que el Estado nacional está obligado "a ocupar personas con discapacidad que reúnan condiciones de idoneidad para el cargo en una proporción no inferior al cuatro por ciento (4%) de la totalidad de su personal". Sin embargo, aún no hay nada establecido para las empresas privadas.

2. Beneficios para la empresa. Estos son mayores que los costos de no gestionarla. Esta perspectiva se basa en el *paper* "Building a business case for diversity", de Robinson y Dechant (1997), donde se plantea la conveniencia de aplicar políticas de diversidad y se explican las razones por las cuales esto es así.

Muchos autores destacan los beneficios derivados de las nuevas tendencias en la gestión de los RR. HH. que apoyan la diversidad como un factor de éxito en las organizaciones. Concretamente se mencionan los que siguen.

Reducción de costos. Se produce una reducción de la rotación y del ausentismo debido a la creación de ambientes heterogéneos e inclusivos donde cada persona puede desempeñarse siendo ella misma. Se ve como una ventaja respecto de otras organizaciones que no pueden responder a las necesidades de las distintas comunidades. Por otra parte, muchas empresas han tenido que gastar fortunas en casos de discriminación. En BBC Mundo (20 de junio de 2011) se desarrolla el caso tan resonante de la empresa Walmart. El desarrollo de una cultura más abierta e inclusiva permitiría evitar estas situaciones.

Selección y retención del talento. Una cultura organizacional de aceptación de la diversidad promovería aprovechar el talento de las mujeres y las minorías, que representan una parte importante de las personas en condiciones de trabajar. Por otra parte, las nuevas generaciones han crecido en un ambiente más diverso y han desarrollado una conciencia social mucho mayor que la de sus predecesores al respecto. Esto lleva a que la diversidad laboral sea para ellos un factor importante para pertenecer o no a una empresa. Asimismo, es una manera de fidelizarlos. Por lo tanto, aquellas empresas cuya marca empleadora se posicione entre las que mejores políticas de diversidad despliegan tendrán mayor probabilidad de captar y mantener a este talento.

Marketing. La ventaja de contar con empleados heterogéneos y multiculturales consiste en responder mejor a las necesidades de un mercado cada vez más diverso. Esto sin duda favorece relacionarse mejor con los clientes y proveedores en todo el mundo, así como atender especialmente a clientes de colectivos minoritarios. La líder de Cultura, Clima, Diversidad, Equidad e Inclusión de una reconocida cadena internacional de supermercados, Mariana Kämpfer, explica que "hace diez años no tenía representatividad de mujeres liderando tiendas. El 62% de sus clientes son mujeres y estas son las responsables de más del 80% de las decisiones de compra. La empresa entendió la importancia de contar con diversidad de perspectivas en el liderazgo de las tiendas, incluyendo mujeres, de manera que las mismas entiendan a las clientas".[4]

Creatividad e innovación. Las empresas más innovadoras han sabido retener y gestionar a la fuerza laboral diversa de mejor manera que las empresas menos innovadoras. La importancia de esto es que desarrollan una mayor capacidad para diseñar soluciones creativas para las necesidades cada vez más heterogéneas de los clientes.

Flexibilidad organizativa. La integración de colectivos minoritarios y comunidades culturales distintas inevitablemente obliga a los integrantes de las organizaciones a adaptarse a los cambios de lenguaje, costumbres y formas de

---

4   Comunicación personal, 11 de junio de 2020.

gestión. **La diversidad cultural de una compañía aumenta su flexibilidad para adaptarse a los cambios, que es una de las ventajas competitivas de cualquier empresa en el futuro.**

3. Responsabilidad social. Las empresas tienen una responsabilidad con relación a la sociedad en la que desarrollan sus negocios. Las organizaciones también se ven obligadas a desplegar políticas de responsabilidad social que legitimen socialmente su accionar, pues dependen del grado de aceptación de la sociedad en la que operan. Esta perspectiva surge de la concepción del capitalismo consciente que se describió en el Capítulo 2. La gestión de la empresa debería lograr que todas las partes involucradas pudieran beneficiarse, incluida la comunidad.

Ahora bien, las empresas tienen que definir e integrar en sus valores culturales sus motivos para gestionar la diversidad. ¿Lo hacen solamente por la necesidad egoísta de no tener penalizaciones?, ¿porque les genera beneficios o porque necesitan legitimidad en sus comunidades? Folguera Bellmunt (2019) nos invita a reflexionar: "Y si los beneficios no fueran mayores que los costes, ni hubiera *business case*, deberíamos dejar de preocuparnos por la inclusión de personas con diversidad funcional en las organizaciones" (pp. 37-38). En definitiva, la autora plantea que hay que dejar de actuar porque esto es conveniente para la empresa o para evitar perjuicios. **Hay que dejar de apropiarse de las banderas de la diversidad y dejar los discursos para lograr que se produzcan cambios genuinos en la mayoría de las organizaciones y que estos impacten en la creación de un mundo más igualitario.**

El concepto de diversidad

El concepto de diversidad en las empresas es muy amplio e implica distintas miradas. Tal vez la más habitual sea la

que pone énfasis en la inclusión de grupos minoritarios o personas con capacidades diferentes en el ámbito laboral. No obstante, la diversidad implica también la posibilidad de aumentar el rendimiento e incrementar la innovación de los equipos de trabajo y las empresas. En este capítulo, nos centraremos fundamentalmente en la primera, sin dejar de considerar la importancia de la segunda.

Una clara definición de diversidad en las organizaciones es la que Hektoen (2019) toma de Milliken y Martins en su artículo "Diversidad + Inclusión": "cuando hablamos de diversidad en una organización, nos referimos al grado en que existen similitudes y diferencias de cualquier atributo o característica de una persona que pueda conducir a la percepción de que esta es diferente de uno mismo" (p. 33). **La diversidad implica básicamente la aceptación de un otro diferente y, por ende, el enriquecimiento mutuo.**

Chinchilla y Cruz Rivas (2019) señalan que en el mundo académico se define el término diversidad "como el conjunto de diferencias por etnia/nacionalidad, sexo, función o rol en el trabajo, habilidad, idioma, religión y estilo de vida". Y destacan que "algunos autores han agregado a esta lista factores como la edad, los valores, la apariencia física, el rango económico, discapacidad física o mental, el nivel educativo, la ideología política y la personalidad" (p. 39). Este listado podría ser interminable, como la cantidad de características que nos hacen diferentes unos de otros.

La diversidad hace referencia a las distintas identidades y pertenencias que pueden poseer las personas y está compuesta por distintos factores.

Visibles: son los aspectos intrínsecos de la persona como el género, la edad, la lengua, la nacionalidad, la religión, la cultura, la apariencia física, la discapacidad mental o física, etcétera.

Invisibles: son producto de las experiencias que cada individuo ha tenido en su vida e incluyen la educación, el estilo de vida, las amistades, la situación socioeconómica, los *hobbies,* etc., que le han permitido adquirir diferentes conocimientos, habilidades y valores que fueron conformando su personalidad.

Sin embargo, la diversidad puede pensarse de una forma más profunda y holística. El Instituto Nacional contra la Discriminación, la Xenofobia y el Racismo (INADI), en "Gestión de las diversidades en las organizaciones y el Racismo" (INADI, s.f.), la define así: "La diversidad es una fuente de enriquecimiento, siempre y cuando se dirija a explotar el potencial creativo y se rija por un sentido de la equidad" y destaca que es "un proceso de empoderamiento de las personas y los grupos humanos gracias al cual puedan disfrutar plenamente de la libertad de decidir qué tradiciones, valores, prácticas y rituales desean reproducir, recrear o transformar" (p. 19). Este concepto de diversidad habla de enriquecimiento, de explotar el potencial creativo y de empoderamiento. Esta mirada sobre la gestión de la diversidad pone el énfasis en el desarrollode las personas como seres humanos. Trasciende la igualdad de oportunidades, que sin duda es necesaria pero no suficiente.

García Lombartía (2019) menciona en su artículo "El Lamb 86, la diversidad y la multiplicidad" que "gestionar la diversidad consiste en poner en valor las perspectivas y las formas de entender y actuar en el mundo de cada persona e introducirla en el engranaje de colaboración de un equipo". Pero también destaca que "la simple acumulación de diferencias no asegura, ni mucho menos, un resultado aceptable" (p. 44). Por lo tanto, las empresas tienen que gestionar la diversidad para lograr la integración de los mejores talentos, independientemente de sus diferencias, para que contribuyan a cumplir con las metas de la compañía.

La gestión de la diversidad en las organizaciones

La gestión de la diversidad implica una convicción firme de la dirección de la empresa y un compromiso sistemático y planificado por su parte para incorporar a los mejores talentos, independientemente de los factores visibles o invisibles antes mencionados.

Algunos autores (Chinchilla y Cruz Rivas, 2019) definen la gestión de la diversidad "como el conjunto de actividades orientadas a la integración de los empleados con perfil no tradicional, a fin de aprovechar tal diversidad como ventaja competitiva de la empresa" (p. 40). La gestión de la diversidad debería partir de una concepción auténtica y sentida, basada en la necesidad de que todos los actores (empleados, accionistas, clientes, comunidad, etc.) que intervienen en el ámbito empresarial se vean beneficiados. Chinchilla y Cruz Rivas (2019) lo expresan de la siguiente manera: "Solo si llega a formar parte de la misión, se convierte en criterio real en la toma de decisiones y se logra compatibilizar con los motivos de los empleados (paradigma antropológico), la diversidad será un factor de competitividad y de sostenibilidad" (p. 41). **En definitiva, tiene que nacer de los valores que guían a los empresarios y no de una "moda" conveniente en términos de imagen y de negocios. Eso viene solo como parte del proceso y del aporte valioso de las distintas personas que integran la organización.** Las empresas pueden verse beneficiadas con una fuerza laboral diversa al enriquecerse con el punto de vista diferente de cada integrante.

La gestión de la diversidad, para Hektoen (2019), "se presenta como una oportunidad de incluir esquemas de trabajo que reconozcan las diferencias como un valor agregado en las capacidades de las personas, y de generar mayores estándares de calidad, crecimiento, ampliación de mercados y demandas" (p. 33). Siguiendo esta mirada, la diversidad y el éxito de la compañía no son excluyentes, deberían ser sinérgicos para alcanzar sus objetivos y concretar sus proyectos.

Pautas para incorporar una política de diversidad en las organizaciones

1. Compromiso de la dirección: este es un requisito fundamental e infaltable para iniciar un proceso de gestión de la diversidad. Sin la convicción de la primera línea de conducción será imposible llevarlo a cabo. La dirección tiene que definir para toda la organización valores y principios inclusivos que permitan llevar adelante una gestión responsable.

2. Políticas de RR. HH.: el área de RR. HH. es la responsable de definir los procesos internos respetuosos de la diversidad. Los más importantes son los siguientes.

- *Políticas de selección:* debe garantizar la eliminación de los contenidos discriminatorios en los procesos de búsquedas laborales.
  La ley N° 6471 de Búsqueda Laboral Equitativa promulgada el 15 de diciembre del 2021 por la Legislatura de la Ciudad Autónoma de Buenos Aires, establece que: "las ofertas de empleo no podrán contener restricciones por motivos tales como edad, raza, etnia, religión, nacionalidad, ideología, opinión política o gremial, sexo, género, estado civil, posición económica, condición social, caracteres físicos, discapacidad, residencia, responsabilidades familiares o antecedentes penales…" como tampoco se podrá requerir de manera obligatoria y excluyente la remisión de videos, fotografías, imágenes, audios, nombre y apellido completo o cualquier otro dato que permita su identificación en redes sociales" Esta ley marca un hito en la legislación que es el preanuncio de cambios

significativos en cuestiones antidiscriminatorias en el ámbito del trabajo y que seguramente se expandirá a otras provincias rápidamente.

Las ofertas de empleo deben redactarse en lenguaje inclusivo, utilizando formas gramaticales que interpelen a todas las personas –por ejemplo: "Se busca personal de limpieza"; "Buscamos profesionales de marketing, comercialización y/o administración de empresas". Si bien la Ley no hace referencia a la conducta a seguir durante una entrevista, se interpreta que en la misma se debería seguir el mismo criterio.

En la entrevista laboral se debe desarrollar una práctica de evaluación en la que únicamente se tengan presentes las competencias y experiencias requeridas para desempeñarse satisfactoriamente en el puesto de trabajo. Se deben evitar preguntas referidas a la vida personal. En Argentina existe un hábito muy arraigado que es necesario modificar. Preguntar con quién vive (suponiendo muchas veces que es una pareja heterosexual), si vive con la familia, si tiene el proyecto de formar una familia o cuestiones de esta naturaleza dejan suponer que la respuesta podría condicionar la decisión del selector respecto de la incorporación de la persona y el postulante podría sentir que fue discriminado porque vive con su pareja homosexual o porque tiene el proyecto de casarse próximamente y tener hijos. Las preguntas solo deben centrarse en las competencias y experiencias que se requieren para el puesto, ya que su conformación familiar y proyectos personales no influyen de ninguna manera en el desempeño de una persona.

Por otra parte, en la Argentina, según la Resolución 270/2015 (Ministerio de Trabajo, Empleo y Seguridad Social, 13 de abril de 2015), los estudios médicos de ingreso no deben requerir el test de VIH ni la prueba de embarazo pues, según la OIT (2000), ello es considerado discriminatorio.

Otro tema controvertido es la investigación sobre la información presentada por un candidato al postularse a un empleo. En la Argentina se denomina examen preocupacional. Según la OIT (s. f.), "se puede verificar la información como títulos profesionales, la experiencia en una empresa o institución, la edad o llamar al antiguo empleador para verificar si es que en efecto el postulante trabajó en esa organización, el periodo y las funciones; [...] pero no aspectos relativos a la esfera íntima de la persona (afiliación sindical o política, etcétera)".

- *Políticas de desarrollo de carrera profesional:* las cualidades visibles o invisibles de una persona no deberían ser un criterio para la formación y la promoción dentro de la organización. La empresa debe garantizar la igualdad de oportunidades. Durante mucho tiempo, los puestos de conducción estaban disponibles únicamente para los hombres, motivo por el cual se decía que las mujeres tenían un "techo de cristal" que limitaba su carrera profesional.

- *Política de remuneraciones:* el principio de la no discriminación en el empleo establece el principio de igualdad entre el hombre y la mujer. Esto significa que la remuneración debería ser la misma para un trabajo realizado por un hombre o una mujer, basada exclusivamente en la labor realizada y no en el género del trabajador. No obstante, la OIT (s. f.) destaca que "las diferencias salariales entre los sexos persisten; en promedio, los ingresos de las mujeres por hora son un 75 % inferiores a los percibidos por los hombres". Una empresa que quiera desarrollar políticas de diversidad debería revisar su estructura de remuneraciones e identificar si están están siendo equitativas, incluyendo no solo el salario sino todo el paquete remunerativo (premios, *bonus*, etcétera).

- *Políticas de conciliación entre la vida familiar y personal:* si se quiere realmente llevar adelante una política de diversidad es necesario que se garantice a todos los empleados la posibilidad de contar con las licencias familiares de nacimiento, adopción, matrimonio, cuidado familiar, etc. Para ello es necesario respetar y considerar las normativas igualitarias como las leyes de Matrimonio Igualitario (Ley 26.618, 2010) y de Identidad de Género (Ley 26.743, 2012). Todavía se suele tener la imagen de la familia heterosexual, donde la mujer es la "responsable" de cuidar a los niños cuando están enfermos, o cuando hay que acompañarlos al médico, o a hacer un trámite. Este modelo de familia cambió absolutamente: ya no necesariamente tiene que ser heterosexual, y tanto madres como padres se ocupan indistintamente del cuidado de sus hijos. Una gran parte de las empresas ha entendido esta transformación social aun antes de que la legislación lo estableciera. No obstante, hay que seguir trabajando mucho en este sentido, desde las empresas y también desde el ámbito legislativo, para lograr un mayor nivel de igualdad.
- *Políticas comunicacionales:* la empresa debe incorporar, en su comunicación, un discurso integrador y diverso en el que todos se sientan representados. Para eso es necesario que los empleados se vean reconocidos sin que importe su género, composición familiar, religión, el tener alguna discapacidad, la nacionalidad, entre otros aspectos.

Giselle Castro, gerenta de RR. HH. de la empresa Sodexo, destaca "la importancia de trabajar en las comunicaciones del día de la madre o del padre para que aquel que tenga una familia no tradicional pueda interpretar que también está incluida su familia. Que se vea representado en la comunicación de la compañía".[5]

La temática de la diversidad se ha desarrollado exponencialmente en los últimos 10 años. En la Argentina ha tenido un pico de crecimiento especialmente en los años recientes. Estos cambios abruptos no han permitido una rápida adaptación, en particular en las generaciones mayores que representan aún un porcentaje considerable dentro de las organizaciones y mucho más entre los puestos de conducción. Por eso, más allá de la decisión firme de la dirección, es necesario llevar adelante un fuerte plan de concientización en torno de los temas de diversidad.

> Giselle Castro comenta que, en Sodexo Argentina, por ejemplo, los líderes reciben una capacitación sobre sesgos inconscientes que viene de la casa matriz y sirve para entrenar al equipo de RR. HH. a dictarlo a los colaboradores. Explica que "más allá de las actividades de capacitación, es todo un proceso de aprendizaje organizacional donde, entre todos, vamos corrigiendo el lenguaje discriminatorio que tenemos tan internalizado. Por ejemplo, en vez de decir una persona discapacitada, tenemos que decir una persona con discapacidad. De forma respetuosa se va señalando cuando un compañero o subordinado hace un uso inapropiado, para que lo pueda ir modificando. A estas situaciones las llamamos 'momentos de aprendizaje' porque son vistas como un proceso de aprendizaje que se va dando de forma más orgánica que estructurada. La gente se va dando cuenta y lo va incorporando de a poco, aunque le cueste. El cambio cultural se va generando a partir de las pequeñas acciones del día a día".

La definición de políticas de diversidad y una buena comunicación a los empleados son sumamente importantes para brindar un marco de referencia que va modelando la cultura organizacional. Muchas empresas lo están hacien-

---

5   Comunicación personal, 12 de mayo de 2020.

do. Por ejemplo, la empresa argentina YPF expresa en su *Manual de comportamiento OPESSA* (s. f.) sobre políticas de diversidad e inclusión: "No se permite la discriminación, el acoso o el maltrato de cualquier tipo, incluyendo conductas verbales, visuales o físicas que creen un ambiente de trabajo intimidatorio, ofensivo u hostil".

Estos procesos de sensibilización contribuyen a que la incorporación de una persona con discapacidad o una persona trans pueda ser bien recibida y que estas sean integradas por el resto de los compañeros del área y de la empresa en general.

Prácticas discriminatorias en el ámbito laboral

Las organizaciones se desarrollan dentro de un contexto social y lo que ocurre en él no les resulta indiferente. En las sociedades se establecen estereotipos y prejuicios con respecto a las personas, lo que lleva a calificarlas de una determinada manera y a suponer un determinado tipo de comportamiento que no necesariamente se condice con la realidad. No obstante, esas creencias pueden manifestarse en distintos momentos de la trayectoria laboral de las personas en las empresas: en el proceso de selección, en el día a día en contacto con compañeros y jefes, en las instancias de promoción y también de desvinculación. **El 27% de las denuncias totales recibidas por el INADI (s. f.) corresponden a actos discriminatorios en el ámbito laboral.**

Según la institución, se entiende por "discriminación en el trabajo todo trato diferenciado y desfavorable hacia determinadas personas en razón de cualquier característica, que restrinja sus derechos sin perjuicio de su capacidad para cumplir los requisitos relativos al puesto de trabajo". En el mismo trabajo se expone que en el ámbito laboral los prejuicios y estereotipos se manifiestan en un trato desigual hacia algunas personas, independientemente de sus capacidades y su desempeño.

Si bien las prácticas discriminatorias continúan en el ámbito laboral, hay que destacar el avance significativo que se ha dado en los últimos 10 años. **El INADI (s. f.) ha realizado una investigación sobre la discriminación en los avisos laborales, comparando los resultados de 2009 y de 2018. En ella se observa que en 2009 había un 89% de avisos que tenían contenidos discriminatorios, los cuales se redujeron notablemente en 2018 a un 64%.** Estos cambios en el ámbito laboral coinciden con los que se están dando a nivel social en la Argentina. No obstante, sigue siendo una asignatura pendiente.

Prácticas discriminatorias más habituales

• *Por edad:* la discriminación por edad es tal vez la que se manifiesta de manera mayoritaria en los procesos de selección. En Argentina es habitual ver avisos que explicitan claramente un rango etario para postularse a un puesto. **Según el INADI (s. f.), en 2018 aún 82% de los avisos establecían restricciones de edad.** Muchos excluían a las personas mayores de 40-45 años, cuando no existe ningún motivo que les impida desempeñarse en las tareas. Esto parte del prejuicio acerca de su adaptabilidad a la tecnología o a menor flexibilidad para cambiar formas de trabajo adquiridas ("mañas") durante sus experiencias laborales. Sin embargo, esto no necesariamente tiene que ser así, solo es un prejuicio infundado que obliga a muchas personas a una jubilación anticipada.

Mariano, un empresario exitoso que lidera una empresa muy reconocida de iluminación, me dijo una vez: "Necesito un analista contable que no tenga más de 40 años". Ante este pedido le consulté el motivo por el cual ponía ese límite y él me contestó: "lo que pasa es que con más de cuarenta, viste, ya están sin ganas…". Ante esta sorpresiva respuesta, le respondí: "Y tú, ¿qué edad tienes?". "42", me dijo. "¿Y te sientes sin ganas?", me animé a decir…

El segmento de 18 a 24 años es el que menores oportunidades laborales tiene. Esto ocurre porque las empresas y sus líderes no quieren invertir tiempo en formar jóvenes con un enorme potencial y que podrían ser el semillero de talentos de la compañía. Prefieren contratar gente con experiencia.

Una importante cadena de cines (Village) definió en la década de 2000 una estrategia muy original. El 90% de los empleados tenía menos de 25 años y este era su primer empleo. Tenían un alto índice de rotación y de ausentismo. Decidieron publicar un aviso titulado "Madres, Tías y Abuelas" por medio del cual se buscaba mujeres mayores de 40 años. Se cambió el paradigma. En vez de buscar jóvenes, apuntaron a mujeres adultas. Se presentaron 8.000 mujeres. Después de un exhaustivo proceso de selección se cubrieron las vacantes. La empresa sabía que ellas tal vez tendrían un ritmo más lento o dificultades con la tecnología, pero les suponía una atención cálida y una mayor responsabilidad con el trabajo, lo cual redundaría en una menor rotación y un mejor trato al cliente. Fue una experiencia exitosa, pues conformaron una población diversa en términos de edad, donde jóvenes y adultos mayores hacían sus mejores aportes.

La edad no es una característica personal que condicione el trabajo. La experiencia de la cadena de cines y muchas otras demuestran que no es un impedimento ni una limitación para acceder al trabajo.

• *Por género:* a lo largo de la historia se han establecido socialmente profesiones, oficios y actividades que tradicionalmente se han asignado a un determinado género. Esto está cambiando a nivel social. Un ejemplo reciente que muestra la ruptura de estos paradigmas es el lugar que está ocupando el fútbol femenino en un mundo que, hasta hace 10 años, era exclusivo de los hombres.

Las organizaciones no están exentas de este fenómeno social. Profesiones estigmatizadas durante años como femeninas, por ejemplo, la educación y la enfermería, han cambiado y se observa una importante presencia de hombres. Sin embargo, otras actividades como el trabajo en casas particulares, las tareas de recepción y secretariado, aún mantienen una fuerte preeminencia de personal femenino.

No obstante, las mujeres continúan teniendo menos oportunidades y mayores obstáculos para acceder a puestos de niveles de conducción. En un trabajo realizado por el INADI (s. f.), "Gestión de las diversidades en las organizaciones", se presentan las siguientes estadísticas del Ministerio de Trabajo, Empleo y Seguridad Social (MTEySS) para el año 2015: **"la participación de las mujeres en este tipo de cargos fue del 28 % para puestos directivos y el 31 % para jefaturas, mientras que los varones lo hicieron en un 72 % y 69 % respectivamente".** Ese mismo trabajo también muestra que **"entre el 2004 y el 2013 la brecha de ingreso de los ocupados y ocupadas por sexo bajó de 27,8 % a 23,9 % en Argentina".** La desigualdad salarial es otra de las formas en las que se manifiesta la discriminación por género.

• *Por discapacidad:* la OIT (1998) reconoce que "alrededor de 470 millones de personas en edad laboral sufren alguna forma de discapacidad". Según la *Declaración relativa a los Principios y Derechos Fundamentales en el Trabajo* de este organismo, **"más de un 60 % de las personas con discapacidad están en edad de trabajar, y sin embargo experimentan un índice de desempleo de entre 80 y 100 % superior al de los trabajadores sin discapacidad".**

Esto genera que se vean impedidos de gozar de los mismos derechos al empleo que otros ciudadanos y, como consecuencia de esto, a la salud, la educación, la vivienda y otras necesidades básicas para tener una vida plena.

Una persona es considerada con discapacidad cuando tiene una limitación física o mental para realizar las principales actividades de la vida cotidiana. Esto no significa que no esté calificada para realizar tareas laborales. Puede tener alguna limitación de movilidad y ser un excelente programador. En todo caso puede requerir del empleador algún tipo de adecuación de las instalaciones o las tareas.

La licenciada en psicología A. Hönig, quien trabajó varios años en la temática de la inserción laboral de personas con discapacidad en el área de salud mental, lo explica de esta manera: **"La discapacidad no se define solo por lo que le pasa al individuo sino por la reacción de la comunidad frente a ese individuo. La discapacidad está dada por el prejuicio que tiene la sociedad y, por lo tanto, la falta de accesibilidad que tienen las personas con discapacidad frente a la comunidad donde viven. Una persona es discapacitada en tanto la comunidad diseña un mundo en el cual esa persona no puede acceder a vivir plenamente"**.[6] En el imaginario social se crean estereotipos con respecto a las posibilidades de trabajar de las personas con alguna discapacidad, lo que hace que se restrinja su acceso al mercado laboral. **La discapacidad, por lo tanto, es el resultado de la interacción de personas con una discapacidad con un entorno que no está preparado para adecuarse a esas diferencias. La falta de accesibilidad al transporte, los edificios, a la educación, etc., convierte a estas personas en discapacitadas para desempeñarse en esta sociedad en igualdad de condiciones con los demás.**

• *Por orientación sexual e identidad de género (Colectivo LGBTIQ):* la discriminación hacia el colectivo de gays y lesbianas también fue cambiando en la medida en que la homosexualidad fue más aceptada socialmente. En el ámbito laboral se ha mejorado en este sentido con respecto a hace 10 o 20 años. No obstante, la inserción laboral de las personas del colectivo

---

6   Comunicación personal, 22 de junio de 2020.

trans en el empleo formal es casi nula. Este colectivo sigue siendo objeto de prejuicios muy fuertes ya que el imaginario social solo ubica a sus integrantes en el ámbito del espectáculo y de la prostitución. **La identidad sexual no condiciona de ninguna manera la posibilidad de realizar eficientemente un trabajo. La limitación está en la cultura de la empresa y en los prejuicios de los propios directivos y empleados que la integran.**

La Ley 24.156 (2020) de Cupo Laboral Trans, que establece que un porcentaje de los cargos del sector público nacional argentino deben ser ocupados por personas travestis, transexuales y transgénero que reúnan las condiciones de idoneidad para el puesto, contribuye a la incorporación de estas personas al mercado laboral. Sin embargo, se requiere una intensa campaña de concientización sobre diversidad para lograr una efectiva inserción de los nuevos empleados en sus equipos. Esto permitiría evitar el hostigamiento a través de burlas o chistes homofóbicos que influyan en el clima laboral y en el desempeño.

> Una gerenta de RR. HH. de una empresa multinacional de tecnología con una política muy fuertemente orientada a la diversidad me comentó la siguiente situación. Hace 10 años se incorporó a la compañía una mujer trans, siguiendo las políticas de diversidad de la empresa. Sin embargo, este hecho no fue aceptado por los empleados y se generaron serias dificultades para su inserción. Las mujeres manifestaron que se sentían incómodas compartiendo el baño con una mujer trans. Por otra parte, tampoco podía ir al baño de hombres. Finalmente le pidieron que utilizara el baño de discapacitados, que era individual, hasta que se fuera produciendo el normal acostumbramiento de los otros empleados.

Por otra parte, es necesario intensificar los cambios en las políticas de beneficios y licencias familiares que aún siguen basándose en el modelo de la familia heterosexual y patriarcal y que siguen generando una inequidad en las personas que adoptan otro modelo de familia.

• *Por aspecto físico:* en los avisos de búsquedas laborales usualmente se pide buena presencia. Es un concepto en principio tanto arbitrario como discriminatorio. Arbitrario porque es absolutamente relativo lo que significa buena presencia y tiene que ver con el modelo que tiene cada uno. Sin embargo, ahí aparece el aspecto discriminatorio. En su publicación "Trabajo sin discriminación", el INADI (s. f.) explica que funciona como "un eufemismo para excluir a aquellas personas que no se adecuan a los estándares hegemónicos de belleza, definidos desde criterios excluyentes y no exentos de una mirada racista".

Parecería que una persona obesa o una persona de color, incluso un adulto mayor, no pudiera ser la imagen de la empresa en una recepción, en un área de atención al público o en una tarea de ventas.

• *Por religión:* la religión mayoritaria en la Argentina es el cristianismo. Según *Datosmacro.com* (s. f.), el 85,15% de su población lo profesa. El resto de las religiones no superan el 1% de la población. En este sentido, no es un motivo importante de discriminación en el país. No obstante, en otros países donde hay fuertes y diversas comunidades religiosas el credo adoptado suele aparecer como un motivo significativo de discriminación laboral. Esto no quiere decir que no ocurra en la Argentina, sino que no es tan frecuente con relación al ingreso al trabajo. Aun así, pueden existir dificultades para quienes profesan determinados cultos que no son predominantes para acceder al derecho a feriados religiosos o determinadas prácticas, como la oración a la Meca.

• *Por condición socioeconómica:* esta es una práctica discriminatoria que limita notablemente el acceso al empleo. Gran cantidad de personas que viven en barrios populares, villas de emergencia o asentamientos marginales manifiestan que cambian su dirección en el currículum porque saben que su lugar de residencia las excluye de muchas búsquedas laborales. El prejuicio fuertemente arraigado en la sociedad respecto de las actividades delictivas de las personas que viven en esos lugares lleva a los profesionales de RR. HH. o a empresarios a tomar estas decisiones. Es cierto que algunos habitantes de esos lugares lideran o participan de delitos. Sin embargo, esto no se puede generalizar a la mayoría de la población, que trabaja honradamente y busca progresar a través de acceder a mejores trabajos. Este obstáculo impide a las personas alcanzar un mejor nivel de vida y la movilidad social a la que aspiran.

Selección de personal inclusiva

El proceso de selección de personal tiene el objetivo de incorporar a la empresa las personas más talentosas para que, con su aporte, puedan contribuir al cumplimiento de los objetivos de esta. A tal efecto, el profesional identifica en el mercado a las personas idóneas para cubrir los puestos de trabajo que requiere la compañía. Sin embargo, esto no es cierto en la mayoría de los casos en los que no existen prácticas de selección inclusivas. Cuando esto ocurre, la empresa limita el campo de posibilidades de captar a los mejores empleados, porque deja afuera a algún género, un rango etario, personas del colectivo LGBTIQ y/o personas con determinada discapacidad.

Una empresa verdaderamente inclusiva está abierta a la diversidad en todos sus procesos de RR. HH.: selección, capacitación, desarrollo, etc., y promueve la incorporación de personal derribando los prejuicios sociales y laborales. La diversidad en un equipo de trabajo lo nutre y lo potencia con una mayor variedad de competencias y perspectivas sobre el mundo que contribuye a lograr una compañía más flexible y adaptable a un entorno cada vez más cambiante. Pero al mismo tiempo permite la integración social de cientos de personas sumamente capaces que hoy las empresas están perdiendo (ni siquiera están mirando) y que podrían tener un desempeño laboral excelente y una vida más plena.

La empresa es una muestra viva de la sociedad donde se inserta, por lo tanto, se manifiestan en ella los mismos prejuicios. La dirección y el área de Recursos humanos deben estar fuertemente comprometidas con la gestión de la diversidad. Pueden eliminar barreras de entrada para que las personas tengan una oportunidad de mostrar su talento fuera de categorizaciones y estereotipos.

El proceso de selección

Definición del perfil

Las prácticas discriminatorias comienzan con la definición de un perfil. En él se establecen las competencias y características que debería tener una persona para desempeñarse satisfactoriamente en un puesto de trabajo. Es habitual en Argentina determinar la edad y el género en el relevamiento. ¿Es esto discriminatorio? En el *Convenio sobre la discriminación (empleo y ocupación)* de la OIT (1958) se expresa que

> cuando se exigen calificaciones para un empleo determinado, puede plantearse un problema para deslindar lo que es y lo que no es discriminatorio. Muchas veces es difícil trazar una línea de demarcación entre la legitimidad de las calificaciones exigidas para un empleo y la invocación de ciertos criterios con objeto de eliminar a determinadas categorías de trabajadores.

La dificultad reside en cómo revisar y definir si las calificaciones esperadas son legítimas o si parten de un prejuicio. Cualquier distinción tiene que basarse en criterios objetivos y no en percepciones estereotipadas de lo que sería mejor para el puesto.

Algunas empresas establecen políticas para fortalecer prácticas antidiscriminatorias. Mariana Kämpfer explica que en la empresa "desde hace tres años implementamos que, de forma mandatoria, en cada terna haya una mujer. Esto contribuye a eliminar estereotipos y construir nuevas creencias en nuestros clientes internos en torno a la igualdad de género".

Esta es la dificultad que se plantea a los profesionales de RR. HH. Encontrar la línea divisoria entre las verdaderas necesidades de la tarea y los pedidos basados en sesgos inconscientes de los integrantes de los otros sectores de la empresa. Su rol será el de poder distinguir entre uno y otro. Cuántas veces se han escuchado afirmaciones de parte de los líderes de la línea como:

"Las mujeres son más prolijas y ordenadas";

"Los hombres son más firmes para liderar";

"Las mujeres no son buenas para manejar personal en una planta";

"Un equipo con muchas mujeres genera mucho conventillo";

"Es muy jovencito para esa tarea";

"Ya está muy grande para…";

"Tiene muchos años trabajando en la actividad. Seguro que viene con muchos vicios…".

Los profesionales de RR. HH. tienen que identificar estas presunciones y ayudar a sus interlocutores a comprender que se relacionan con experiencias particulares o preconceptos propios, pero que no necesariamente deben extenderse a todos los casos. Mucho menos convertirse en un requerimiento del puesto. Hay que entender que los juicios son solo interpretaciones que se hacen de la realidad, pero no la realidad misma. Una empresa con políticas inclusivas debe trabajar en la sensibilización en torno de estas cuestiones y explicar a sus miembros que estas conductas están en contra de sus políticas.

Sin embargo, no suele resultar tan fácil. A veces se decide dejar de lado a algunas personas en nombre de la adecuación a la cultura de la empresa. **Es lógico que una empresa trate de identificar personas que puedan estar acordes con su cultura y sus valores. Pero es importante cuestionarse en qué medida ello se asocia o no a un sesgo inconsciente que excluye sin razón a algunas personas.**

Un grupo de estudiantes asiáticos de la Universidad de Harvard presentó una demanda contra la institución por considerarse discriminados en los procesos de admisión. Alberto Peñalba (2018) menciona en su artículo "15 ideas para promover la diversidad laboral en tu organización" una investigación en la que se detectó que en "más de 160.000 solicitudes, sus perfiles son evaluados a la baja en rasgos como personalidad positiva, simpatía y coraje. También han presentado documentos que prueban que la propia institución realizó una investigación sobre este asunto en 2013, la cual concluyó que existía tal sesgo inconsciente".

Mariana Kämpfer, expresa que "Hay que desafiar a la gente de la línea. Hay que promover que pongan el foco en la capacidad de las personas para ocupar una posición. En algunos casos, la resistencia tiene que ver con el temor a lo desconocido y optan por no enfrentarse a la situación de recibir a una persona con discapacidad. Desde RR. HH. tenemos que tratar de concientizar a quienes toman las decisiones para romper con estos paradigmas y avanzar hacia una organización más inclusiva".

Los condicionamientos: Si se desea hacer una selección inclusiva, habrá que empezar a evaluar cuestiones relacionadas con la posibilidad de incorporar personas con alguna discapacidad. La empresa deberá analizar si existen barreras del entorno susceptibles de significar algún riesgo para la salud de las personas con una discapacidad o un verdadero impedimento para realizar las tareas. **Por lo tanto, antes de hacer el perfil se debe evaluar la accesibilidad para personas con discapacidad, las condiciones del entorno, los instrumentos o maquinarias que se deben utilizar, etc. Esta información permitirá que se defina más objetivamente alguna eventual limitación para incorporar una persona con discapacidad.** Si es así, se deberá evaluar si la limitación o el déficit en las capacidades de un postulante pueden ser solventados con apoyos o ajustes razonables por parte de la empresa para poder incorporar personal con discapacidad.

Mariana Kämpfer contó una experiencia:

> En un área teníamos una colaboradora que tenía problemas para identificar las letras. Entonces hicimos un abecedario grande para que lo tuviera frente a su escritorio, de manera de facilitar su trabajo. También ocurrió que tenía que cargar datos en unas planillas y tratamos de organizarlas para que fuera más efectiva. Ante estas situaciones, vemos la manera de acondicionar la posición para que la persona tenga éxito en su puesto. La idea es que el resultado de su desempeño sea satisfactorio y que ella se sienta bien trabajando. Es muy importante el acompañamiento de las ONG porque permiten entender de qué manera se puede colaborar en cada caso para que desarrollen lo mejor de sí. Esto no implica discriminar sino todo lo contrario: es entender que, si un empleado tiene una discapacidad, tenemos que ayudarlo en pos de desenvolverse bien en el ámbito laboral.

Reclutamiento

Todo proceso de selección implica utilizar criterios de selección justos y relacionados exclusivamente con el puesto de trabajo. El desafío es que las personas que los aplican puedan hacerlo plenamente. Por lo tanto, capacitar al personal encargado de los procesos de selección, entrevistas y decisiones finales es fundamental para llevar adelante un proceso de contratación adecuado.

Un primer cambio debe generarse en el proceso de reclutamiento. Algunas prácticas discriminatorias se podrían modificar evitando en las publicaciones de las búsquedas requisitos excluyentes como edad, género, etcétera.

Pero para realizar un proceso verdaderamente inclusivo habría que tomar algunos recaudos más. Muchas personas desmotivadas por los reiterados fracasos y por conocer fehacientemente que suelen ser dejadas de lado en los procesos de selección dejan de postularse a los avisos. Las personas con discapacidad, el colectivo LGBTIQ, los adultos mayores, los exconvictos, entre otros grupos, saben que son los excluidos del sistema. Esa población, con sus capacidades y su potencial, significa para la empresa una pérdida de talentos a los que no puede acceder. En un mundo donde se desató la guerra por el talento, eso es inadmisible.

La forma de captar a estas personas para sumar el aporte de sus capacidades y miradas a una compañía más diversa es a través de las instituciones que las nuclean. Las empresas necesitan sellar alianzas con centros de formación, organizaciones gubernamentales o instituciones que contribuyen a la inserción laboral de estas personas. En Argentina, podemos destacar: Inclúyeme (discapacidad), No tan distintos (colectivo LGBTIQ), Multipolar (gente en situación de calle) y Diagonal (adultos mayores), entre otras.

Trabajar en colaboración con estas organizaciones presenta varias ventajas:

1. La mayoría de estas instituciones forman a las personas para la inserción laboral. Eso puede ser capacitación técnica, estrategias de búsqueda de empleo, etcétera.

Adriana Hönig explica que "las organizaciones que trabajan en la inserción laboral de las personas con discapacidad desarrollan todo un trabajo para facilitarles el acceso al mercado de trabajo. Les brindan talleres y suelen prepararlos para realizar tareas acordes con sus posibilidades. Pero tal vez lo más importante es el seguimiento personalizado que realizan en las primeras etapas de la inserción laboral en las empresas".

Por otra parte, Giselle Castro, menciona que

> las instituciones son el nexo entre estas poblaciones y las empresas. Pocas veces se postula a una búsqueda una persona discapacitada o "trans". Esto se genera por la repetición de los fracasos y la desmotivación que eso significa. Las ONG preparan a estas personas, las presentan a búsquedas de empresas que se acercan a ellas y las estimulan para que puedan insertarse en el mercado laboral.

2. Conocen a cada uno de los miembros de su comunidad y saben cuáles son sus capacidades y sus limitaciones. Saben qué trabajos están en condiciones de hacer y cuáles no, en función de sus capacidades y de su personalidad. Esto no podría identificarlo un profesional de RR. HH.

La licenciada Hönig señala que "los profesionales de las ONG conocen si la discapacidad que tiene la persona le permitiría realizar una determinada tarea en determinado contexto y si hay alguna limitación, tanto en la persona como en el entorno, que requeriría algún tipo de adaptación para desempeñarse sin inconvenientes".

Por otra parte, la institución puede informar a la empresa sobre las peculiaridades que tiene un postulante, para guiar al selector en la forma de llevar adelante la entrevista del mejor modo posible.

3. Estas instituciones generalmente acompañan a la persona y realizan un monitoreo de su evolución en el puesto de trabajo, interactuando no solo con ella, sino también con compañeros y superiores para asegurarse de que el proceso sea satisfactorio para todas las partes involucradas.

Adriana Hönig destaca el rol de las ONG, pues

apoyan a la empresa a través de capacitaciones o de charlas con el responsable del área donde se va a desempeñar la persona con discapacidad y con los compañeros. Pero también con la familia para la cual, a veces, la incorporación de la persona con discapacidad a una empresa puede implicar una disrupción en el ámbito familiar. Durante el proceso en que la persona está trabajando, la institución cumple un rol fundamental ya que realiza un seguimiento donde va monitoreando no solo la adaptación del empleado al trabajo y su desempeño sino también a los actores involucrados en este proceso: superiores, compañeros, familia.

Contacto y entrevista

La formación y el entrenamiento de los selectores son adecuados para evaluar a personas que cuadren con el empleado promedio que se observa en las empresas. **Incluso profesionales con una larga trayectoria consolidaron su experiencia entrevistando a personas que estaban dentro del estándar de postulante hegemónico que se observa en las organizaciones. No fueron entrenados para entrevistar a una persona sordomuda, a un ciego, a una persona trans o a una persona de la calle.** Si se quiere iniciar un proceso de selección inclusiva es prioritario brindarles pautas para manejar nuevas situaciones en una entrevista laboral.

En los inicios de mi carrera laboral, recibí una carta de un postulante que manifestaba tener una leve deficiencia mental y que solicitaba que lo entrevistara para tenerlo presente en alguna búsqueda acorde.

Cuando entré a la sala de reunión me encontré con un muchacho joven con la cabeza fuertemente inclinada hacia un costado y los brazos tensos. Empecé a entrevistarlo como lo hacía habitualmente y a medida que avanzaba me daba cuenta de que no funcionaba. No sabía qué hacer. Encontraba dificultades para hablar y no entendía sus respuestas. No quería pedirle que repitiera insistentemente, pero tampoco podía seguir la conversación. Fue una de las situaciones más traumáticas en una entrevista. Imagino que también fue duro para él. Evidentemente la entrevista no sirvió.

Selección de personas con discapacidad y del colectivo LGBTIQ

El profesional de RR. HH., como cualquier otra persona, tiene una mirada sobre la sociedad y va construyendo sus propias concepciones del mundo que lo rodea. De esta manera va conformando sus propios juicios sobre lo que está bien y lo que está mal. Para poder desarrollar una selección inclusiva tiene que sensibilizarse y compenetrarse con los conceptos de diversidad en el trabajo. De lo contrario, será muy difícil llevar adelante un proceso de selección y realizar una buena entrevista.

Como profesional es necesario no perder de vista las competencias y los requerimientos del puesto, y dejar de lado los propios prejuicios. Es muy difícil emprender un cambio de paradigma sin información. Ese es sin duda el primer paso.

Con respecto a discapacidad, sería necesario conocer las distintas formas que abarca y cuáles son las verdaderas posibilidades y limitaciones para cada una de ellas, así como de los entornos laborales en los que se quiere incluir a las personas afectadas. Pero, fundamentalmente, usar el término adecuado. Cuando a una persona se la nombra como "discapacitada", eso implica reducirla a su discapacidad, cuando realmente es solo una de sus características. Solo es una persona con una capacidad diferente, por eso se debería decir: "persona con una discapacidad".

En relación con el colectivo LGBTIQ, hay que comprender las implicancias de la identidad de género y las distintas formas en que se pueden manifestar.

A continuación, se mencionan algunas pautas generales para tener en cuenta al realizar una entrevista.

Generar un clima favorable. Si bien este es un requisito en cualquier tipo de entrevista, en estos casos es especial. Las personas no están acostumbradas a transitar un proceso de selección y tener entrevistas. Por ese motivo es sumamente necesario generar un clima distendido y de aceptación para lograr la mejor predisposición del candidato al responder preguntas.

No preguntar nada que no le preguntarían a cualquier otro candidato. La entrevista es un encuentro profesional. Las preguntas del entrevistador deben centrarse únicamente en las competencias y experiencias del candidato. Es inaceptable hacer preguntas como: ¿Faltará mucho? ¿Cuándo se dio cuenta de que se sentía mujer?

No convertirlos en héroes. No se debería idolatrar a un discapacitado por sobreponerse a su situación o destacar el valor de una persona trans por tomar la decisión de definir su identidad. Evitar comentarios como: "le admiro", "qué valiente".

Adaptar el lenguaje. Se debe mantener una conversación normal con el candidato. No obstante, es necesario adecuarse a su discapacidad: reducir la velocidad del diálogo si la persona tiene problemas auditivos, utilizar oraciones cortas y concretas si cuenta con alguna dificultad intelectual, entre otras alternativas. No habría que adelantarse, sino preguntarle a la persona si necesita alguna modificación en la manera en que se interactúa con ella.

Selección de personas del colectivo LGBTIQ

La identidad de género se refiere a la identificación psicológica innata y profunda de una persona como hombre, mujer o algún otro género que puede o no ajustarse a los comportamientos socialmente aceptados para el hombre y la mujer.

Para referirse a la población de la diversidad sexual se suele utilizar la sigla LGBTIQ, una denominación que integra a lesbianas, gays, bisexuales, transgéneros, intersexual y queer. Esta sigla se encuentra socialmente validada y extensamente difundida.

Para abordar este tipo de entrevistas, es necesario olvidarse del modelo heterosexual dominante y comprender que existen otras formas de conformación de las relaciones. El lenguaje es un componente esencial en la construcción de un prejuicio, por lo tanto, cabe ser muy cuidadoso en la forma de expresarse.

En principio, hay que "presuponer" que la persona que se entrevista no es heterosexual. No se debería consultar sobre la conformación familiar, ya que puede ser considerado discriminatorio. No obstante, si se hiciera, se deberían utilizar las palabras cónyuge, pareja o conviviente, en lugar de marido, mujer, esposo/a, tanto en las entrevistas como en los formularios o sistemas informáticos. De esta manera, no se presupone una familia heterosexual, sino que se incluye a cualquier tipo de familia que haya conformado la persona.

> Hace muchos años, en una entrevista le consulté un joven a qué se dedicaba "su mujer" y él me respondió: "es abogado". Fue la primera vez que me enfrenté a esta situación, o por lo menos a alguien que me lo hizo saber. Tal vez otros postulantes me hubieran respondido "abogada" para no dar a conocer su identidad sexual. Podría haber "zafado" de la pregunta, pero evidentemente se hubiera sentido muy mal, excluido, no pudiendo ser quien realmente era.
> Para mí fue una advertencia de que algo tenía que modificar en mis propios paradigmas personales, así como en la forma en que encaraba las entrevistas.

La población más afectada de este colectivo son las personas transgénero. La palabra transgénero (o trans) es un término general para representar a las personas cuya identidad y expresión de género se diferencia de las asociadas al sexo que se le asignó al nacer.

En la *Guía de acciones para una inclusión sociolaboral de travestis, transexuales y transgéneros* de PNUD (2017), se cita la investigación más importante en la Argentina que realizaron Lohana Berkins y Josefina Fernández ("La gesta del nombre propio") sobre el tema. Según el estudio, 94,8% de las personas transgénero se encuentran fuera del mercado de trabajo formal, 73% no completaron el nivel secundario y 16% no culminaron el nivel inicial.

La baja inserción laboral, sin duda, se relaciona principalmente con prejuicios sociales con respecto a esta población y al tipo de trabajos en los cuales son aceptadas estas personas. Pero también es cierto que la deserción escolar producto de la misma discriminación hace que se reduzcan mucho las posibilidades de ingreso al mercado laboral.

Es posible que algunos profesionales tengan nociones estereotipadas de las cosas en que una persona transgénero puede ser buena y en las que no, y esto puede afectar sus decisiones. Algunos consideran por ejemplo que no van a encajar en puestos de contacto con los clientes.

En el caso de Sodexo Argentina, han incorporado a personas trans. La empresa brinda servicios de comedor y limpieza a otras empresas, por lo tanto, los empleados que se incorporan terminan trabajando en las oficinas o plantas del cliente. Giselle Castro explica:

> Tuvimos que hablar con nuestro cliente porque necesitábamos su validación, pues no iba a interactuar solo con el plantel de empleados del sitio al que iba a ser asignado, sino también con el usuario final del cliente. Para esto, hay que pensar en organizaciones que tengan una sensibilidad similar a la nuestra respecto del tema y que permitan que la persona, el equipo y el cliente se sientan cómodos y la incorporación sea un éxito.

Cuando a Giselle Castro se le consulta acerca de la experiencia de incorporar personas trans, nos cuenta lo siguiente:

Con los equipos de donde iban a trabajar y con sus líderes hicimos una capacitación en sesgos inconscientes en general durante la cual se enfocó la identidad de género y la diversidad sexual. Cuando, un tiempo más tarde, en una reunión se le solicitó al jefe contar cómo fue el primer día de esta persona, él dijo: "No tengo nada para contar. Le entregué el uniforme, le presenté al equipo, le asigné las tareas y se puso a trabajar como ocurre con cualquier otro empleado". "No hubo ningún inconveniente respecto de su condición de género con sus compañeros o superiores. La chica trabajaba en un puesto de limpieza y la única queja que se recibió fue porque no limpiaba bien, es decir por cómo hacía la tarea y no por ser una mujer trans". Está bueno que el supervisor no tenga nada para contar. Es un nuevo empleado como cualquier otro y hay que tratarlo de esa manera. Todo el proceso de sensibilización con los líderes y con el equipo contribuye sin dudas a que esto sea así.

Los profesionales de RR. HH., si no tienen cierta conciencia de la temática, podrían no saber cómo abordar algunas cuestiones sobre el lenguaje adecuado en las entrevistas. Lo más habitual reside en conocer qué pronombres utilizar con una persona transgénero. Lo mejor es identificarlos de la manera que ellos prefieran. Es conveniente, en el momento de contactarlos telefónicamente o en la entrevista, preguntar el nombre y los pronombres que prefieren. En la página web de Human Rights Campaign (s. f.), el artículo "Preguntas frecuentes sobre el tema transgénero", explica que "Las personas transgéneros deben identificarse con su pronombre de preferencia. A menudo, este pronombre corresponde al género con el que se identifican. ¿No está seguro? Algunas personas transgénero no creen en el género binario y prefieren no usar pronombres asociados con hombres (el) o mujeres (ella); en cambio, prefieren que la gente use simplemente sus nombres o pronombres sin género como 'su' o 'ellos'".

Una colega que trabajó en una empresa multinacional de primer nivel me contó que habían incorporado a una persona trans hace aproximadamente 10 años y que fue realmente muy complicado. En el corporativo decían que había que registrar el ID con el nombre que figuraba en su documento, aunque su aspecto físico era el de una mujer y se presentaba como Carla. Algo parecido le pasó con un empleado peruano que contó que en Perú no hay una ley sobre identidad de género y lo obligaban a ponerse el cartel con su nombre de hombre, aunque se sentía y vestía como mujer.

Es importante entender que, en la Argentina, este cuidado en el trato no es solo una cuestión de respeto hacia la persona y su identidad de género. No implica solamente una decisión personal, sino que está reglamentado en la Ley 26.743 (2012) de Identidad de Género. En ella se establece que "deberá respetarse la identidad de género adoptada por las personas, […] que utilicen un nombre de pila distinto del consignado en su documento nacional de identidad. A su solo requerimiento, el nombre de pila adoptado deberá ser utilizado para la citación, registro, legajo, llamado y cualquier otra gestión o servicio, tanto en los ámbitos públicos como privados".

Selección de personas con discapacidad

Las personas con discapacidad son aquellas que presentan alguna deficiencia física, mental, intelectual o sensorial que puede impedir su participación en un trabajo o en su vida social en igualdad de condiciones con las demás.

A continuación, se detallan las más habituales:

- **Motriz:** es la limitación o pérdida de la capacidad de una persona para caminar, realizar algunos movimientos o sostener determinadas posturas.
- **Visual:** es la carencia, la disminución o los defectos de la visión.

- **Auditiva:** cuando una persona ve disminuida o pierde, parcial o totalmente, la capacidad de escuchar.
- **Visceral:** consiste en el daño y/o la limitación de la función de uno o más de sus órganos internos. Estas personas pueden encontrar importantes barreras y dificultades, aunque no sean perceptibles por los demás.
- **Intelectuales y mentales:** las intelectuales se caracterizan por una disminución o limitación de las funciones mentales superiores (pensamiento, lenguaje, aprendizaje, dificultades de comprensión y de la conducta adaptativa). A veces algunas de estas vienen acompañadas por discapacidad motriz. Las mentales son enfermedades como la psicosis, esquizofrenia, entre otras, que no afectan la capacidad mental.

Antes de la entrevista

Antes de la entrevista es necesario tener en cuenta algunas cuestiones que no se consideran con respecto a otros postulantes.

Requerimientos específicos: preguntar al candidato si requiere algo específico, una silla de ruedas, un intérprete, un espacio determinado, etcétera.

Tiempo de la entrevista: disponer de tiempo suficiente para el encuentro. Muchas veces, el ingreso y traslado de la persona puede ser mayor del habitual, así como la duración de la entrevista. Es conveniente detallar con la mayor precisión posible la duración de la entrevista, pues algunas personas necesitan coordinar que las pasen a buscar.

Citación: según el tipo de discapacidad puede requerirse una modalidad específica de citación. Esto suele explicitarse en el currículum o a través de la institución que estableció el vínculo con la empresa. Si la persona tiene una discapacidad auditiva, será necesario contactarla por mail, WhatsApp o realizar directamente una videollamada.

Por otra parte, sería conveniente informarle al candidato si la empresa dispone de estacionamiento (algunos tienen autos adaptados o pueden ir acompañados) e indicar la entrada de la empresa con acceso para personas con discapacidad motriz si fuera necesario.

Lugar: habrá que evaluar el lugar más indicado de la empresa para realizar la entrevista, teniendo en cuenta el traslado hacia el mismo, el espacio de la sala y la disponibilidad de baños. Si bien las empresas más modernas suelen ya ofrecer condiciones edilicias adecuadas para personas con discapacidad, muchas otras todavía no las tienen.

Trato: la persona con una discapacidad debe ser tratada de la misma manera que cualquier otro candidato. Se le puede estrechar la mano, incluso cuando no pueda utilizar sus manos en forma adecuada o utilice prótesis. Si la persona no puede darle la mano, está bien darle una palmada en el hombro o el brazo a modo de saludo. En Argentina, es muy habitual recibir a un candidato y saludarlo con un beso. Se deberá actuar según la costumbre de la empresa o del país.

Comunicación: si la persona está acompañada, deberá tener la precaución de mantener la comunicación y el contacto visual con el postulante. Si tuviera una discapacidad visual, es imprescindible informar si el entrevistador está acompañado y nombrar a cada una de las personas que participen de la charla.

Ayuda: es correcto ofrecer ayuda de manera respetuosa. Siempre es conveniente preguntarle a la persona si requiere algún tipo de ayuda. Si ella lo solicita, se puede guiar la silla de ruedas, tomarla del brazo o cualquier otra cosa que pida. Si no lo hace, hay que respetar esta decisión.

Si bien estas son algunas recomendaciones generales, hay un tema importante para no perder de vista. Estas personas están participando de un proceso de selección, por ende, así como se tiene en cuenta en cualquier candidato la forma de desenvolverse durante el proceso, se hace lo mismo con una persona con discapacidad. Cómo se maneja en el ingreso a la empresa, cómo se desenvuelve durante las entrevistas, cómo se las arregla frente a un obstáculo son consideraciones que forman parte de la observación imprescindible para evaluar el grado de autonomía que la persona tendrá cuando empiece a trabajar. Con frecuencia se comete el error de ir a buscarla a la recepción, priorizar su ingreso o actitudes similares. Esto impide conocer realmente cómo se maneja la persona en situaciones de la vida cotidiana de un trabajo.

Durante la entrevista

La premisa más importante para aplicar al entrevistar a una persona con una discapacidad es hacerle las mismas preguntas que se le haría a otro candidato. Se indagan sus capacidades de la misma manera que en cualquier entrevista laboral. El énfasis debe colocarse en la identificación de las experiencias y competencias que se requieren para el puesto. No se deben realizar preguntas sobre la discapacidad como para averiguar su origen o su patología. Si la persona llegó a esa instancia presentada por una ONG especializada, esta ya se ocupó de evaluarla e informó a RR. HH. que estará en condiciones de realizar la tarea. Sería adecuado consultar a la organización cuando se justifique por las características del trabajo. En particular, cabe conocer los requisitos ineludibles para que la persona pueda desempeñarse cómodamente y evaluar qué tipo de adaptación del entorno físico debería asumir la empresa a tal efecto.

Adriana Hönig está convencida de que

> el tema de la discapacidad tiene que ver más con el prejuicio de la sociedad que con lo que le pasa a esa persona en su interior. Si partimos de ese enfoque podemos realizar cualquier pregunta porque es como cualquier otra persona. La gente con una discapacidad se siente discriminada cuando se la trata con cuidado. Una persona con una discapacidad está ansiosa por que la traten

como una persona común. Cuando se las trata así, se sienten por fin, tratadas como "personas" en igualdad de condiciones. Están acostumbradas a que se las considere con discriminación o con un cuidado especial. Cuando llegan a un ámbito donde se las considera como iguales, se sienten bien.

La gran mayoría de las personas con una discapacidad no suelen tener experiencia laboral. Un buen comienzo para encarar la entrevista sería preguntar por qué quiere trabajar. No es un tema menor. ¿Fue impulsada por la familia?, ¿Es un interés genuino de la persona porque quiere sentirse útil y ganar su dinero?, ¿Es la ONG la que la estimula a conseguir un trabajo? Esto es muy importante porque puede ocurrir que no sea motivada por un deseo propio y esto se verá reflejado en el trabajo y en su desempeño.

Entrevista con discapacitados motrices
- Ofrecer ayuda al postulante y esperar a que sea aceptada. Es importante no actuar sin su consentimiento. Algunas personas pueden sentirse desvalorizadas y consideradas incapaces de valerse por sí mismas. Si es aceptada, deberá solicitar las indicaciones para hacerlo de la mejor manera.
- Evitar apoyarse en la silla de ruedas u otro tipo de asistencia que utilice la persona, pues forma parte de su espacio corporal.

Entrevista con discapacitados visuales
- Identificarse y presentar a las otras personas que participen de la entrevista. Explicar dónde se ubica cada uno respecto del candidato (a su derecha, enfrente, etcétera).
- Informar al entrevistado si alguien ingresa a la sala y presentarlo. Es conveniente evitar moverse de lugar durante la entrevista.

- Mencionar su nombre cada vez que se dirige al postulante.
- Saludar verbalmente si la persona no extiende la mano para saludarlo.
- Colocar la mano del entrevistado en el respaldo o brazo de la silla para invitarlo a sentarse. Ofrecer indicaciones verbales si es necesario.
- Si se realizaran evaluaciones en una computadora es necesario asegurarse de que la misma cuenta con los programas lectores de pantallas o sintetizadores de voz.
- Evitar expresiones como "ahí", "allá". Se debe ser más específico: "a su derecha", "al frente". Es habitual cometer este error. Este comportamiento se modifica con la práctica.
- Cuando el postulante viene acompañado de un perro guía, es necesario tener la precaución de no buscar contacto visual con él, hablarle o acariciarlo. Ello puede distraerlo de su tarea, que es cuidar al dueño.

Cecilia Ortega, exgerenta de Galicia Seguros, comparte una experiencia:

En una empresa multinacional donde trabajé se desempeñaba una mujer joven no vidente con un horario reducido de solo cuatro horas. Desde el área de sistemas le habían instalado en la computadora un sistema que le servía de traductor y que le permitía desempeñarse sin ningún inconveniente. Lo particular de este caso es que ella iba todos los días acompañada de su perro. El perro se acostaba a sus pies y se quedaba quieto durante toda la jornada. A los compañeros se les había advertido que tenían que respetar al perro y no jugar con él, porque él estaba cumpliendo con su función de cuidado. Por lo tanto, no había que molestarlo. Solo con esa adaptación del sistema y un espacio para que el perro pudiera quedarse a su lado, pudo ir y volver de la oficina y realizar su trabajo sin inconvenientes.[7]

---

7 Comunicación personal, 16 de agosto de 2020.

Entrevista con discapacitados auditivos

- Averiguar antes de la entrevista si el candidato sabe leer los labios, si requiere de un traductor o si utiliza algún dispositivo tecnológico de soporte.
- Hablar siempre de frente al entrevistado incluso durante el trayecto a la sala de entrevista.
- Adoptar un ritmo lento y una buena modulación. No es necesario levantar la voz. Solo si la pérdida de audición es parcial y el candidato lo solicita.
- Evitar taparse la boca al hablar. Leer los labios es la forma de recibir los mensajes que tienen las personas con disminución de la audición.
- Contar con un block de notas para poder utilizarlo en el caso de no lograr una buena comprensión oral y necesitar escribirle alguna frase o pregunta.
- Dirigirse siempre a la persona, aun si un intérprete participa de la reunión.
- Brindar por escrito la información de la empresa y de las condiciones de contratación, siempre que sea posible.

Entrevista con discapacitados intelectuales y mentales
Las discapacidades intelectuales implican comportamientos y limitaciones muy distintos de las mentales: dificultades del habla, para comprender oraciones complejas, para leer, para recordar, entre otras. A continuación, desarrollamos algunas sugerencias para entrevistar postulantes con discapacidades intelectuales. No obstante, la forma de actuar dependerá de si el grado es leve, moderado o severo y deberá ajustarse a la situación de cada candidato. Las discapacidades mentales no afectan la capacidad mental, por lo tanto, no se requiere un trato especial.

- Tratar al postulante como a cualquier otro candidato. Evitar infantilizarlo. Es un adulto.

- Indagar su independencia en las tareas que realiza en el hogar y en sus desplazamientos en la vía pública.
- Usar un vocabulario concreto y simple. Evitar tecnicismos o conceptos abstractos, para facilitar su comprensión.
- Es fundamental realizar preguntas cortas y precisas que no generen dificultad de interpretación.
- Brindar ejemplos siempre que se observe que no se comprendió una pregunta o algún comentario.
- Observar el lenguaje corporal. Si existen dudas de que el candidato esté entendiendo correctamente debería realizarle alguna pregunta de comprobación.
- Si tiene trastornos del habla es necesario prestarle la mayor atención. Puede ocurrir que se exprese de manera más lenta o que arrastre las palabras.
- Si el entrevistador no entiende lo que dice el entrevistado, debe pedirle respetuosamente que repita la respuesta o expresar lo que entendió y pedirle la confirmación de que comprendió correctamente.
- Hay que evitar corregir al postulante y más aún, apresurarse a completar su frase. Es necesario mostrarse paciente para que la persona se pueda desplegar sin presiones.
- Es primordial concederle un tiempo suficiente para responder. Las personas con este tipo de discapacidad suelen necesitar más tiempo para procesar la pregunta y formular su respuesta.

Después de la entrevista

Las evaluaciones complementarias
Si durante la entrevista hay que tratar a todas las personas de la misma manera, lo mismo cabe cuando se realizan evaluaciones complementarias. Es imprescindible que todos los

candidatos estén en igualdad de condiciones para llevarlas adelante. En los casos de personas con una discapacidad, a veces, es necesario realizar algún ajuste razonable para que ella pueda cumplir con la evaluación. Por ejemplo, se puede requerir un intérprete de lenguaje por señas, material en braille o en formato de audio. Para ello, se debería solicitar a los candidatos que indiquen con anticipación si tienen requerimientos específicos o de adaptación del entorno para participar de la evaluación.

Hay que tener presente, como se explicitó en el Capítulo 2, toda la experiencia de valor del proceso. Si las evaluaciones complementarias se hacen fuera de la empresa, habrá que incluir a los proveedores externos para asegurarse de que pueden realizar estos ajustes o coordinar con ellos para ayudarlos desde la empresa.

La incorporación deber ser funcional al negocio

Todos los entrevistados concuerdan con que una condición necesaria e imprescindible de la gestión de la diversidad es que las personas que se incorporen sean funcionales para la empresa. Giselle Castro lo expresa así: "No es un gesto de altruismo. Tiene que ver con el negocio y con encontrar talentos diversos que sean útiles y necesarios para él. No hay que inventarle el puesto a una persona porque tenga que cumplir con algún indicador, porque esas incorporaciones no suelen tener éxito".

Por su parte, Mariana Kämpfer menciona que "el éxito de la inserción de una persona con discapacidad es que se desempeñe en una función y agregue valor a la organización. No queremos tener una persona con discapacidad como una cuestión de beneficencia o de cumplir con un cupo, sino que buscamos que logre una experiencia genuina de desarrollo en el ámbito laboral".

Lamentablemente, esto no siempre es así. En una agencia de la AFIP hay un empleado con una discapacidad que le afecta el habla. Lo pusieron a trabajar en informes. Cada persona que ingresa es atendida por él con muy buen trato y máxima disposición, pero su dificultad para comunicarse hace que se produzcan extensas colas esperando su atención porque no se le entiende lo que dice. Esta parece una de esas incorporaciones disfuncionales. Su discapacidad le impide cumplir bien con las tareas encomendadas y lo lleva seguramente a una situación de insatisfacción y sufrimiento. Tal vez en un puesto de archivo o administrativo podría destacarse y sentirse menos expuesto.

Suele ocurrir que las empresas usen el tema de la diversidad para generar un beneficio impositivo o mejorar su imagen como marca empleadora. En estos casos, cuando la incorporación de empleados diversos no es genuina, no es sustentable en el tiempo para la organización. Pero, especialmente, puede ser muy dañina para el nuevo empleado que llega con expectativas de un cambio importante en su vida y, finalmente, es maltratado por sus compañeros o puesto en una tarea que no puede realizar.

Llevar adelante la gestión de la diversidad implica una apertura de mente, una sensibilidad y respeto por un "otro" distinto. Para ello, tiene que existir un fuerte compromiso político de la dirección y del área de RR. HH., acompañado de políticas claras que favorezcan la diversidad y la inclusión.

CAPÍTULO 6

ASSESSMENT CENTER: CÓMO IDENTIFICAR LAS COMPETENCIAS EN ACCIÓN

Historia del *assessment center*

Las grandes guerras, además de traer miserias y dolor, han sido motores de los principales desarrollos tecnológicos de la humanidad. Las ciencias sociales no están exentas de estos fenómenos. Verónica Botto en su artículo "Detección y desarrollo del potencial: El Assessment Center" (1995) explica que los primeros desarrollos del *assessment center* (AC) se iniciaron en Alemania al finalizar la Primera Guerra Mundial, para elaborar una metodología que permitiera evaluar y seleccionar de una manera efectiva a sus oficiales. El AC se vio impulsado más tarde durante el gobierno nazi como herramienta de evaluación obligatoria de todos los candidatos a oficial y en él participaban miembros de las fuerzas armadas y psicólogos. Durante la Segunda Guerra

Mundial, y a partir de las experiencias desarrolladas en la Alemania nazi, se crean en el Reino Unido (1942) los *War Office Selection Board* (WOSB), o equipos de evaluación constituidos por personal militar y profesionales de psicología, incorporando evaluaciones y simulaciones individuales y grupales.

Al mismo tiempo, pero en Estados Unidos (1945), nace el *Office of Strategic Services* (OSS), cuyo objetivo principal era la selección de personal cualificado, aunque en este caso para el servicio secreto. A diferencia de lo que se hacía en Alemania y en el Reino Unido, el equipo observador incluía más integrantes vinculados a las ciencias sociales y a la psicología que en el caso inglés. Es en esta experiencia en que se incluyen, aparte de tests, discusiones y ejercicios grupales tales como simulaciones o juegos, construcción de torres, *collages*, etcétera.

Es a partir del éxito en el ámbito militar cuando se empieza a utilizar en el universo empresarial. En su trabajo "Desarrollo metodológico de un assessment center basado en un sistema de gestión por competencias", Olaz Capitán (2011) destaca que el primer registro que se tiene es de 1956, cuando la firma AT&T (American Telephone & Telegraph Company) desarrolló un programa llamado Management Progress Study, en el que se aplicó el AC y se estructuró en torno a una entrevista, ejercicios *in basket, role-play*, grupos de discusión y varios test.

Desde ese momento, el AC se instaló como una efectiva técnica, tanto para selección como para procesos de evaluación de potencial y desarrollo dentro de las organizaciones.

Definición de *assessment center*

Se encuentran varias definiciones de AC. Jaime Grados Espinosa (2004) lo define en su libro *Centro de evaluación: Assess-*

ment Center como "un método que aplica una serie de ejercicios, con el fin de que cada candidato evaluado tenga la oportunidad de demostrar sus habilidades y competencias a los observadores que lo están evaluando" (p. 22).

Una definición más adecuada podría ser que el AC consiste en una metodología de evaluación grupal en la que varios candidatos realizan (en forma grupal o individual) una serie de actividades especialmente diseñadas para que puedan desplegar sus competencias con el fin de ser estas evaluadas por un grupo de evaluadores. De esta manera, permite evaluar las competencias de las personas que participan del mismo, ya sea para una búsqueda de personal, una promoción interna o un plan de desarrollo.

Los objetivos principales del AC son los siguientes.

- Evaluar capacidades y conductas de las personas en interrelación con otras, así como sus habilidades y capacidades técnicas para resolver problemas que les permitan desempeñarse en un puesto de trabajo.
- Detectar el potencial de los evaluados, identificando las competencias que le permitirían a una persona desempeñarse en un puesto de mayores responsabilidades a corto plazo. Es una metodología especialmente adecuada para evaluar el potencial de una persona para una promoción o para identificar *key people* en una compañía para un plan de sucesión.

Tanto la entrevista por competencias como el AC son herramientas probadas para seleccionar personal. En ambas se pueden evaluar competencias con un buen nivel de precisión. Algunas características distintivas del AC se detallan a continuación.

Participación de integrantes de las áreas: un distintivo del AC es que participan personas de otras áreas. A menudo ayudan al área de RR. HH. en la etapa de diseño, colaborando por lo general en el desarrollo de un caso. Pero fundamentalmente, participan como observadores durante la actividad. Esto es de gran valor porque pueden aportar su mirada en la evaluación final, que sirve para alinear cuestiones culturales o de estilo de las áreas implicadas.

Multiplicidad de observaciones: la evaluación y la decisión final se definen a partir de los comentarios de observadores de RR. HH., de consultores externos (cuando intervienen) y de miembros de la línea. **Esta combinación de miradas enriquece considerablemente el proceso y es una de las razones por las cuales la herramienta es tan fiable.**

Efectividad en poco tiempo: permite una selección de varios candidatos al mismo tiempo de manera muy efectiva. Este es el motivo por el cual es altamente utilizado para búsquedas masivas, puestos de alta rotación y programas de jóvenes profesionales.

Poca tensión generada: por tratarse de actividades similares a las del ámbito laboral y en su gran mayoría lúdicas, esta técnica favorece una situación de evaluación relajada para el participante. Esta sensación contribuye a que las personas puedan descuidar el rol que tienen integrado, para participar en forma genuina en un proceso de selección y mostrarse como son. No significa que pierdan completamente la noción de que están siendo evaluadas, sino que, entusiasmadas por la dinámica que se les propone, dejan salir "su niño interior" y concentran su atención en la resolución de la actividad que tienen que realizar.

Esta situación distendida que genera el AC también promueve que afloren comportamientos que no aparecerían en una entrevista de selección. Suele ocurrir que surjan manifiestamente conductas desviadas (gritos, comentarios fuera de lugar a un participante, etc.) o disruptivas del funcionamiento de un equipo (intransigencia, oposicionismo, etcétera).

> Hace varios años estábamos realizando un proceso de evaluación de potencial de todos los supervisores de la fuerza de ventas de una empresa multinacional. El equipo de evaluación estaba conformado por tres miembros de la consultora, la gerenta de RR. HH. de la compañía y dos gerentes de otras áreas. El proceso de AC se realizó durante dos días. Hacia el final de la segunda jornada, los candidatos tuvieron que resolver un caso que habíamos diseñado especialmente para la empresa. Uno de los participantes tomó la iniciativa y estaba escribiendo en una hoja las conclusiones que iban aportando los otros integrantes. De pronto, uno de los supervisores se levantó, fue hasta él y, agarrando la hoja y haciéndola un bollo, dijo: "Yo no estoy de acuerdo con esto". Todos nos quedamos atónitos observando esa reacción.

Estas situaciones no son habituales y cuando suceden, no suelen ser tan vehementes como en el caso mencionado. Sin embargo, ocurren en algunas oportunidades de manera más sutil. Suele decirse que el AC es una técnica que permite ver "el codazo al compañero", es decir, esas conductas desleales o disruptivas que no se detectan con otras técnicas de selección.

Ventajas y desventajas del *assessment center*

El AC es una metodología de evaluación que no se basa en inferencias sobre las competencias de los participantes, sino en la observación directa de la persona en acción para comprobar sus conductas a partir de los ejercicios de simulación. El AC se caracteriza por presentar algunos componentes que minimizan la subjetividad y aseguran una alta fiabilidad.

1. *Competencias definidas con indicadores conductuales:* una característica del AC es que es una metodología sumamente estructurada, que tiene muy bien definidas las competencias que se van a evaluar. Es muy conveniente contar con un diccionario de competencias con los descriptores de conductas, para facilitar la observación común y llegar a un acuerdo entre los distintos evaluadores respecto de la evaluación.

2. *El diseño de las evaluaciones situacionales:* parte de la estructuración de la metodología consiste en que cada una de las actividades que se realizan durante el AC debe estar especialmente diseñada para que se pongan en juego las competencias específicas que es necesario evaluar. Cuando esto no ocurre, estas no se pueden observar o no aparecen.

3. *Una evaluación múltiple:* otra característica del AC que contribuye a su fiabilidad es que la observación de las conductas de los participantes es realizada por varias personas y la evaluación definitiva es el resultado del entrecruzamiento de miradas. **De esta manera, la subjetividad de cada uno se "objetiviza" en una confluencia de observaciones que culmina en un acuerdo sobre las competencias de las personas evaluadas. La discusión final entre todos los observadores minimiza los prejuicios y permite una evaluación mucho más fiable.**

Etapas en el desarrollo de un *assessment center*

Todo AC está compuesto por tres etapas. En los casos en los que el AC sirve para un proceso interno de la empresa, se implementa una cuarta etapa, que es el *feedback* a los empleados.

Primera etapa: preparación

Clarificación de los objetivos y el grupo target

Lo primero que se debe realizar para emprender un AC es definir su objetivo. En función del objetivo se llevan adelante distintas estrategias de preparación y comunicación.

- *Selección externa:* como en cualquier selección externa, cabe definir los medios de reclutamiento adecuados para tal fin. No obstante, en estos casos corresponde atender algunos cuidados en cuanto a la citación. Se debe explicar que se participará de una actividad de evaluación grupal y que esta implicará una duración determinada. De esta manera, el candidato puede organizarse o desistir. No es necesario brindar una explicación detallada y mucho menos contar el tipo de actividades previstas. En los programas de jóvenes profesionales y pasantías es muy importante la preparación de la promoción del programa para fortalecer la marca empleadora. Quien contacte a los candidatos deberá tener un *speech* muy bien preparado sobre la empresa y el programa, para que el candidato pueda abordar la propuesta y decidir si desea asistir con toda claridad.

> Durante mucho tiempo hicimos el programa de jóvenes profesionales para una empresa multinacional europea. La compañía era muy cuidadosa de su imagen de marca y debimos extremar los recaudos en la comunicación. Todos los miembros de la consultora fueron instruidos en la propuesta para que en cualquier contacto que tuvieran con los postulantes pudieran brindar respuestas o clarificar algún aspecto durante todo el proceso. Dos personas del equipo se ocuparon del primer llamado de los postulantes. Redactamos un *speech* que fue revisado por nuestro cliente y sirvió de guía para los llamados durante todo el programa. Aquello permitió que ninguna información mal interpretada interfiriera el proceso en instancias más avanzadas.

- *Promoción interna o evaluación de potencial:* estos procesos generan fuertes expectativas en los participantes. La postulación significa empezar a trabajar en el área de su formación profesional o un ascenso esperado. Esta situación implica un abordaje muy distinto del mencionado anteriormente. Es fundamental que exista una política clara de los requisitos del proceso y que sea bien comunicada a todos los participantes, en pos de evitar suspicacias o malentendidos, pero esencialmente para encauzar las expectativas.

> En una oportunidad hicimos un proceso de evaluación en una empresa líder de la industria del acero. Los participantes iban a ser evaluados para determinar quiénes eran clave para una planificación de cuadros de sucesión. Se presentó un empleado y preguntó: "¿Aquí es el curso?". Sorprendidos, tuvimos que explicarle que no iba a participar de un curso, sino que se trataba de un proceso de evaluación grupal. Siempre me pregunto cómo se habrá sentido ese hombre durante el proceso. ¿Qué fantasías rondarían en su cabeza mientras analizaba un caso o resolvía un juego? "¿Me estarán por despedir? ¿No estarán conformes con mi desempeño? ¿Me van a promocionar?". Esa persona, seguramente, no participó de la evaluación de la misma manera que si le hubieran comunicado claramente su propósito.

Otro aspecto para tener en cuenta en un proceso interno es que al finalizar corresponde transmitir algún *feedback* al empleado. Esto es fundamental para que su participación no impacte en su motivación para continuar trabajando en la empresa. En una entrevista individual se debería compartir la evaluación y diseñar un plan de desarrollo personal que le permitiera fortalecer aquellas competencias más débiles. De esta manera, la instancia de evaluación, aunque no cumpla con sus expectativas, le dará una oportunidad única de seguir trabajando para progresar en su carrera en otro momento. Se recomienda que estas evaluaciones sean realizadas por un equipo externo y con mucha experiencia. No es fácil darle *feedback* a una persona que no ha tenido un buen desempeño en el AC. El informe tiene que estar bien sustentado y para eso se necesita un muy buen entrenamiento.

Definición del perfil

En un capítulo anterior se explicó en detalle la importancia de contar con una clara definición del perfil. Eso es imprescindible para cualquier proceso de evaluación con AC.

La particularidad de esta metodología es que son varias las personas que evalúan. Si cada observador tiene una interpretación distinta de una competencia, es probable que no estén todos observando y registrando los mismos comportamientos. Este es un riesgo que no se puede correr. Por lo tanto, es imprescindible contar con un diccionario de competencias, las conductas indicativas y la valoración para cada puesto, con el objetivo de alcanzar el mayor nivel de fiabilidad de los resultados con el AC.

Para utilizar el AC como una herramienta de selección o evaluación de potencial, una empresa debe disponer de una descripción de las competencias que necesita evaluar y, mínimamente, de los principales comportamientos que dan cuenta de estas. Cuando esto no ocurre, se puede utilizar el mapeo de competencias desarrollado en el *paper* "Mapeo de competencias: una herramienta útil y práctica para definir competencias".[8] Es una técnica rápida, sencilla y efectiva para definir las competencias requeridas para un puesto. Además, permite realizar su descripción y su valoración. Se lleva a cabo con la participación de representantes de la línea y de RR. HH.

Esta técnica no reemplaza el trabajo profundo que implica la realización de un modelo de competencias con su

---

8   https://www.academia.edu/68828776/Mapeo_de_competencias_una_
    herramienta_%C3%BAtil_y_pr%C3%A1ctica_para_definir_competencias

respectivo diccionario. En estos casos se inicia el proceso con el máximo nivel de dirección para averiguar el rumbo estratégico de la empresa y se empieza trabajar en torno de las competencias específicas que se requieren en la organización para sostenerlo. A continuación, se desarrollan entrevistas en distintos niveles de la compañía para construir la definición de la competencia y de los comportamientos respectivos. No obstante, cuando se tiene que hacer un AC y la empresa no cuenta con las definiciones de competencias, esta técnica es de suma utilidad.

El carácter enriquecedor y, a su vez, fiable del proceso reside en que su resultado surge del entrecruzamiento de miradas de distintas personas que, conociendo la posición, realizan un aporte valioso.

Indicadores de comportamientos

Las competencias son comportamientos observables. En un AC se observan los comportamientos que muestran los participantes actuando en las distintas dinámicas. Para evaluar si una persona tiene determinadas competencias deberíamos identificar las conductas que describen esas competencias.

Si la competencia es escucha activa, se pueden identificar algunas conductas indicativas de la presencia de esa competencia cuando una persona:

- No interrumpe a quien está hablando.
- Realiza una pregunta claramente relacionada con lo que está diciendo la otra persona.
- Parafrasea para asegurarse de que se entendió.
- Mira al interlocutor y está atenta a sus palabras.

Estos comportamientos dan cuenta de la competencia y su identificación permite afirmar que una persona cuenta con esa competencia.

Cuando se dispone de un diccionario de competencias que ofrece un detalle como este, todos los evaluadores pueden acordar si una persona mostró reiteradamente esa competencia durante la actividad.

Segunda etapa: estructuración y diseño de las actividades

Una vez establecido el objetivo del AC y definido claramente el perfil del puesto con sus respectivas competencias, se inicia la etapa de estructuración y diseño de las actividades.

Esta etapa tiene dos objetivos:

- Diseñar las distintas dinámicas para que, a partir de ellas, se puedan observar todas las competencias que se requiere evaluar.
- Organizar las actividades y darles un ordenamiento acorde con lo que se espera del AC.

El AC es una metodología de selección que utiliza durante el proceso una serie de evaluaciones de situaciones. Según De Ansorena Cao (1996), una evaluación situacional es "una situación-test que reproduce el comportamiento real del candidato en el puesto de trabajo. Se trata de poner a los candidatos en situaciones similares a las que ellos deben resolver en el puesto para el cual son seleccionados" (p. 125).

El AC se caracteriza por utilizar evaluaciones grupales, pues al ser una actividad grupal permite ver las competencias que se despliegan en situaciones de interrelación grupal como liderazgo, negociación, etc. No obstante, suele ser adecuada la utilización de evaluaciones individuales cuando se quiere profundizar en algún aspecto técnico o de desempeño individual.

Las evaluaciones situacionales

Rol playing

El *rol playing* es una técnica muy reconocida y tal vez una de las más usadas en AC. No obstante, es también la que se realiza en forma más informal y, por ende, no suelen tomarse recaudos para asegurar su fiabilidad.

Se le plantea al participante una situación determinada que tiene que resolver en interacción con otra persona bajo el formato de una entrevista. La situación puede ser muy variada y depende del perfil. Se usa normalmente para puestos de venta o de atención al cliente, pero también como una reunión de *feedback* de un supervisor con su colaborador.

El secreto para que esta técnica sea efectiva está en el diseño de la actividad y muy especialmente en el rol del entrevistado. Hay tres modalidades habituales para diseñar un *rol playing*.

El entrevistado es uno de los participantes: cualquier actividad que se plantea en un AC tiene que ser productiva, es decir que la participación activa de las personas permita la puesta en juego de las competencias. Cuando se diseña un *rol playing* donde el participante hace de cliente o colaborador, se corre un riesgo muy grande pues no se tiene control sobre el dispositivo que se utiliza. No se sabe cómo se va a llevar adelante el rol y si lo que hace el "vendedor" o el "jefe" permitirá desplegar las competencias del evaluado.

Puede ocurrir que el entrevistado quiera venderle un producto al cliente y este último rápidamente acepte el producto y se concrete la compra, o, por el contrario, que el comprador se ponga obstinadamente firme en su negativa y se oponga a todos los argumentos que se presenten. En cualquiera de los casos la interacción no permite observar las competencias del vendedor.

Para tener más control de la situación y lograr una mayor efectividad es necesario diseñar una consigna que les aclare a los participantes cómo se espera que se juegue el rol de cliente/colaborador. Esto puede mejorar la producción de los clientes/colaboradores y hacer que esta sea más acorde con los intereses del selector.

El entrevistado es un empleado de la empresa: la ventaja de diseñar el *rol playing* de esta manera es que se controla la situación. El entrevistado puede jugar ese rol realizando preguntas o poniendo obstáculos, buscando que aparezcan las competencias puestas en juego. Para que la dinámica sea efectiva se necesitan dos requisitos. En primer lugar, el entrevistado tiene que conocer muy bien el perfil del puesto y las competencias asociadas. En segundo lugar, se debe elegir una persona del equipo que tenga capacidades histriónicas.

Esta modalidad es muy recomendable y asegura una muy buena efectividad a partir de una buena producción en la interacción del *rol playing*.

El entrevistado es un actor: esta es una opción que, además de ser más costosa, es más compleja de implementar. No por eso deja de ser una muy buena opción. El actor debe pasar por una inducción en la que se le explica la técnica, el perfil de puesto y lo que se espera de su actuación. Es muy conveniente que antes de realizar el AC practique su rol con un referente de la línea o del área de RR. HH. De esta manera se garantizará una mejor actuación, pero sobre todo que pueda cumplir con el objetivo de la dinámica.

Hay otros factores para tener en cuenta a la hora de lograr que el *rol playing* sea efectivo.

El efecto halo: siempre que se use este tipo de evaluación cabe proponer que cada una de las simulaciones sea distinta de la anterior. Esto es, fundamentalmente, porque si se plantea una situación que se repite con todos los entrevistados, los últimos pueden beneficiarse de las estrategias desarrolladas por los primeros.

La igualdad de oportunidades: también es necesario que se establezca un tiempo determinado para la dinámica. En primer lugar, porque el tiempo establecido para la actividad cuando se diseñó debe ser respetado. En segundo lugar, porque cada participante debe disponer del mismo tiempo para desarrollar el *rol playing*, es decir que todos estén en igualdad de condiciones.

Análisis de casos

Los casos plantean una situación que tiene similitud con la actividad laboral de las personas involucradas. Es muy habitual que se trate de una problemática de negocios o empresarial (una campaña de marketing, el análisis de una situación de crisis, una negociación con un cliente, etc.). En estas situaciones, al reproducir la complejidad de la tarea que debería realizar el participante en su puesto, la evaluación tiene un componente técnico, además de uno actitudinal. En este caso, el resultado será evaluado técnicamente, para lo cual es imprescindible la participación de miembros de las áreas interesadas.

No obstante, también se puede plantear un caso con problemáticas ficticias, donde los recursos técnicos de los participantes no sean utilizados. Este tipo de casos permite evaluar exclusivamente las competencias que se requieren para el puesto, pero dejando de lado los conocimientos que los participantes despliegan en su rol habitual.

En un programa de jóvenes profesionales de una empresa líder en el rubro alimenticio realizamos dos instancias de evaluación con AC. La primera fue un AC general para todas las profesiones, a partir del cual se elegían los candidatos que se iban a presentar a la línea. La segunda, solo para el área comercial. En esta última, la empresa nos facilitó un caso real propio que fue enviado una semana antes a los participantes para que lo leyeran. El día del AC, se los dividió en grupos y tuvieron que armar un plan de marketing. Luego debían presentar y defender sus propuestas ante varios directores y gerentes de la compañía. De esta manera, el proceso resultó muy preciso porque tuvo dos instancias: una en la que se evaluaron competencias actitudinales y otra, en la que se evaluaron especialmente competencias técnicas.

El análisis de caso es una evaluación situacional que se puede realizar en forma individual o grupal, o también combinando ambas en una dinámica grupal. Permite visualizar la capacidad del candidato para identificar con acierto la falta de información crítica y construir un escenario posible que permita la resolución del caso. De Ansorena Cao (1996) menciona que se espera "que el candidato identifique la información relevante, la estructure de forma significativa y saque conclusiones acertadas para poder emprender acciones coherentes de corrección de la situación" (p. 127).

Este tipo de evaluaciones es de suma utilidad para detectar habilidades para resolver problemas, capacidad de análisis, toma de decisiones, además de las clásicas competencias de interacción grupal.

Ejercicios de presentación

Se trata de simulaciones en las que el participante debe efectuar una presentación, es decir, una comunicación formal. La más habitual suele ser la presentación inicial clásica del candidato: nombre, apellido, profesión, expectativas, etc. No obstante, existen numerosas formas más creativas y profundas de hacer una presentación. Muy habitual es la presentación a partir de una postal, un súper héroe, la película favorita. Cualquiera de estos dispositivos sirve para que la persona elija y muestre, en forma inconsciente, algunos aspectos de sí misma mucho más interesantes. También, como se explicará más adelante, se pueden utilizar expresiones artísticas como la pintura o la escultura, como disparadores de una presentación.

Asimismo, este tipo de simulación se puede utilizar para presentar la resolución de algún caso, tanto en forma individual como grupal. Se puede diseñar para que tengan que persuadir al auditorio o responder preguntas.

Bandeja de entrada o in basket

Esta evaluación situacional consiste en presentar al candidato un conjunto de documentos (mails, informes, resúmenes de gestión, reclamos, notas internas, evaluación de desempeño de un empleado, etc.) que podría encontrar en su computadora o sobre su escritorio un día de trabajo cualquiera.

El participante deberá atender una agenda en la que tendrá definidas distintas cuestiones para resolver, que pueden ir desde hacer un presupuesto, contestar mails, preparar un informe, entre otras. La actividad debe realizarse en un tiempo determinado, estipulado al inicio de esta. Además, se le puede brindar información adicional en cualquier momento, que lo obligue a reorganizar su plan de trabajo. Ello permite ver la forma en la que afronta un imprevisto.

En *15 pasos para la selección de personal con éxito*, De Ansorena Cao (1996) destaca que "El candidato debe resolver el conjunto de la situación con los recursos a su alcance manejando la incertidumbre y los problemas técnicos, humanos, comerciales y económico-financieros que se le propongan" (p. 127).

Las actividades de bandeja de entrada normalmente se realizan en forma individual, aunque se esté participando de una actividad grupal. Cada participante realizará la tarea por sí mismo y elaborará una presentación por escrito.

Esta técnica también se puede aplicar en un proceso de selección sin incluirla en un AC. En esos casos se diseña todo un dispositivo, complementándolo con otras evaluaciones situacionales. El *paper* "Un caso de assessment individual" profundiza en esta metodología y se toma un ejemplo como referencia.[9]

La bandeja de entrada es una evaluación muy completa e ideal para evaluar planificación, organización, administración del tiempo, toma de decisiones, etc. Cuando se la complementa con otras evaluaciones, se pueden evaluar también comportamientos interpersonales.

Juegos de negocios

Son simulaciones (generalmente con una herramienta informática) en las que un grupo de participantes compite respecto de un conjunto de tomas de decisiones sucesivas y complejas en un escenario empresarial dado. Se hacen en forma grupal o individual. Generalmente son casos de negocios donde cada participante o grupo representa una organización que compite en el mercado. Se ponen en juego numerosas variables de gestión (costos, ventas, inversiones, entre otras) que se interrelacionan de manera tal que cada decisión de una persona o un equipo condiciona el escenario de todos los participantes.

Este entorno cambiante y multivariado permite reproducir las condiciones de la toma de decisiones susceptibles de presentarse a los candidatos en su actividad profesional.

Actualmente, muchas empresas incluyen juegos de negocios en sus procesos de selección, aunque no siempre en un AC. Firmas como L'Oréal, Unilever y muchas otras utilizan estos juegos como una primera etapa de preselección dentro de un proceso.

Años atrás, era una evaluación utilizada solo en procesos gerenciales y para promociones internas dentro de

---

9   https://www.academia.edu/72091427/Un_caso_de_Assessment_Center_
    Individual

organizaciones debido a su alto costo de producción. No obstante, en el presente, la evolución de la tecnología ha permitido que muchas compañías (aunque solo las grandes) la aprovechen para búsquedas de distintos niveles.

Discusión en grupo con papeles asignados

Este tipo de evaluación es una combinación entre un análisis de caso y un *rol playing*. Consiste en presentar una problemática en forma de caso y en asignarle a cada participante un rol determinado que se establece previamente. Se debe producir una discusión en la que todos tienen que participar para resolver la problemática planteada. Lo interesante de esta dinámica es que cada uno de los roles está diseñado con algunas condiciones adversas. Esto obliga a los participantes a enfrentar la discusión en estas condiciones. Permite observar competencias de relaciones interpersonales (comunicación, liderazgo, influencia, negociación, etc.), pero especialmente la tolerancia a la frustración, la forma de enfrentar la adversidad y de buscar estrategias para minimizar debilidades y potenciar fortalezas.

> En una oportunidad, diseñamos un caso de una empresa de aire acondicionado que enfrentaba un incremento desproporcionado de la demanda debido a una ola de calor. Esta situación generaba una crisis por la cual el gerente general llamaba a una reunión a todos sus directores. Había una hoja común que explicaba el caso y la problemática que se planteaba. Cada director (un postulante) era el responsable de un área (Marketing, Ventas, Producción, Calidad, etc.) y tenía una hoja con una descripción de cuestiones relativas a su área (información concreta, datos numéricos, etc.) que podía utilizar en la reunión. La dinámica estaba diseñada para que existieran soluciones tentativas que se vieran limitadas por la información con la que contaba otro de los participantes y que esto generara discusiones más profundas y complejas. Se les pidió que en un tiempo determinado elaboraran un informe escrito destinado al gerente gene-

ral, por lo que tenían que llegar a acuerdos sobre las propuestas. En este caso introdujimos una variable sorpresa. Me presenté yo como el gerente general de la empresa y los participantes tenían que presentar la resolución del caso. La experiencia fue muy interesante porque me permitió realizar preguntas, pedir información y plantear obstáculos a las propuestas presentadas, lo que generó un despliegue muy productivo de cada uno de los participantes.

Esta variante resultó sumamente exitosa y la hemos utilizado con muy buenos resultados en numerosos AC.

Dispositivos artísticos

Muchas actividades artísticas pueden ser utilizadas en un AC. Realizar un dibujo, un *collage* o una escultura entre varias personas favorece el despliegue de varias competencias. Este tipo de dinámicas conecta a la persona con su niño interior y hace que actúe muy espontáneamente. Una de las competencias más características que revelan estas actividades es la creatividad, pero también las propias de cualquier actividad de interacción grupal: trabajo en equipo, comunicación, relaciones interpersonales, negociación, liderazgo, entre otras.

Estas actividades también se pueden utilizar a modo de presentación individual, a través de un dibujo o un *collage*, y complementarse con una presentación oral que explique la relación entre lo que hizo el candidato y su personalidad.

Usamos esta técnica en un programa de jóvenes profesionales que hicimos para una empresa de consumo masivo. Se les pidió a los participantes que hicieran un afiche publicitario con la técnica del *collage* para promocionarse para el puesto (Figura 9). Se les brindó una amplia variedad de revistas, pegamento, papeles y fibras de distintos colores, entre otras herramientas. Después de un tiempo establecido debían presentar y explicar su afiche y los aspectos personales que mostraba. Realmente fue una experiencia muy buena. Nos permitió ver cómo organizaban su trabajo (metódica o intuitivamente), su creatividad, el uso de los recursos (materiales y tiempo), la forma de exponer oralmente sus ideas y la autopercepción que manifestaban.

Figura 9. Presentación a través de un *collage* en un *assessment center*

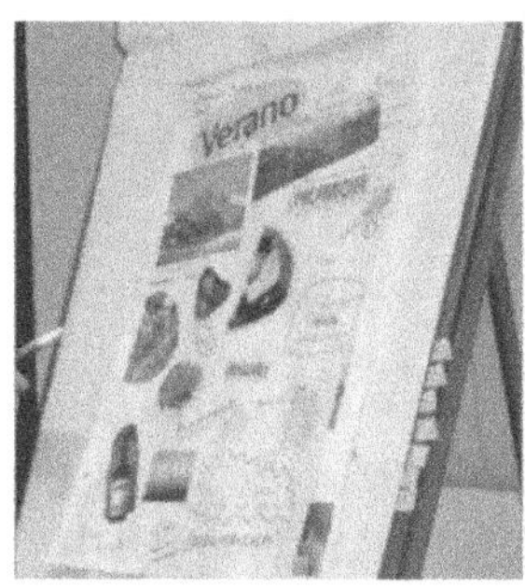

Fuente: imágenes de presentaciones a partir de un *collage* durante un programa de jóvenes profesionales en una empresa multinacional.

Juegos colaborativos y/o competitivos

De igual modo que las expresiones artísticas, el juego conecta a las personas con su niñez. Implica respeto de normas, logro de objetivos, pero también diversión. Cuando se establece una actividad lúdica, las personas dejan de lado su rol de entrevistado y se muestran en forma natural.

Una actividad muy conocida es realizar una torre, un puente, un animal, con diversos materiales. Otra consiste en realizar algún objeto con Rasti o Lego. Cualquiera de ellas permite observar a las personas desplegando varias competencias como liderazgo, trabajo en equipo, capacidad de análisis, negociación, comunicación, planificación, etc. A diferencia de un caso, su atractivo reside en que las personas "juegan" y salen de su rol habitual, y se logra de este modo una mayor espontaneidad en sus conductas.

En una empresa líder de medicina prepaga, diseñamos un juego que consistía en armar una serie de canaletas que transportaran una pelotita de ping pong. Para construirla, los participantes tenían tubos, cuerdas, cinta adhesiva, alambre y otros materiales. Se dividió al grupo en dos equipos competidores para lograr que la pelotita pasara de una punta a la otra de la canaleta en el mejor tiempo posible. En primer lugar, tenían que presentar la planificación de lo que iban a hacer y luego, llevarlo adelante. Para eso utilizaron los materiales que se les había entregado. Esta actividad reveló claramente y con mucha facilidad las competencias requeridas para el puesto mientras los postulantes jugaban y competían.

Pautas para el diseño de un assessment center

El diseño de un AC tiene distintas fases:

1. Estructuración de las actividades.
2. Diseño de las distintas actividades.
3. Puesta a prueba.

Antes de iniciar el diseño de un AC se requiere una serie de datos y de información que se deben relevar como los objetivos del AC, el perfil del puesto, las características de los participantes, el espacio donde se va a realizar y el tiempo disponible. Contar con esta información ayuda a establecer parámetros para iniciar las fases de diseño.

Fase 1: estructuración de las actividades

Elección de las dinámicas: **la primera decisión que se debe tomar es qué tipo de dinámicas realizar para identificar las competencias requeridas, en determinados espacio físico y tiempo.** Existe una metodología que puede ayudar a estructurar las actividades de un AC. Consiste en establecer una serie de dimensiones, cada una de las cuales incluye varias competencias. A continuación, brindamos un ejemplo.

Dimensión "Competencias de contacto"
- Primer impacto
- Comunicación oral

Dimensión "Contacto interpersonal"
- Confrontación constructiva
- Actitud participativa
- Influencia
- Capacidad negociadora
- Capacidad de trabajo en equipo
- Capacidad de argumentación

Dimensión "Habilidad para encarar la tarea"
- Proactividad
- Innovación
- Autonomía
- Flexibilidad

Dimensión "Sistematicidad de pensamiento"
- Análisis de problemas
- Pensamiento abstracto y analítico
- Organización y planificación del trabajo personal
- Capacidad de planificación de la tarea

Estas dimensiones fueron establecidas de manera arbitraria y se pueden adecuar según la necesidad de la empresa. A continuación, se presenta una grilla (Tabla 2) que muestra, por un lado, las dimensiones definidas, y por el otro, distintas evaluaciones situacionales.

En esta fase se establece la estructura del AC. Esto implica identificar qué evaluaciones situacionales serían recomendables para detectar de mejor manera las competencias requeridas para el puesto.

Para eso tenemos que determinar qué dimensiones incluyen a las competencias requeridas y evaluar qué tipo de evaluaciones situacionales van a permitir que estas se pongan en juego durante el AC. Por ejemplo, si se tiene que evaluar competencias de la sistematicidad de pensamiento, un análisis de caso es una muy buena opción. Si se tiene que identificar competencias de comunicación oral las presentaciones serán sumamente útiles.

La Tabla 2 es genérica. La categorización en alta, media y baja es relativa, pues depende de la forma en que se diseñe la actividad. No es lo mismo si es individual, grupal o mixta. Tampoco si incluimos una presentación. Fundamentalmente, sirve como guía, especialmente para aquellas personas que se están iniciando en el diseño de AC. Les permite ver de manera aproximada qué evaluaciones situacionales serían las más adecuadas para cumplir con los objetivos del AC.

Tabla 2. Modelo de estructuración de actividades

Evaluaciones situacionales	Dimensiones de estructuración			
	Competencias de contacto	Contacto interpersonal	Habilidad para encarar la tarea	Sistematicidad de pensamiento
Análisis de casos	Media	Alta	Alta	Alta
Ejercicios de presentación	Alta	Media*	Baja*	Baja
Bandeja de entrada	Baja	Media*	Media*	Alta*
Discusión en grupo c/ papeles	Alta	Alta	Media	Media
Discusión en grupo	Alta	Alta	Media	Media
Armado de maquetas	Baja	Media*	Alta	Alta
Dispositivos artísticos	Media	Media*	Alta	Baja
Juegos	Baja	Media*	Alta	Media*

* Según diseño.

Fuente: elaboración propia, basada en el material del Taller de Assessment center dictado por Consulting Partners (1998).

Secuencia de las actividades: una vez tomada la decisión acerca del tipo de evaluaciones situacionales a utilizar, se debe establecer la secuencia de las actividades. Para lograr un buen diseño es necesario iniciar la actividad con dinámicas más relajadas y menos invasivas, dejando para el final aquellas que tienen mayor nivel de complejidad y que implican más compromiso de parte del participante.

La primera dinámica tiene que servir también para "romper el hielo" y generar un clima distendido y amigable. Una buena secuencia ayudará a crear una atmósfera en la que los participantes se muestren más espontáneos y puedan enfrentar la última actividad (la más comprometida) de mejor manera.

Toda buena secuencia ascenderá en el nivel de complejidad de las dinámicas, así como en el nivel de exposición al que se tienen que enfrentar los candidatos.

Distribución del espacio: es muy importante conocer el lugar donde se va a realizar un AC. Ciertas dinámicas requieren mayor lugar y posibilidad de movimiento. En esos casos, la disposición de la sala será determinante para definir qué actividades podrán realizarse y cuáles no.

También hay que tener en cuenta el tipo de mobiliario. El mueble ideal para realizar un AC es la mesa redonda u oval (si es chica, puede ser cuadrada), porque permite una buena visión entre los participantes, lo cual facilita enormemente la comunicación y, por ende, la dinámica de la actividad. La mesa rectangular, si es larga, dificulta mucho la interrelación entre los participantes. A aquellos que están en las puntas no les resulta fácil comunicarse con los participantes del lado opuesto sin tener que elevar la voz. Lo que normalmente ocurre es que inician el diálogo con alguno de los participantes cercanos, pero no logran hacerlo con todo el grupo.

Cuando no hay posibilidades de contar con una mesa funcional para un AC, se puede realizar un diseño que minimice las consecuencias dividiendo al grupo en dos para que trabajen agrupados alrededor de cada una de las puntas de la mesa.

Lo que es innegociable es contar con espacio suficiente para que los observadores puedan realizar su trabajo a una distancia razonable del grupo. Estar muy amuchados puede generar incomodidad e intimidación en los participantes y perturbar el desempeño del grupo.

Otro aspecto para tener en cuenta es si, durante la actividad, las personas tendrán que escribir o realizar alguna dinámica que requiera de una mesa. Si no, podría hacerse solamente con sillas distribuidas de manera circular. Además de lograr una disposición óptima, esta modalidad es muy buena pues se muestra más descontracturada, favoreciendo así el desarrollo de un buen clima durante la actividad.

Organización del tiempo: el diseño de la organización del tiempo es fundamental. En primer lugar, hay que definir la duración. Para ello, es necesario tener presente el objetivo del AC y la verdadera disponibilidad que puedan tener los participantes. En los procesos de selección externa, la extensión del AC no puede ser mayor a las dos o tres horas, pues muchas veces esto impide que algunos candidatos participen.

En los casos de procesos de evaluación de potencial de los empleados de una empresa, se puede hacer de uno, dos y hasta tres días. De todos modos, actualmente tampoco resulta fácil contar con un colaborador durante tanto tiempo, pues normalmente el personal suele estar muy justo.

En segundo lugar, hay que establecer la duración de cada actividad, incluyendo los momentos de *break* y los tiempos muertos entre el cierre de una actividad y el inicio de otra. En la última instancia, la de prueba, se testean las dinámicas y su duración. A partir de esta información se establece una agenda de actividades y tiempo, dejando siempre un margen para cualquier contingencia que se presente.

Finalmente, hay que tener en cuenta a los participantes y los entornos socioculturales en los que se mueven. Puede haber variaciones de un país a otro en los ritmos de trabajo y de concreción de las tareas, pero también dentro de distintas regiones de un mismo país.

> Hace muchos años tuvimos que realizar una evaluación de potencial en una empresa líder que tenía su planta en el interior de la provincia de Córdoba. Diseñamos un AC utilizando varias dinámicas que ya teníamos probadas en numerosas empresas de Capital Federal.
>
> Teníamos diseñada una agenda que incluía, además del AC, una entrevista en profundidad. Estaba previsto que nos llevaría la mañana, y durante la tarde realizaríamos las entrevistas.
>
> Iniciamos la primera actividad y establecimos el tiempo de finalización. El tiempo pasaba y veíamos que no avanzaban en la resolución de la situación planteada. Iban trabajando bien entre mate y mate, pero no al ritmo esperado. Lo mismo se fue repitiendo en las otras actividades. Al promediar el AC, nos dimos cuenta de que nuestro diseño estaba preparado para participantes que viven al ritmo de una gran ciudad y que los tiempos que teníamos establecidos estaban pensados para ese público y no para el que estábamos evaluando. Tuvimos que hacer un ajuste de la agenda y finalizar después de almorzar, retrasándose las entrevistas individuales. Pasamos un mal momento y casi perdimos el vuelo de regreso. Pero fue un enorme aprendizaje. Tomamos conciencia de que aun una dinámica bien probada puede fallar en otros contextos.

Fase 2: diseño de las actividades

La consigna que debe guiar el diseño de las actividades es que las características del ejercicio tienen que suponer que se pondrán en juego algunas de las competencias a evaluar. Es decir, que el dispositivo que se utilice debe permitir observar con certeza las competencias requeridas.

Para diseñar los ejercicios, es importante tener presentes los siguientes puntos.

- Las evaluaciones situacionales elegidas deben reproducir situaciones similares a las que afrontarán los participantes en el puesto de trabajo.
- Es necesario realizar varios ejercicios para evaluar la totalidad de las competencias establecidas en el perfil, ya que en cada ejercicio solo se pueden evaluar algunas.
- Las competencias críticas se evalúan en varios ejercicios.

La innovación y la creatividad con relación al diseño: uno de los mayores obstáculos a los que se enfrenta un profesional al diseñar un AC es cómo resolver la originalidad de la dinámica. Es fundamental entender que existen distintas opciones para abordar un diseño, las cuales pueden ser igualmente efectivas, aunque no tan creativas.

La primera opción es reproducir situaciones reales de la vida laboral, proponiendo consignas que sirvan para la puesta en juego de las competencias. Para diseñar este tipo de actividades, cabe pedir a miembros de las áreas implicadas que relaten situaciones cotidianas que puedan servir de ayuda para redactar un caso o preparar un *rol playing*.

Esta opción no presenta ninguna originalidad, sino que reproduce la realidad y solo queda transformarla en una dinámica.

La segunda opción es utilizar recursos de la capacitación, de los juegos o del arte y adaptarlos para que den lugar a la aparición de las competencias requeridas. Hay muchísimos libros con juegos o ejercicios para la docencia o para la capacitación empresarial que pueden usarse y ajustarse a los objetivos deseados. De la misma manera, se pueden utilizar elementos del ámbito artístico, como se describió anteriormente.

Esta opción, si bien no necesita un componente creativo, implica sin embargo un trabajo de búsqueda de alternativas y de ajuste a las necesidades.

La tercera opción implica desarrollar un ejercicio único y novedoso, adecuado a las necesidades del AC. En estos casos, se requiere un mayor trabajo de elaboración, donde es necesario desarrollar la creatividad y tener un pleno conocimiento de la metodología del AC. Conviene dejar esta opción para aquellos profesionales que se dedican especialmente al diseño, pues requiere de mucho trabajo y un buen entrenamiento.

No obstante, antes de llegar a estar instancia están las otras dos opciones, que son sumamente ricas y permiten llevar adelante un AC sin ningún problema, ello sin poner en juego su fiabilidad.

– Pautas para el diseño de las dinámicas

El lenguaje: se debe adecuar al tipo de público que participe de la actividad.

La consigna: debe ser clara. El participante debe saber cuál es el objetivo a alcanzar y cuáles, los tiempos para llevarlo a cabo. El coordinador es el responsable de dar las consignas, así como de aclararlas. Según la dinámica, se pueden incorporar otras consignas durante la actividad.

La modalidad: las evaluaciones situacionales son de resolución individual o grupal. Muchas tienen una instancia individual, en la que se observa la capacidad de análisis y gestión personal, y otra grupal, donde se ponen de manifiesto las interpersonales. Muchas veces se elige una modalidad mixta, principalmente en los análisis de caso. En la primera instancia individual se le pide al participante que plantee su postura por escrito. Esto hace que la persona tome posición y que, cuando tenga que interactuar con otros, lo haga desde ese lugar. Eso suele generar una discusión mucho más productiva en la etapa grupal. Cuando se opta por una modalidad grupal, es posible que no haya un análisis profundo individual y que la opinión de un participante se vaya conformando a partir de la interacción grupal. En estos casos puede pasar que la actividad sea mucho menos confrontativa y menos rica.

El tiempo: es una variable muy importante del diseño. Tiene que ser suficiente para que se pueda realizar la tarea. Para tener certeza sobre el tiempo es conveniente que se pruebe la actividad y se evalúe su duración.

A veces es un elemento crítico cuando se evalúan ciertas competencias (por ejemplo: trabajo bajo presión). En esos casos se establecen tiempos muy ajustados y el moderador debe ser muy estricto con la duración de cada ejercicio.

También es necesario contemplar los tiempos muertos entre la finalización de una actividad y el comienzo de otra, mientras se preparan para un *rol playing* o para realizar una presentación. Si bien suelen ser pequeños lapsos, pueden resultar significativos.

La información: la información que se brinda en un caso o un ejercicio siempre debe resultar insuficiente o ambigua para resolver las situaciones planteadas. Esto es lo que permite generar la discusión grupal. Si la información permite encontrar una solución única, posiblemente será mínima la interacción que se produzca y podrán llegar a un acuerdo fácilmente. Por otra parte, permite evaluar la capacidad de análisis y de identificación de la información faltante de los participantes.

Brindar información adicional en el curso de una actividad puede ayudar a evaluar algunas competencias (por ejemplo: adaptación al cambio, tolerancia a la frustración).

La igualdad de oportunidades: debe estar presente en el diseño. Se debe asegurar la participación de todos los participantes en igualdad de tiempo y condiciones. Significa que se deben diseñar actividades que consideren un mismo tiempo de intervención de cada participante. Por ejemplo, si se hace un *rol playing* o una presentación, la duración tiene que ser la misma para todos y se tiene que cronometrar.

Fase 3: puesta a prueba

Después de realizar todo el diseño del AC es sumamente conveniente probarlo. Especialmente las nuevas dinámicas. Para eso se elegirán por lo menos cuatro personas que no hayan participado del diseño y hacer que lo lleven adelante. En primer lugar, se debe comprobar que los tiempos previstos de realización fueron suficientes. En segundo lugar, que las consignas fueron entendidas correctamente, y en tercer lugar, que la redacción de los casos sea bien interpretada. No hay que olvidar que siempre en la realidad participan más personas y, por lo tanto, corresponde calcular un tiempo mayor al de la prueba, pues se estima que se generará una discusión más productiva y será más difícil llegar a acuerdos.

En función de este análisis, se realizan los ajustes adecuados y se aprueba definitivamente el diseño. Esto no quita que en la medida en que se vaya realizando no se puedan realizar nuevas correcciones.

Preparación y organización de la actividad

Selección y entrenamiento del moderador y de los observadores

El equipo de evaluación está compuesto por:

- Un moderador
- Observadores de una consultora externa o del área de RR. HH.
- Observadores de la línea.

El rol del moderador

El moderador debe ser un profesional con formación en ciencias sociales. En especial, debe tener experiencia en selección (entrenado en observación de competencias) y en manejo de grupos.

Su rol consiste esencialmente en:

- **Facilitar el funcionamiento del grupo:** su objetivo es lograr que el grupo sea productivo, es decir, trabajar para conseguir el cumplimiento de las consignas y los objetivos propuestos. En definitiva, el grupo tiene que poder desplegar las competencias esperadas con cada dinámica. Si por algún motivo esto se ve obstaculizado, el facilitador deberá intervenir. Ocurre con frecuencia que un participante se muestre obstinado en una posición y no permite avanzar al grupo. Normalmente, estas situaciones son resueltas por los mismos participantes. No obstante, si la situación es superada el facilitador tendrá que intervenir para destrabarla. Es importante entender que cuando se habla de intervención es algo sutil y tangencial, sin dirigirse a un participante del grupo en particular. Podría decir: "Veo que les está costando mucho ponerse de acuerdo. Sería bueno que puedan escucharse más, estar más abiertos a las propuestas de los otros y avanzar hacia un resultado que beneficie a todo el grupo".
  También puede pasar que los participantes se encuentren atascados en una actividad y no puedan avanzar. En esos casos también es pertinente que el moderador intervenga. Una forma de hacerlo puede consistir en recordar el tiempo que resta para que finalice la dinámica. Esta sola mención suele servir para que rápidamente cambien la estrategia y avancen hacia el objetivo. Se podría mencionar: "Les quedan solo cinco minutos para lograr el objetivo y veo que están muy retrasados".

- **Promover el caldeamiento inicial del grupo:** de esta manera, generar un buen clima durante toda la actividad.

- **Explicitar las distintas consignas:** el moderador es el único que puede aclarar las consignas. Los participantes, si tienen alguna duda, deberán consultarlo a él pues es el responsable de aclararla.

- **Coordinar la evaluación:** al finalizar el AC, coordinará el grupo de evaluadores en pos de alcanzar un acuerdo por consenso entre todos, para llegar a una evaluación final.

La función del moderador no es observar y registrar las competencias de los participantes. Esto no quiere decir que inevitablemente no lo haga. Pero su rol fundamental, y que no puede descuidar, es obtener una buena producción grupal.

Se debe tener presente que, a diferencia de otro tipo de grupos, no es necesario promover una participación equilibrada de los distintos integrantes (ya que dicha participación es una variable a evaluar), aunque sí debe poner límites a personalidades agresivas o avasallantes que pudieran manifestarse.

El rol de los observadores

Para ser observador, no se requiere ninguna formación previa vinculada con las ciencias del comportamiento. Es necesario que tenga una buena experiencia en la observación de conductas y que sea capaz de identificar competencias. En el caso de los observadores de la línea, habrá que evaluar si tienen este entrenamiento, de lo contrario, proporcionárselo. Cuando una empresa tiene un modelo de gestión por competencias, los líderes de la organización suelen adquirir práctica evaluando competencias en la evaluación de desempeño. En tal caso quizá no sea necesario entrenarlos en ese aspecto.

Su rol consiste en:

- Observar los comportamientos manifiestos de los participantes y reconocer las conductas indicativas de las competencias, registrándolas en una grilla elaborada a tal efecto.
- Participar de la evaluación final de los candidatos en conjunto con los demás observadores coordinados por el moderador.

Pueden participar como observadores integrantes de cualquier área de la compañía. No obstante, hay algunas restricciones cuando se realiza una evaluación de potencial. En estos casos no deberían participar jefes directos ni pares de los participantes. Esto se debe a que podrían tener una opinión previa al AC, y su evaluación estar sesgada. Preferentemente, no deberían ser de la misma área, aunque a veces se hace difícil en organizaciones medianas. Cuando la empresa es muy grande y/o tiene distintas ubicaciones geográficas, sería muy conveniente que los evaluadores sean de otra localización o área para evitar cualquier tipo de "halo" y garantizar la fiabilidad de la herramienta.

Durante el AC los observadores no deben involucrarse con los participantes en el desarrollo de la actividad grupal. Si un participante le hace una consulta debe indicarle que se dirija al moderador, el único que tiene que interactuar con los participantes.

> Recuerdo una oportunidad en que estábamos haciendo una evaluación de potencial en una empresa mediana nacional. En un momento, el grupo estaba discutiendo sobre la realización de un ejercicio, cuando vimos que el gerente general se sumó al grupo y empezó a dar sugerencias. Yo no podía salir de mi asombro. Pero como era el moderador, tuve que intervenir. Me acerqué a él muy sutilmente cuando encontré la oportunidad y le expliqué que si él participaba, no podríamos evaluar lo que realmente eran capaces de hacer los participantes. Lo entendió y pudo continuar con un rol de observador pasivo.

Con respecto a la cantidad de observadores que deben participar del AC, no hay criterios uniformes. Botto (1995) considera que "está en relación con la cantidad de participantes, pero, en general, oscila entre tres y seis" (p. 8). No obstante, va a depender del entrenamiento de los observadores, las competencias a evaluar y el objetivo del AC. No es lo mismo una selección externa que un proceso interno de selección o evaluación de potencial. En la primera, la meta es identificar a los mejores candidatos, por lo tanto, es más sencilla y puede haber menos evaluadores. En estos casos, la cantidad de observadores es menor y ellos están menos entrenados. Para un grupo de 10 personas, cabrían entre tres y cuatro observadores. En la segunda, se requiere un altísimo nivel de precisión pues habrá que darles *feedback* a los participantes, para lo cual la observación y la determinación de la puntuación de las competencias tienen que ser más estrictas. En estos casos, los observadores deben exhibir mucha experiencia.

Entrenamiento de los evaluadores. El entrenamiento está pensado especialmente para los miembros de la línea que no tienen experiencia en participar de un AC. Un adecuado entrenamiento de los observadores permite que conozcan la metodología y la secuencia del AC (incluso, vivenciar las actividades), las competencias a evaluar y su rol de evaluadores. Se le debe entregar una carpeta con la agenda, el diccionario de competencias y las distintas actividades que se van a desarrollar.

Un adecuado entrenamiento de los observadores permitirá:

- Explicar la disposición del equipo de evaluación alrededor de los participantes. Es conveniente que no se queden siempre en el mismo lugar y lo intercambien con otro observador. Es recomendable que puedan moverse (muy lentamente, para evitar llamar la atención) cuando lo consideren necesario. Esto otorga una mejor visión de todos los candidatos y permite observar su comunicación no verbal. Esta es una información muy importante que no debe dejarse de lado. El observador se mantiene de pie y moviéndose continuamente, atento a todo lo que suceda en el grupo para intervenir inmediatamente si fuera necesario (véase la Figura 10).

Figura 10. Distribución de moderador, evaluadores y participantes en un *assessment center*

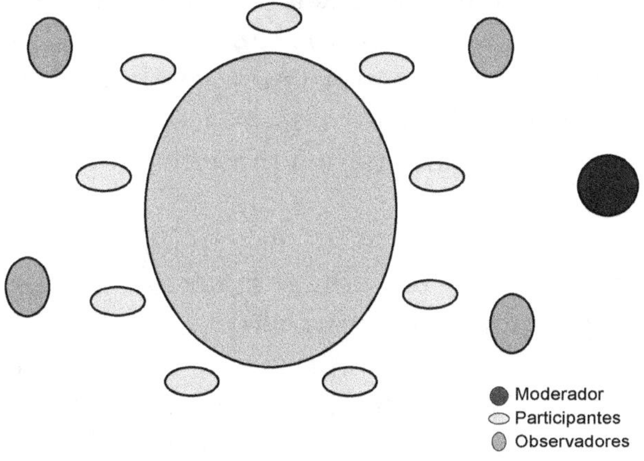

Fuente: elaboración propia.

- Agudizar su percepción para identificar conductas relacionadas con competencias. Un buen entrenamiento es proyectar un fragmento de una película y pedirles que identifiquen las competencias que aparecen y que expliquen las conductas indicativas que detectaron. Es imprescindible que durante el AC todos los observadores cuenten con la guía de las competencias, su definición y las conductas indicativas, de manera que constantemente puedan chequear esa información para asegurarse de que están evaluando con la mirada adecuada.
- Vivenciar las actividades para evitar que durante el AC los observadores "se pongan a jugar" a la par de

los participantes. De esta manera se asegura que se concentren en la observación y no en la dinámica.

* Entrenarlos para utilizar un procedimiento sistemático de registro de las conductas observadas.

Desarrollo de la actividad

Finalizada la etapa de preparación con la elección del objetivo, el diseño de la actividad y la capacitación del equipo de evaluación, ya se está en condiciones para iniciar el AC.

Explicitación de objetivos y desarrollo de la actividad: al iniciar la actividad, se realizará una presentación referida a los siguientes temas:

* Objetivo de la reunión (evaluación para selección, para promoción o desarrollo).
* Presentación de la empresa y de la propuesta laboral (en el caso de selecciones externas) o del proceso interno que esté llevando la compañía (evaluación de potencial, selección interna, etcétera).
* Descripción de las actividades a desarrollar: se brinda una explicación muy breve de las distintas etapas y los pasos posteriores (según el objetivo de las mismas). No se debe explicar en qué consisten las distintas dinámicas. Solo mencionar que realizarán determinados ejercicios, sin mayores detalles.

Realización de las actividades por parte de los participantes: esta es la etapa en la que los participantes realizan las tareas propuestas y muestran sus competencias. Su desempeño puede ser muy dispar. Lo normal es que en la primera actividad se muestren algo tensos, a la expectativa y más cuidadosos, y que con el correr del tiempo su desempeño vaya creciendo.

Ese sería el recorrido esperado. No obstante, puede ocurrir que un participante inicie un primer ejercicio con energía, proponiendo ideas, liderando el equipo, y que su iniciativa vaya decayendo en las siguientes evaluaciones situacionales.

Observación y evaluación de conductas: la tarea de evaluar no es fácil, sobre todo para el observador que se inicia. Son muchas personas hablando, a veces no se las escucha bien y mientras tanto hay que tomar nota de las observaciones. **Suele aparecer la frustración de no poder registrar todas las conductas y sentir que se escapan muchas cosas. Es importante esforzarse por hacerlo lo mejor posible, pero sin olvidar una idea rectora del AC: la evaluación está dada por la multiplicidad de miradas. Esto significa que unos comportamientos que una persona no haya podido observar, seguramente habrán sido detectados por otro de los miembros del equipo de evaluación. Es crucial entender que es un trabajo de equipo y no individual, como en la entrevista de selección. Esto deber darle al observador la tranquilidad para concentrarse en la observación y no sentirse presionado.**

Cierre de la actividad: antes de finalizar es conveniente consultar a los participantes acerca de cómo se sintieron durante la actividad y recibir su *feedback*.

El cierre tiene que estar acompañado de un agradecimiento a los implicados por su participación y una explicación de los pasos que seguirán, según lo estipulado en el proyecto (aviso, si el candidato no quedó seleccionado; reunión de *feedback*, si es un proceso interno).

Tercera etapa: evaluación de los participantes

Esta es la etapa decisiva del AC. Es la instancia en la que se define la evaluación. Al finalizar el AC, todos los observadores se reúnen con el coordinador, con su planilla de evaluación final. Es importante que cada uno la complete y registre su evaluación individual para luego compartirla con los demás.

El coordinador tiene que estar absolutamente consustanciado con las competencias que se van a evaluar y tener presente el diccionario en todo momento.

Es distinto realizar una evaluación para selección que para potencial. En la primera, se identifican aquellos candidatos que se destacaron, dejando de lado los que no tuvieron un buen desempeño. Una evaluación de potencial es más exhaustiva porque se debe brindar un *feedback* al participante, independientemente de su desempeño. En el primer caso, se hace una primera puesta en común para identificar los candidatos que se destacaron, los que generan dudas y los que claramente no cumplen con el perfil. De esta manera se coloca el enfoque en la evaluación de los primeros.

Se selecciona una persona y se empieza a evaluar cada una de las competencias. El coordinador va consultando a cada observador. Su rol consiste en pedir que fundamenten la evaluación en conductas concretas y no en impresiones. También suele ocurrir que, cuando no se cuenta con conductas indicativas, un comportamiento sea atribuido a otra competencia. Es cuando el moderador tiene que releer con el equipo la definición de la competencia y confirmar a cuál se refiere ese comportamiento.

Este trabajo se ejecuta con cada uno los participantes y se evalúan todas las competencias. Los observadores exponen sus observaciones y se va dando un puntaje a las competencias de cada persona evaluada.

Al finalizar, se hace una última revisión y se recopila el resultado en una grilla general. En el caso de no contar con las conductas indicativas, se puede usar una planilla como la sugerida en la Tabla 3. En ella se puede ver en gris el perfil del puesto, con los valores esperados para cada competencia, y sobre él se pueden marcar los resultados acordados por los evaluadores. En esta modalidad, la conclusión en torno de si un candidato es de nivel 4 o 5 de una competencia es difícil de determinar objetivamente sin indicadores conductuales.

Tabla 3. Modelo de representación de la evaluación de un *assessment center*

	1	2	3	4	5
Capacidad de influencia		X			
Liderazgo				X	
Orientación al cliente			X		
Orientación a resultados					X
Planificación y control			X		

Fuente: elaboración propia.

En el caso representado en la Tabla 4, donde se establece la competencia con sus conductas indicativas, se logra una mayor certeza respecto de la evaluación que realicen los evaluadores.

No obstante, caben algunas consideraciones:

1. Se considera que una competencia está en determinado nivel cuando aparece reiteradamente en las distintas dinámicas del AC. Si aparece solo en una, no podemos asegurar que esté plenamente desarrollada.
2. Si aparecen solo algunos de los comportamientos que definen el nivel de la competencia, se debe considerar que todavía no alcanzó ese nivel, por lo tanto, deberá calificarse en el nivel inferior.

Tabla 4. Modelo de competencias con conductas indicativas

COMPETENCIA INICIATIVA

Es la capacidad de realizar aportes que van más allá de lo requerido, manifestando la habilidad para adoptar resoluciones ágiles y eficaces fuera de lo rutinario. Es la actitud de "poner en marcha" ideas, acciones, procesos, contribuyendo a agregar valor al negocio y a su crecimiento. Supone a su vez la capacidad para automotivarse.

Indicadores de iniciativa por nivel

1. **Desarrollo básico**	• Participa de nuevas iniciativas desempeñando correctamente su tarea. • Identifica problemas operativos e informa a su superior cuando la solución no depende de él. • Propone ideas para mejorar su propia eficacia y la del sector, pero requiere chequearlas con sus supervisores. • Aporta soluciones operativas dentro del ámbito de su tarea.
2. **Mediano desarrollo**	• Se suma y compromete con las nuevas iniciativas, pero mantiene el foco de responsabilidad de su función. • Analiza y supedita nuevas iniciativas a la luz de los recursos disponibles. • Crea, investiga, aporta ideas sin esperar que alguien se lo sugiera. • Se adueña de iniciativas institucionales cuando ellas pertenecen a su área o responsabilidad.
3. **Buen desarrollo**	• Promueve y respalda dentro de su área de injerencia las iniciativas organizacionales. • Identifica recursos para llevar adelante las nuevas iniciativas, utilizando solo aquellos alineados con sus conocimientos o responsabilidad. • Propicia en su departamento o área de influencia la búsqueda de oportunidad de mejora. • Promueve iniciativas y se adueña incluso de aquellas que no tienen que ver son su área, comprometiéndose con los resultados de las mismas.
4. **Máximo desarrollo**	• Está atento y se adelanta identificando oportunidades, obstáculos o problemas de procesos institucionales, aprobando las formas de resolverlas y asignando los recursos para hacerlo. • Promueve iniciativas que tienen un fuerte impacto institucional en el largo plazo.

Fuente: elaboración propia.

Cuarta etapa: devolución a los candidatos

En los casos en los que el AC es para un proceso interno de la empresa, hay una cuarta etapa que es la devolución a los candidatos. **Estos procesos, ya sean de selección interna o de evaluación de potencial, generan expectativas que si no son atendidas pueden provocar desmotivación y frustración en los participantes. Los empleados continúan en la organización, por lo tanto, hay que contenerlos y la mejor forma de hacerlo es que reciban un *feedback* oportuno (en un tiempo corto) y sincero respecto de la evaluación en la que participaron.**

Información de resultados a los participantes: la organización tiene que dar una respuesta a las personas que participaron de la evaluación. Esto, como se mencionó antes, se debe establecer con anterioridad y ser comunicado a los participantes como parte del proceso.

Cuando el *feedback* es positivo, es más fácil la conversación. Cuando es negativo, el profesional tiene que presentar los resultados de la evaluación y explicar los motivos. Debe contener a la persona y transmitirle un mensaje de la organización, dándole claridad sobre su futuro y el apoyo que se le va a brindar. Por eso es tan importante un buen diseño del programa que incluya esta etapa y en el que estén definidos los pasos a seguir, tanto para aquellos que se destacaron como para los que no.

Si la evaluación se ha realizado aplicando todos los cuidados para lograr fiabilidad, en el momento de brindar un *feedback* negativo la persona podrá verse reflejada en las observaciones y tal vez reconocer los aspectos que tiene que mejorar. Un profesional preparado le mostrará las ventajas del proceso:

- Brinda un mayor conocimiento de ellos mismos.
- Se detectan necesidades de capacitación.

- Permite identificar los aspectos a mejorar que les permitirán emprender acciones para desarrollarse.

El AC es una forma de evaluación que, cuando se realiza siguiendo rigurosamente la metodología (definición del diccionario de competencias, diseño, entrenamiento de los observadores, etc.), brinda un muy alto nivel de fiabilidad. Pero, además, tiene varias ventajas:

- Es un proceso muy amigable para el postulante, quien participa de la evaluación de una manera mucho más distendida, favoreciendo así que se identifiquen claramente las competencias a través de conductas que aparecen más espontáneas.
- Permite al evaluador identificar las conductas a través de la observación de la interacción grupal, a diferencia de la entrevista, que se basa en los relatos descriptos por el postulante acerca de un incidente crítico.
- La evaluación final se realiza a partir de la multiplicidad de miradas de los observadores, otorgando mayor fiabilidad y objetividad al proceso.

CAPÍTULO 7

LAS PRÁCTICAS EXCLUSIVAS
DE LOS *HEADHUNTERS*

¿Qué es el *headhunting*?

El *headhunting* es un método de selección que permite identificar los mejores talentos del mercado para cubrir posiciones de presidencia, dirección y gerencia de compañías líderes.

Los *headhunters* son buscadores de talento. La palabra viene del inglés *hunt* (cazar) y *head* (cabeza, en este caso, talento). Son grandes conocedores del mercado. Ellos no se manejan por avisos, sino que desarrollan una vasta red de contactos a través de la cual conocen a las personas que se destacan en el ámbito empresarial. Generalmente, contactan a personas que están desempeñándose en un puesto y buscan captarlas mediante una oferta tentadora, para presentárselas a su cliente.

Los *headhunters* investigan el mercado constantemente con ayuda de distintos medios, revistas especializadas, Internet y actividades diversas, de manera de saber quiénes se están destacando por su gestión en las empresas. En el mundo existen consultoras que se especializan en distintas actividades (petrolera, finanzas, automotriz, etc.). Sin embargo, en la Argentina la mayoría de las consultoras son generalistas, debido a los vaivenes de las distintas industrias en la inestable situación económica.

En España, por ejemplo, Luis Truchado es *partner* de la consultora española EuroGalenus, que se especializa exclusivamente en el área de salud (que incluye también la industria farmacéutica, hospitalaria, salud animal, biotecnología y salud digital). Su red de contactos y su campo de acción se vinculan con esta especialidad. Él menciona que "el mundo de la salud es muy endogámico. El cliente no solo quiere que los postulantes vengan del área de salud, sino que te especifica las áreas terapéuticas específicas. Si es infectólogo, tiene que venir de infectología, si es psiquiatra, de psiquiatría. Incluso hay especialidades que se diferencian por órganos, como la oncología".[10]

Las empresas acuden normalmente a estas consultoras cuando necesitan cubrir puestos ejecutivos, pero también posiciones críticas y/o muy especializadas, que son escasas en el mercado.

> Cuando trabajé en el área corporativa de RR. HH. de la empresa Arcor, tuve una búsqueda sumamente difícil, para la cual tuvimos que contratar una consultora de *headhunting*. La posición era: desarrollador de galletitas. Esta, necesariamente, era una búsqueda para tercerizar pues en el país había pocas empresas de galletitas y, por ende, muy pocas personas con esa experiencia. La consultora que contraté en ese momento se ocupó de contactar a aquellos candidatos que se desempeñaban en la

---

10 Comunicación personal, 28 de agosto de 2019.

competencia y presentarnos los mejores, de los cuales pudimos incorporar uno para cubrir la posición. Para estas búsquedas tan específicas es fundamental contar con la ayuda de una consultora que brinde este tipo de servicio.

El *hunting* no es una nueva actividad, ni una moda. Esta metodología tiene casi cien años. El norteamericano Thorndike Deland ideó el término de búsquedas ejecutivas en 1926. En el contexto de posguerra fue cuando se desarrolló exponencialmente esta actividad, que resultó de la necesidad de identificar líderes capaces de conducir las empresas, ya que muchos habían fallecido durante la guerra.

En un artículo publicado en *La Nación*, Paula Urien (2015) menciona que "en la actualidad, el mercado de las búsquedas creció hasta convertirse en un negocio global de 10.000 millones de dólares anuales, según la Association of Executive Search Consultants (AESC), una asociación con base en Nueva York que nuclea a las principales consultoras ejecutivas del mundo".

Proceso de selección o proceso de negocios

En el contexto cambiante que se vive actualmente, las empresas necesitan realizar cambios constantes en el rumbo de sus negocios. Muchas veces, esto implica aplicar competencias y experiencias que la empresa no encuentra entre sus miembros. Esta es una preocupación del número uno de la compañía. Por eso, con frecuencia el pedido llega de su propia iniciativa, para satisfacer una nueva necesidad del negocio.

Se puede afirmar, entonces, que el *headhunting* es mucho más que un proceso de selección, es parte de un proceso de negocios. El *headhunter* tiene una relación directa con los directivos de las empresas y busca entender las preocupaciones que les genera el negocio, es decir, "qué les quita el sueño". Esto hace que a menudo acepten iniciar un proceso anterior a la búsqueda, que es el mapeo del mercado. La consultora, entendiendo la problemática del presidente o del gerente general, empieza a investigar el mercado y a identificar personas susceptibles de ser interesantes para conocer.

Roberto Vola-Luhrs, vicepresidente de Voyer Internacional, lo explica de este modo: "No existe una vacante, no hay una decisión firme, no está definida una desvinculación, solo es un *research* del mercado para que el número uno pueda conocer gente y evaluar si existen personas que tienen las competencias y experiencias necesarias para encarar los cambios que requiere. Este suele ser un encuentro que puede ser interesante para ambas partes". Y agrega: "Convoco a una persona diciendo que el número uno de una empresa lo quiere conocer. Le explico que yo, conociendo su trayectoria, le recomendé que se encontrara con él. Le aclaro que no es una entrevista de selección, que no hay una decisión de incorporación. No hay nada, pero puede haber algo. Solo es una reunión informal para conocerse y hablar de negocios. Los contactos suelen mencionar que no están pensando en cambiar, pero resulta tentador que un líder del mercado tenga interés en ellos, por lo tanto, pocas veces se niegan a participar de la reunión".[11]

Estas reuniones del número uno con algunos referentes del mercado lo ayudan a encontrar en sus experiencias una solución a las problemáticas que tiene por delante. Esto puede llevarlo a definir la necesidad de una incorporación nueva, o de un reemplazo. Cuando esto ocurre, se inicia un proceso de búsqueda en el que se termina de clarificar el perfil, las condiciones de contratación, entre otros aspectos, y se contrata a la consultora a tal efecto.

---

11 Comunicación personal, 5 de junio de 2019.

Si se aprueba el proceso, se puede invitar a algunas de las personas que se reunieron con el número uno a participar formalmente de la búsqueda. Puede ocurrir que una persona no interesada en un cambio en un principio empiece a sentir interés por un proyecto y finalmente acepte avanzar.

Hasta aquí, el *headhunter* solo realizó una investigación de la trayectoria laboral de una o varias personas y de los hitos de las empresas en las que se desempeñaron. Coordinó una reunión de presentación con el CEO para que se conozcan y nada más. No se hicieron entrevistas de selección, no se realizó ningún tipo de evaluaciones, ni se pidieron referencias. Solo si el CEO decide iniciar un proceso se avanza en estas instancias.

Metodología de trabajo de un *headhunter*

Aunque cada consultora de *headhunting* trabaja de una manera diferente, la mayoría suele coincidir en sus métodos de actuación. La metodología puede esquematizarse como se presenta a continuación.

Previamente a la búsqueda

1. Investigar el mercado

Los *headhunters* están todo el tiempo investigando el mercado y suelen tener buenas relaciones con el mundo de los negocios. Conocen los movimientos que se producen en el ambiente: quiénes se incorporan a una compañía, quiénes se alejan, quiénes están buscando un cambio. Se informan a partir de diarios, revistas, Internet, cámaras empresariales, entre otros medios. Esa información es clave para su actividad. A partir de los años 2000, la aparición de las redes sociales como LinkedIn y Xing ha revolucionado la forma en la que el *headhunter* accede a datos del mercado y se actualiza en el momento.

2. Desarrollar una red de contactos

El mayor capital de un *headhunter* es su red de contactos. A partir de su investigación del mercado, identifica personas con trayectorias interesantes. Las contacta a través de un llamado telefónico, un café o un almuerzo. Lo importante es estar en contacto y conocerlas para cuando se presente una oportunidad.

El *headhunter* no sale a "cazar" cuando se le presenta una búsqueda. Es al revés. Cuando le piden un candidato ya tiene en su red de contactos uno o varios posibles. Y si no lo tiene, sabe quién puede sugerirle una recomendación.

Un *headhunter* puede comunicarse con una persona por dos razones principales: 1) porque la considera como un candidato posible para una búsqueda que está realizando; 2) porque considera que puede servirle de "fuente" y recomendarle profesionales potencialmente interesantes.

El *headhunter* se destaca por desarrollar vínculos con estas personas. Las "fuentes", muchas veces, son personas que han sido contactadas en alguna oportunidad o que han participado ya en algún proceso de búsqueda de la consultora. Otras veces, son parte de la red de contactos que el *headhunter* teje continuamente en el mundo de los negocios.

Ricardo Migora, *headhunter* argentino radicado en México, me comentaba que participa continuamente de eventos o suele dar charlas en distintos ámbitos. Esta exposición facilita que perfiles interesantes lo conozcan y le pidan ponerse en contacto. Él siempre tiene entrevistas con aquellas personas que lo contactan, como así también con las que le recomienda un conocido. Independientemente de que tenga o no una posición para ofrecerle, la gente queda sumamente agradecida. Estas personas se convierten así en potenciales candidatos para tener en cuenta en una futura búsqueda, así como en contactos susceptibles de hacer una acertada recomendación.[12]

Durante el proceso

3. Relevar el perfil del puesto y el perfil organizacional

Es fundamental definir claramente el perfil del puesto para llevar adelante un proceso de selección. En primer lugar, el consultor debe conocer en detalle las características culturales de la organización, el estilo de sus directivos, sus objetivos de gestión, así como su negocio, el tipo de actividad y los proyectos futuros de la empresa. Carmen Suárez, reconocida *headhunter* mexicana, menciona que **el proceso de relevamiento del perfil "consiste en realizar un fuerte entendimiento de la cultura, el negocio, las responsabilidades y el paquete remunerativo".**[13]

En segundo lugar, en los casos de posiciones de más alto nivel, dirección, presidencia, etc., hay que cambiar el foco puesto en las tareas para colocarlo en las experiencias. La persona que se busca ya se ha destacado en su ámbito de especialidad y tiene una trayectoria haciendo determinadas tareas, en particular dirigiendo a otros. Lo importante será evaluar qué tipo de experiencias tuvo que afrontar.

El consultor debe relevar los aspectos más críticos que hoy exhibe la posición, es decir, aquellos puntos respecto de los cuales la empresa reconoce que está atravesando por una situación especial (crisis, expansión, etc.) y por ese motivo busca un ingresante capaz de lidiar con esos temas.

---

12 Comunicación personal, 10 de julio de 2019.
13 Comunicación personal, 22 de mayo de 2019.

Por ejemplo, si la empresa está planificando un proceso de reingeniería del área de producción, se debe contemplar a la hora de buscar un postulante que haya encarado una situación similar. No son las tareas lo que prima en estos perfiles, sino el tipo de experiencias. Esa es la cuestión crítica que va a tener que manejar. Por eso es necesario identificar los procesos estratégicos que son críticos de la posición.

En tercer lugar, cabe indagar los motivos por los cuales se requiere esta nueva incorporación en la organización. Puede relacionarse con las siguientes cuestiones.

Desvinculación: cuando la persona a cargo del puesto haya sido desvinculada, es fundamental conocer las causas y qué aspectos de su gestión o personalidad no satisficieron a la empresa.

Renuncia: saber los motivos por los cuales una persona deja un cargo brinda información sobre la disconformidad con algunos dueños o accionistas, con políticas de las empresas, con condiciones de contratación, etc. Estos datos son de suma utilidad para evaluar qué tipo de postulantes se adecuará al estilo de la dirección y a la cultura de la empresa.

Cambios de rumbos: con frecuencia las empresas redefinen su estrategia y requieren de cambios profundos en la forma de conducción. Se considera que quien está al frente no está en condiciones de llevarlos adelante, ya sea por su experiencia o por sus capacidades. Si bien esto puede finalizar en una desvinculación, una renuncia o, normalmente, un acuerdo, lo importante es que la persona que ingrese tenga aptitudes para llevar adelante ese cambio que requiere la compañía.

El perfil de un puesto estratégico debe ser relevado con el número uno de la compañía, o el mismo directorio. De ellos dependerá el ingresante. Por lo tanto, es fundamental conocer sus expectativas, con qué estilo se sentirían mejor, etc. Al mismo tiempo, son ellos quienes definen los lineamientos estratégicos de la compañía y marcan el rumbo.

Por eso pueden explicar al *headhunter* los procesos críticos del puesto en este momento de la compañía y cuáles son los desafíos que esperan que enfrente el ingresante.

Fyock (2007) menciona en su libro *La verdad sobre la contratación de los mejores* la búsqueda de un banco que tenía que reemplazar a su director general y cuya junta directiva entera estuvo implicada en el proceso. Mientras el consultor conducía la búsqueda y realizaba algunas preguntas pactadas, los miembros de la junta formulaban otras consultas adicionales que creían convenientes. De esta manera, lograron una incorporación por consenso que resultó sumamente exitosa.

Roberto Vola-Luhrs explica muy claramente la forma de encarar una búsqueda:

> Un proceso puede tomar dos andariveles: el lógico o el disruptivo. El primero lleva a buscar un candidato siguiendo la línea lógica de carrera y actividad. Es decir, que venga de la misma industria o que tenga una carrera profesional acorde con la posición. El segundo, implica identificar personas que hayan tenido una experiencia exitosa en otro rubro pero que sus conocimientos pueden adaptarse al nuevo giro que está tomando la compañía. Por ejemplo, cuando explotó el mercado de celulares se incorporaron en empresas de telecomunicaciones muchos directores o gerentes que tenían experiencia en el mercado de consumo masivo. No se buscaba en ellos el conocimiento técnico sino su capacidad para desarrollar un mercado de *retail*.

Normalmente, el requerimiento del perfil está orientado al andarivel lógico. En estos casos, como se verá más adelante, el consultor deberá ayudar al cliente a pensar más abiertamente, de manera que puedan evaluar perfiles disruptivos. No obstante, cada vez más se ven casos donde el mismo pedido está fuera del perfil tradicional para el puesto.

> En una oportunidad, tuvimos que realizar una búsqueda para una empresa líder de ingeniería que se especializaba en el de-

sarrollo de instalaciones de estructuras metálicas. Inicialmente nos pidieron un ingeniero con un perfil comercial (que sería el número dos de la compañía) que también fuera un especialista en estructuras metálicas. Es decir, que viniera de la misma rama de actividad. Esta persona debería tener y desarrollar una red de contactos para conseguir nuevos negocios. Hicimos un trabajo de investigación del mercado y pudimos captar algunos candidatos interesantes alineados con lo que nos habían pedido. No obstante, cuando hablábamos con el número uno, este nos comentaba que veían a futuro un fuerte crecimiento de la actividad en la industria petrolera, de la mano del complejo de Vaca Muerta. Esperaban que el ingresante desarrollara negocios en esa industria.

A partir de esta información le propusimos ver ingenieros con trayectoria en *Oil & Gas* y no el perfil que había solicitado inicialmente. Le presentamos dos candidatos que venían desarrollando negocios en esta industria, que tenían una amplia red de contactos, pero que no tenían experiencia en la construcción y menos en estructuras metálicas.

Finalmente, pudieron dejar de lado el andarivel lógico y tomaron el disruptivo, incorporando un ingeniero con una larga trayectoria en la industria petrolera. Esta incorporación permitió un crecimiento muy importante de la compañía por los negocios generados en la industria del *Oil & Gas*.

Tener claridad sobre el perfil es el hito más importante en el proceso de selección. Esta información es la que guiará todas las acciones. Una vez finalizado hay que enviarlo al cliente para que lo valide y realice cualquier ajuste que considere necesario. Carmen Suárez agrega que con esta presentación suelen "presentar un plan de trabajo con fechas tentativas de presentación de candidatos. Este plan debe ser capaz de determinar el tiempo aproximado que la selección puede tomar y las distintas etapas del proceso". Para diseñar este plan, la consultora debe evaluar el perfil y su complejidad para detectarlo en el mercado, así como las instancias de evaluación internas que la empresa tiene definidas para la búsqueda.

4. Identificar a las personas a través de las redes sociales, referidos y bases de datos

Hoy es habitual que muchos consultores usen las redes sociales para captar gente en el mercado. No obstante, esto no los convierte en *headhunters*. No se trata solo de hacer una búsqueda en LinkedIn y detectar a un potencial candidato. Un verdadero caza talentos construye y desarrolla vínculos de confianza con potenciales candidatos. Sigue de cerca la situación de las distintas actividades productivas, los movimientos de los principales directivos del mercado, etcétera.

El verdadero *headhunter* no inicia la búsqueda necesariamente por los candidatos. Muchas veces empieza buscando empresas donde se hayan desarrollado procesos de negocios y prácticas similares a las que necesita enfrentar la empresa cliente. Roberto Vola-Luhrs da un ejemplo: "Si el cliente quiere desarrollar un nuevo canal de *e-commerce*, tendremos que identificar empresas en el mercado que han desarrollado exitosamente ese canal. A partir de ahí detectamos quiénes han sido las personas que han llevado adelante esos procesos. Con esa información se inicia el proceso de búsqueda a través de LinkedIn u otros medios". Y hace una aclaración importante: "Cuando ubicamos a la persona, tenemos que evaluar en qué momento de la empresa se desempeñó. Es decir, si fue el iniciador de un proceso, el que diseñó la estrategia y tomó las decisiones, o el que se hizo cargo en un momento de madurez y lo continuó. LinkedIn es muy útil, pero hay que buscar a la persona y cruzar la información de los hitos que marcaron su paso por la empresa. Hay que hacer un *research* inteligente".

Identificar a un candidato potencialmente adecuado al perfil es solo el comienzo. En los niveles de alta dirección y gerencia, poder captar la atención de una persona no es un tema menor.

En primer lugar, son personas que tienen una actividad muy intensa y seleccionan muy bien a quienes le dedican tiempo, aunque sea para contestar un mensaje.

En segundo lugar, su nivel de exposición hace que no acepten una conversación sin asegurarse de quién es su interlocutor y sentirse en confianza como para compartir sus expectativas e intereses. Claudia Castellini, *headhunter* con una extensa trayectoria en el mercado argentino, menciona: "No va a aceptar una charla y mucho menos un encuentro si no puede reconocer del otro lado a un profesional serio y con un alto *seniority* que le garantice que va a poder hablar de igual a igual y que va a mantener el proceso en absoluta confidencialidad".[14]

Las principales consultoras del mercado suelen tener responsables de prácticas que son exdirectores de empresas con una larga trayectoria en un área de especialidad (finanzas, sistemas, comercialización, etc.). Estos profesionales son reconocidos en el ámbito empresarial. Son personas que a lo largo de su carrera han desarrollado vínculos con colegas, cámaras, gobierno, etc. Su conocimiento del mercado les sirve para identificar candidatos potenciales para las búsquedas. Pero también sus nutridas relaciones les permiten detectar quiénes son las personas que pueden recomendarles candidatos potenciales. Estos contactos son socios clave que contribuyen de manera voluntaria a expandir la red, pero, ante todo, porque pueden dar cuenta del desempeño de la persona que recomiendan.

5. Iniciar el primer contacto

El proceso de detección de un potencial candidato requiere de mucha paciencia hasta identificarlo. Una vez logrado, el *headhunter* tendrá que demostrar su habilidad para captar

---

14 Comunicación personal, 24 de abril de 2019.

el interés del otro, porque la mayoría de las veces se llama a personas que ya están trabajando y ni siquiera están buscando empleo.

Se lo contacta invitándolo a escuchar una propuesta que le pueda interesar. Lo primero que hace una persona de este nivel es buscar al consultor por LinkedIn o pedir referencias para saber quién sería su interlocutor y evaluar si acepta hablar con él. No atiende a cualquier contacto. Este debe exhibir una trayectoria para capturar su atención y lograr que acepte el llamado.

Cuando el contacto es "referido", este proceso se facilita. La persona contactada acepta iniciar una conversación confiando en que quien lo refirió consideró que valía la pena ponerlos en contacto. El candidato, normalmente, puede mostrarse algo reticente y no manifestarse claramente interesado, pues está en un puesto con un alto nivel de exposición.

Claudia Castellini explica que "en el primer llamado no se tienen que sentir invadidos ni sentirse en el compromiso de aceptar una reunión. Generalmente, es muy valorado que se respete su espacio de libertad. La persona inicialmente tiene temor de decir algo que lo comprometa o que trascienda en su empresa. Por eso suelen ser sumamente cautos".

Es muy importante contar con un discurso muy sólido y empático, generar el interés mencionando la información que se pueda brindar sobre la posición, la empresa y el proyecto. Sobre todo, cómo la nueva posición puede agregarle valor a su carrera laboral. Solo de esta manera es esperable captar el interés del postulante.

También es cierto que muchas personas aceptan la conversación sin interés en evaluar un posible cambio, sino especialmente para evaluar si su empresa le paga un sueldo acorde con el mercado. Esto es parte del juego y ocurre con frecuencia.

El proceso de contacto con un candidato no es igual en todos los países. Factores como el nivel de actividad, los

niveles de desempleo y otros componentes culturales influyen en la distinta forma de contactar a las personas.

José Candia, socio y CEO de Voyer International Bolivia, explica que "lamentablemente, en Bolivia la metodología del *headhunting* es poco conocida. Cuando llamamos a la gente a veces se asusta. Te consultan de dónde lo conoces, cómo obtuviste el teléfono, etc. El llamado les genera mucha desconfianza y se establece una fuerte resistencia inicial. Muy pocas veces nos dan su celular. Generalmente nos piden que le enviemos la propuesta por mail para enviarnos el CV". Y agrega: "Después de la resistencia inicial, se abren a escuchar la propuesta. No obstante, más del 90% se interesan por el proceso y aceptan concertar una entrevista".[15]

Otra particularidad de este país que menciona José Candia es que LinkedIn no es muy usado. "Cuando tratamos de contactar gente a través de LinkedIn no hemos recibido buena respuesta. Solo dos de cada diez personas responden. La forma más efectiva de identificar candidatos es ubicar en qué empresas están las personas que tienen el perfil deseado y contactarlas. Al ser un mercado chico esto no es tan difícil."

En México, la situación es totalmente distinta. La desocupación es de menos del 4% y tienen una industria pujante apalancada por su cercanía a Estados Unidos. Hay grandes empresas nacionales y multinacionales de diversas industrias. Ricardo Migoya cuenta que en ese país "hay una rotación muy grande en los niveles ejecutivos. Es fácil contactar a los buenos profesionales porque están muy abiertos y acostumbrados a recibir propuestas todo el tiempo. Siempre están dispuestos a atender un llamado por teléfono. En los últimos tiempos también hemos utilizado contactarnos por WhatsApp con muy buenos resultados. El 99% de los consultados contestan el llamado. Después puede interesar-

---

15 Comunicación personal, 10 de abril del 2020.

les o no, pero contestan. Están muy permeables a este tipo de procesos".

México y Bolivia constituyen los dos extremos de una variedad de posibilidades que abarca la práctica del *headhunting*, dependiendo de la situación del mercado y las características socioculturales de cada país.

6. Realizar la evaluación del candidato

En estos niveles, la entrevista no se hace necesariamente en las oficinas de la consultora. Muchas veces, los ejecutivos tienen reparos en ir donde haya gente susceptible de reconocerlos, sobre todo si son personas conocidas en un determinado ambiente de negocios. Evitan exponerse. En el caso de que se entreviste al candidato en la consultora, habrá que tener precaución en ese sentido.

La primera entrevista suele hacerla el responsable de la práctica, que es quien contactó a la persona. Lo habitual es coordinar un almuerzo, un desayuno o tomar un café durante o después del horario laboral. Esto le permite estar más descontracturado y ayuda a generar un ámbito propicio para una charla franca. Las entrevistas tienen un tono más informal que las que se desarrollan en la consultora.

Cuando se hacen búsquedas de este nivel, la entrevista no se enfoca tanto en la experiencia ni en el análisis de lo que hizo. La indagación se centra en los contextos en lo que actuó. El contexto tiene que ver con el momento del país, el tipo de negocio y, especialmente, la situación de este. También las condiciones sociales, económicas, financieras del mundo o de la compañía que tuvo que enfrentar. Es fundamental saber en qué tipo de compañías se desempeñó y su cultura para entender cómo se va a adaptar a la nueva empresa.

Atravesar distintos contextos hace que se desarrollen habilidades diferentes y esto es producto de la exposición que genera enfrentarlos. Averiguar en qué circunstancias hicieron lo que hicieron: eso hace la diferencia.

Después de la entrevista con el responsable de práctica y otros encuentros, se avanza en el proceso con el equipo de evaluaciones, y se realizan entrevistas en profundidad por competencias y distintos tipos de evaluaciones psicológicas y/o psicométricas (DISC, MBTI, PDA, Hogan, etc.), según la modalidad de la consultora y el país.

7. Solicitar referencias

En el mundo empresarial se considera que el mejor pronóstico del rendimiento futuro de un candidato es su rendimiento en el pasado. Por eso suele ser importante contar con información fidedigna del desempeño del postulante. En el caso de posiciones ejecutivas, el proceso es más lento y exhaustivo.

Cuando la persona fue referida por alguien es porque, generalmente, conoce su trayectoria y desempeño. Antes de contactar el candidato, el *headhunter* ya tuvo oportunidad de consultar y de contar con información detallada respecto del postulante.

No obstante, no siempre los postulantes vienen recomendados. A menudo son personas reconocidas en el mercado por su trayectoria, tienen una fuerte exposición en el ambiente de los negocios, pero el *headhunter* no tiene información de buena fuente sobre su desempeño. Lo mismo ocurre cuando se contacta gente a través de otros medios como LinkedIn.

En estos casos, el *headhunter* utiliza toda su red de contactos para recabar la información a sumar al proceso de selección. Se evalúa quién en la consultora tiene más posibilidad de llegar a un contacto susceptible de proveer referencias. Los responsables de prácticas juegan un papel fundamental. Muchas veces consiguen referencias de personas que conocen realmente cómo fue el desempeño de un postulante en un puesto y en esa empresa. En otras oportunidades, su conocimiento del mercado les permite saber a quién consultar para obtener una información fehaciente. Esta red de confianza se construye durante años.

No obstante, también es necesario solicitar referencias objetivas del postulante. Esto se terceriza en una empresa especializada o se realiza a través de un pedido al área de RR. HH.

Al solicitar referencias, cabe contemplar los siguientes lineamientos que plantea Fyock (2007).

1. *Verificar la información fáctica:* esto incluye el/los puesto/s que ocupó, responsabilidades y principales tareas, fechas de ingreso y egreso.
2. *Interesarse por los atributos positivos y a mejorar:* esta información puede ser brindada normalmente por un referido, un par o el superior inmediato.
3. *Buscar información que ayude a liderar mejor al nuevo empleado:* el que mejor conoce al empleado es el superior. Si se tiene la oportunidad de hablar con él, se podrá consultar qué estilo de gestión y liderazgo es el más adecuado para el candidato.
4. *Conocer los motivos de desvinculación de la persona:* el informante suele no querer perjudicar a exempleados, salvo que haya habido alguna circunstancia realmente muy delicada. El profesional avezado podrá, a partir de la indagación, hacerse una idea de los motivos de una desvinculación y cotejarlos con lo dicho por el postulante.

8. Presentar la terna de candidatos

Después de atravesar el proceso de entrevistas y evaluaciones se hace una presentación de la terna al cliente. La misma

es producto del entrecruzamiento de miradas entre el responsable de prácticas, el selector que hace una entrevista por competencias y el resultado de las evaluaciones realizadas. Con frecuencia surgen distintas perspectivas y es necesario que los involucrados trabajen en conjunto para discutir en profundidad esas diferencias y llegar a un informe consensuado. Esto es sin duda un buen signo del trabajo profesional que realizan.

El resultado es un informe escrito que contiene tanto datos objetivos de la trayectoria, los estudios, etc., del candidato como el resultado de la evaluación de las entrevistas en las que se indagaron sus experiencias, sus logros, y, sobre todo, el valor que puede aportar al proyecto estratégico de la empresa. También es fundamental mostrar su posible adecuación a la persona a la que reportará, así como a la cultura de la empresa.

En el informe se detallan las referencias que se obtuvieron a través de la empresa tercerizada y de las consultas que se hicieron en el mercado sobre el desempeño, las características y los logros del candidato.

Este es también el momento de presentar un candidato con perfil disruptivo. No siempre el cliente lo acepta inicialmente. Por eso es importante que el informe explique cuál sería el valor de esa persona y de qué manera contribuiría al negocio. Detallar su pasado exitoso y justificar cómo se adaptaría al giro que está tomando la compañía es de vital importancia.

Lo que no se puede hacer es presentar solo candidatos disruptivos. Seguramente, esto generaría en el cliente una sensación de que no se entendió el requerimiento, o peor aún, que no se pudo elegir a una persona según sus expectativas.

Es delicado hacer esta propuesta al cliente, pero también es justamente parte del rol del consultor asesorarlo y ayudarlo a pensar de manera distinta.

9. La entrevista en la empresa

Después de analizar los distintos candidatos potenciales con el cliente, el *headhunter* organiza las reuniones en la empresa.

Según Fyock (2007), existen dos estrategias para posibilitar la inclusión de actores decisivos en el proceso de entrevista: las entrevistas en grupo y las entrevistas múltiples. En la primera opción, como en el caso de la junta directiva que se vio anteriormente, todos los entrevistadores están presentes durante la entrevista. La dificultad reside en cómo coordinar la entrevista con varios participantes.

En la segunda alternativa, varios entrevistadores evalúan al candidato por separado. Esta modalidad permite que cada uno de los entrevistadores realice un abordaje personal de la entrevista y tenga una visión individual del candidato. La multiplicidad de miradas suele ser sumamente enriquecedora a la hora de acordar el finalista con las otras personas que intervienen en la decisión.

Se adopte una u otra modalidad, los entrevistadores tienen que encontrar un consenso. A veces, al finalizar con las entrevistas, el cliente se reúne con el *headhunter* para intercambiar opiniones que lo ayuden en la toma de la decisión final.

10. Intermediar en la negociación

Durante todo el proceso se van explicitando las expectativas del candidato en términos del paquete remunerativo y la empresa evalúa la brecha con la propuesta que piensa realizar. No obstante, siempre hay una diferencia importante que se negocia una vez que ambas partes tomaron la decisión firme de avanzar.

Carmen Suárez destaca un aspecto fundamental para tener en cuenta: "La información del relevamiento del perfil y del paquete remunerativo tiene que volcarse en un acuerdo de entendimiento con el cliente y se debe dejar todo por escrito". Hay que buscar evitar malentendidos. El tema salarial y de beneficios suele generarlos.

Cabe ser muy transparente. Durante el proceso, el candidato debe ser informado correctamente de la propuesta y de las condiciones de contratación ofrecidas. La mejor forma de hacerlo es que la consultora tenga esa información por escrito y acordada con la empresa.

El *headhunter* no puede quedar mal con el postulante. No puede poner en juego su prestigio de confianza y seriedad en el mercado. Por eso toma esos recaudos. Establecer por escrito las condiciones de ingreso no invalidan que, interesada por un candidato, la compañía pueda negociar con él y establecer nuevas pautas. El *headhunter* suele presentar el candidato a la empresa con las condiciones previstas. Es la empresa la que, si le interesa el candidato, evalúa la posibilidad de negociar.

Algunas organizaciones solicitan que la consultora sea mediadora en el proceso de negociación. Otras prefieren manejarlo de manera confidencial con el postulante. Carmen Suárez menciona: "solemos mantenernos al margen de la negociación. Asesoramos al postulante ayudándole a evaluar las ventajas del cambio, y a la empresa brindándole información del mercado y de los motivos por los cuales la incorporación del candidato puede ser conveniente. Después, los dejamos solos en la negociación".

En el primer caso, la consultora trata de identificar los intereses de cada una de las partes y ver de qué manera acercarlos mediando en el proceso de negociación. En el segundo caso, se mantiene al margen y asesora tanto al postulante como a la empresa, haciéndoles ver los beneficios de la contratación.

Con frecuencia el proceso de búsqueda es utilizado por los postulantes para negociar internamente sus salarios y condiciones en sus propias empresas.

Hace varios años tuvimos que cubrir una búsqueda de un gerente regional de Ventas para Latinoamérica para una empresa multinacional. Se realizó un exhaustivo proceso de búsqueda y se presentaron cuatro excelentes candidatos. Fueron entrevistados por el gerente general de Argentina, quien preseleccionó dos candidatos. El director comercial para toda Latinoamérica vino personalmente a Buenos Aires para entrevistarlos y finalmente se definió por un candidato que consideraba, por sus características y experiencias, como la persona ideal para el puesto. Negociaron las condiciones de contratación y se estableció la fecha de ingreso para un lunes. Tenía pasaje para el martes para viajar a Huston, donde estaba la casa matriz, para su entrenamiento. El lunes a la mañana, el postulante me informó vía mensaje de texto que no iba a incorporarse a la empresa. Cuando pude hablar con él, me explicó que durante el fin de semana le habían realizado en su empresa una oferta que no pudo rechazar.

Esto es algo habitual. Se sabe que ocurre y que puede ocurrir. Si la persona está bien en la empresa, es normal que se genere esa negociación.

Prácticas habituales utilizadas en las negociaciones

Una parte de la negociación tiene que ver con la remuneración y los beneficios. El sueldo, sin duda, es el factor inicial de la negociación. Esto debe ser acompañado por la equiparación de los beneficios con que ya cuenta como pueden ser: auto, cochera, días de vacaciones, plan de salud, entre otros aspectos.

En las negociaciones de altos ejecutivos se ponen en juego otras prácticas que apuntan a alentar a un candidato a tomar la decisión de realizar un cambio de empresa sin perder derechos adquiridos o resguardándose frente a contingencias que puedan presentarse en el nuevo empleo.

Se establecen acuerdos privados y sumamente confidenciales en los que se pactan condiciones especiales entre las partes (empleador y empleado), que trascienden los derechos y obligaciones establecidos en las legislaciones vigentes y que sirven primordialmente para atraer y retener a los colaboradores más valiosos y talentosos en la organización.

– *Bonos de contratación* (hiring bonus)
Normalmente, los ejecutivos tienen *bonus* muy importantes, que están atados a los resultados de su gestión y de la organización. Estos suelen ser anuales y se pagan un tiempo después del cierre del ejercicio. Cuando un candidato recibe una oferta de trabajo, muchas veces ya tiene previsto o asegurado recibir ese bono de parte de su empleador actual. Esta situación se convierte en un obstáculo en la negociación con la nueva empresa, pues perdería un derecho adquirido. Por lo tanto, exige un *bonus* de pase para compensar esa pérdida que le significaría dejar su empresa e incorporarse a una nueva.

El *hiring bonus* es una práctica que se ofrece a los altos ejecutivos para favorecer la aceptación de una propuesta. Es una compensación de un *bonus* que la persona ganó o tiene perspectivas de ganar en su compañía actual.

Esta compensación puede estar condicionada o no. En algunos casos se elaboran cláusulas que establecen que la persona debe desempeñarse en la compañía durante un tiempo y que, si no lo hace, deberá reintegrar parte o la totalidad del dinero. En otros, no se hace efectivo el pago hasta pasado un tiempo determinado en la compañía. Esta es la forma que tiene la empresa de resguardarse al contratar a un ejecutivo.

Esta práctica se utiliza también cuando el candidato solicita un salario más alto de lo establecido en la estructura salarial de la compañía. A veces, se suele negociar el salario previsto y un valor adicional por un tiempo determinado, de manera de compensar la diferencia entre el salario solicitado y el ofrecido. De esta manera, se puede captar al candidato preservando la equidad interna de la estructura de remuneraciones de la empresa.

– *Paracaídas de oro* (golden parachute) *o prima de pase*

Es una práctica que incluye un valor asociado al riesgo asumido por el candidato por el cambio de una organización a la otra. La persona pide un valor monetario para compensar el riesgo que acepta en el cambio de empleo.

Esta modalidad resguarda al ejecutivo del despido temprano (normalmente, entre el primer y segundo año). Se establece entre la empresa y el candidato un acuerdo en el cual se especifica y se deja constancia en un contrato individual de trabajo de que el empleado recibirá cierto resarcimiento (en dinero, acciones, etc.) si la compañía decide rescindir su contrato sin justa causa. Este valor es independiente y se suma al pago establecido en la Ley de Contrato de Trabajo (LCT).

Este resarcimiento, por lo general, tiene un valor diferencial en función del tiempo en la empresa. Así, por ejemplo, si la compañía decidiera desvincular a la persona durante el primer año, su valor sería mayor al aplicable en caso de que eso ocurriera en el segundo o tercer año. Esto se establece con antelación.

Estos acuerdos ayudan a mitigar el riesgo, tanto económico como cualitativo, que puede significar para su carrera dar un paso en falso en el cambio de empresa, y mantenerlo parcialmente a salvo de cambios de escenarios no previstos en el momento de tomar la decisión. Por este motivo, los acuerdos suelen establecer que el ejecutivo obtendrá una recompensa (por lo general, una suma de dinero) si se configura determinado escenario dentro de la organización.

Un caso de público conocimiento es el de Miguel Galuccio, exejecutivo de Schlumberger, que fue contratado por la presidenta Cristina Fernández como CEO de YPF, la petrolera nacional argentina que fue renacionalizada en el año 2012. Indudablemente, su contratación implicaba un desafío, pero también asumir un gran riesgo. Era un puesto político y era factible que cuando asumiera un nuevo gobierno tuviera que dejar la posición, independientemente de su gestión al frente de la empresa.

Miguel Galuccio se estaba desempeñando en Schlumberger. En la negociación de su contratación, se estima que acordó una "prima de pase" que le sirviera de resguardo.

En 2016, durante el gobierno de Mauricio Macri, el directorio de YPF aprobó por unanimidad en asamblea "La compensación por todas sus funciones y conceptos al CEO, por un total de 72 millones de pesos, que incluye el acuerdo por su salida de la compañía" (*Infobae*, 11 de mayo de 2016).

Este es solo un caso emblemático que se hizo público. No obstante, esta práctica se realiza continuamente.

El *golden parachute* funcionaría como un período de prueba a la inversa. Si se despide al trabajador dentro de un período previamente pactado a partir de su incorporación, se abona una indemnización.

La empresa empleadora, por su parte, también plantea sus propias exigencias al ingresante. Se le establecen objetivos cuantificables para cumplir, que abarcan desde la expansión de un negocio en determinada zona, lograr un nivel de facturación determinado, hasta realizar una reestructuración de la empresa, venderla o liderar una fusión. Estas cuestiones también se explicitan por escrito para dejar constancia de los resultados que se esperan de la gestión del nuevo ejecutivo.

11. Realizar un seguimiento en el tiempo

Una vez contratado el candidato, el objetivo del *headhunter* es facilitar su proceso de adaptación a la nueva posición y al nuevo entorno, según lo esperado. Es importante mantenerse en contacto con el cliente y con el candidato contratado para ayudarles en todo lo necesario y asegurar así el éxito en la adaptación.

El *headhunting* en el futuro

El *headhunting* es una práctica que se instaló en todo el mundo desde hace casi un siglo para detectar e incorporar a los mejores gerentes, directores y presidentes de empresas. Es una metodología muy particular que se apoya en un fuerte conocimiento del mercado, y permite tener una base de talentosos profesionales y una red de contactos que contribuyan a realizar este tipo de búsquedas. Las redes sociales, las nuevas tecnologías como *big data* y la IA posiblemente generen cambios en la forma de practicar el *headhunting*. Sin embargo, según el portal *100seguro* (2018), Alexei Kostarev, creador junto con sus socios del robot ruso Vera, afirma: "En cuanto a las búsquedas de empleados ejecutivos, no veo ninguna oportunidad para que el robot haga ese trabajo"; y agrega: "Los humanos podemos hacerlo mucho mejor. Lo que sí veo es que los reclutadores comenzarán a manejar la tecnología de IA cada vez más y la usarán como una herramienta para hacer el trabajo de forma más eficiente".

Parecería que "el oficio" del *headhunter* seguirá siendo necesario, aunque aproveche y se apoye en las nuevas tecnologías para lograr mayor eficiencia y rapidez en el trabajo.

Conclusiones

Los cambios tecnológicos están replanteando el rol del profesional de selección y de toda el área de RR, HH. Deberán enfrentarse a un mundo abierto a desconocidas modalidades de trabajo, al crecimiento de nuevas profesiones y al ocaso de otras, a diferentes relaciones laborales y tecnologías que cambiarán su forma de trabajar.

En un mundo donde el talento se está convirtiendo en el principal capital de las empresas, que se lo disputan a nivel mundial, los profesionales de selección deberán aprender a usar herramientas de otras disciplinas, como el marketing digital. Tendrán que dejar una modalidad pasiva, esperando que los candidatos se postulen, para tomar un rol más activo y salir a buscarlos.

El paradigma "Yo elijo, tú aceptas" quedó obsoleto. Para captar el talento en este mundo cada vez más competitivo, las compañías deberán entender que tanto ellas como las personas se eligen mutuamente y, por lo tanto, incorporar el modelo "Yo elijo, tú eliges". Este modelo implica revisar profundamente los atractivos que la empresa debe desplegar para captar a los mejores del mercado e integrar el proceso de selección y fidelización como un continuo, permitiendo que la experiencia de valor vivida por cada postulante o empleado refuerce la marca empleadora.

Por otra parte, la exclusión de las personas con una discapacidad y los sesgos de género, de edad, de orientación sexual, entre otros, provocan que las empresas dejen de lado un porcentaje importante de la población que tiene capacidades y miradas distintas que podrían enriquecer la gestión empresarial. En un contexto internacional de guerra por el talento, esto es inadmisible.

Las prácticas habituales de relevamiento de perfil, entrevista por competencias, *assessment center* y *headhunting* seguirán utilizándose, pero estarán atravesadas por la tecnología. Lo que cambiará totalmente es el paradigma de abordaje, instalándose el modelo "Yo elijo, tú eliges".

El selector del futuro tendrá que estar muy familiarizado con la tecnología y el uso de las redes sociales, casi como si fuera un *community manager* desarrollando la marca empleadora. *Big data* será fundamental para establecer patrones y modelos predictivos que permitan optimizar los procesos de selección de candidatos. Esto significa que los desplazarán de tareas rutinarias y repetitivas de poco valor. Su enfoque estará en las estrategias de búsquedas, la revisión del perfil con la línea y la evaluación de los candidatos en las instancias finales, después de pasar por los filtros de IA.

No está previsto que los robots y las nuevas tecnologías desplacen a los profesionales, pero inevitablemente los impulsarán a un gran cambio. Quien tenga una larga experiencia en selección, así como el novato que se formó en la universidad en los antiguos modelos, tienen por delante un gran desafío si quieren mantener su empleabilidad y ser efectivos en su trabajo. Como expresó fantásticamente Eric Hoffer: **"En tiempos de cambio quienes estén dispuestos a aprender heredarán la Tierra, mientras que los que crean que todo lo saben, se encontrarán perfectamente equipados para enfrentarse a un mundo que ya dejó de existir".**

BIBLIOGRAFÍA

100seguro (2018). "Robot Vera: ya utilizan inteligencia artificial para realizar entrevistas de trabajo". 10 de mayo. Recuperado de: https://100seguro.com.ar/robot-vera-ya-utilizan-inteligencia-artificial-para-realizar-entrevistas-de-trabajo/

Abbatiello, A., Agarwal, D., Bersin, J., Lahiri, G., Schwartz, J. y Volini, E. (2018). "El auge de la empresa social. Estudio: Tendencias globales de capital humano". Recuperado de: https://www2.deloitte.com/content/dam/Deloitte/ar/Documents/human-capital/Tendencias-Globales-de-Capital-Humano2018_El-auge-de-la-empresa-social-WEB_Julio%202018.pdf

Adecco (2016). *Informe Adecco sobre el futuro de trabajo en España.* Recuperado de: https://www.adeccogroup.es/wp-content/uploads/notas-de-prensa/737.pdf

Aguado, M. y Jiménez, A. (2017). *Empresas que dejan huella: Employer brading en una sociedad conectada.* 1ª ed. Editorial Almuzara, Córdoba, España.

Albrecht, K. (1998). *Servicio al cliente interno: cómo solucionar la crisis de liderazgo en la gerencia intermedia.* 2ª ed. Ediciones Paidós, Barcelona.

Alles, M. (2003). *Diccionario de preguntas. La trilogía. Tomo 3.* Ediciones Granica, Buenos Aires.

—— (2004). *Cuestiones éticas en Recursos Humanos. La ética en los procesos de selección. Ética y Empresa.* Martha Alles SA. Buenos Aires.

—— (2013). *Selección por competencias.* 6ª ed. Ediciones Granica, Buenos Aires.

Anzorena, O. (2008). *Maestría personal. El camino del liderazgo.* 1ª ed. Ediciones LEA, Buenos Aires.

Anzorena, O. (2012). *El arte de comunicarnos: conceptos y técnicas para una comunicación interpersonal efectiva.* 1ª ed. Ediciones LEA, Buenos Aires.

Aquino, J., Vola, R., Arecco, M. y Aquino, G. (1996). *Recursos Humanos.* Ediciones Macchi, Buenos Aires.

BBC Mundo (2011). *Walmart se salvó de la mayor demanda por sexismo de la historia. BBC Mundo.* 20 de junio. Recuperado de: https://www.bbc.com/mundo/noticias/2011/06/110620_eeuu_walmart_demanda_sexismo_en

BEX (2018). *1er Barómetro. Experiencia de empleado en España. (BEX 2018). El sonido de las empresas que escuchan.* Recuperado de: https://barometroex.com/wp-content/uploads/dlm_uploads/Informe-Resumen_BEX-2018.pdf

Bezos, C. (2017). "'Millenials'. Las reglas del juego para atraer y gestionar el talento de los nuevos líderes". Septiembre. Recuperado de: https://www.harvard-deusto.com/millennials-las-reglas-del-juego-para-atraer-y-gestionar-el-talento-de-los-nuevos-lideres

Borracchia, C. (2016). *Los jóvenes no sueñan con compañías: por qué debés gestionar tu marca empleadora.* EPUB, Buenos Aires.

Botto V. (1995). "Detección y desarrollo del potencial: El Assessment Center". *Cuadernos de ADPA.* ADPA, Buenos Aires.

—— (1999). "Potencial y competencias en el contexto organizacional". *Personal* (Publicación de ADPA-Asociación de Dirigentes de Personal de la Argentina), Buenos Aires, Nº 61.

Branham, L. (2005). *7 razones ocultas por las que los empleados se van.* AMACOM, San Francisco.

Calleja, R., Méndez, E. y Rojo. P. (2019). "La experiencia de empleado: cuando el cliente también es interno". *Harvard Deusto. Business Review.*, (291), 52-66.

Cañeque, M. (2011). *Aprender a liderar. Manual de desarrollo gerencial.* 1ª ed. Ediciones Granica, Buenos Aires.

—— (2017). *El nuevo liderazgo.* 1ª ed. Ediciones Granica, Buenos Aires.

Chinchilla, N. y Cruz Rivas, H. (2019). "Buscando la ventaja competitiva". *Harvard Deusto. Business Review,* (285), 39-41.

Dastin, J. (2018). "Amazon desecha la herramienta secreta de reclutamiento de inteligencia artificial que mostraba prejuicios contra las mujeres". 10 de octubre. Recuperado de: https://www.reuters.com/article/us-amazon-com-jobs-automation-insight/amazon-scraps-secret-ai-recruiting-tool-that-showed-bias-against-women-idUSKCN1MK08G

DataReportal (2021). *Digital 2021: informe general global.* 27 de enero. Recuperado de: https://datareportal.com/reports/digital-2021-globaloverview-report?utm_source=Reports&utm_medium=PDF&utm_campaign=Digital_2021&utm_content=Dual_Report_Promo_Slide

DataReportal (2021). *Digital 2021: Argentina.* 11 de febrero. Recuperado de https://datareportal.com/reports/digital-2021-argentina

Datosmarco.com (s. f.). "Aumenta el cristianismo en Argentina". Recuperado de: https://datosmacro.expansion.com/demografia/religiones/argentina

De Ansorena Cao, A. (1996). *15 pasos para la selección de personal con éxito: métodos e instrumentos.* 1ª ed. Ediciones Paidós, Buenos Aires.

Echeverría, R. (1999). *El arte de la retroalimentación en los equipos de alto desempeño.* Febrero. Newfield Consulting.

Entrepreneur en Español. (13 de Diciembre de 2020). *Airbnb ya vale más de 100 mil millones de dólares y supera a Uber a solo unos días de cotizar en Wall Street.* Recuperado de: https://www.entrepreneur.com/article/361577

Estapé, J. (2021). "La inteligencia artificial: qué es, cómo funciona y para que se utiliza en la actualidad". 3 de septiembre. Recuperado de: https://computerhoy.com/reportajes/tecnologia/inteligencia-artificial-469917

Feloni, R. (2017). "El gigante de los bienes de consumo Unilever ha estado contratando empleados utilizando juegos mentales e inteligencia artificial, y es un gran éxito". 28 de junio. Recuperado de: https://www.businessinsider.com/unilever-artificial-intelligence-hiring-process-2017-6

Fernández-Aráoz, C. (2018). *Rodéate de los mejores.* LID Editorial, Madrid.

Folguera Bellmunt, C. (2019). "Afrontar el reto". *Harvard Deusto. Business Review,* (285), 37-38.

Fuller, J., Manjari, R., Bailey, A. y Vaduganathan, N. (2020). "Repensar la fuerza laboral bajo demanda". *Harvard Busines Review.* Recuperado de https://hbr.org/2020/11/rethinking-the-on-demand-workforce

Fyock, C. (2007). *La verdad sobre la contratación de los mejores.* Financial Time Press, Upper Saddle River, Nueva Jersey, EE. UU.

García Lombardía, P. (2019). "El 'Lamb 86', la diversidad y la multiplicidad". *Harvard Deusto, Business Review,* (285), 44-45.

Goleman, D. (1999). *La inteligencia emocional en la empresa.* 1ª ed. Ediciones B, Buenos Aires.

Gore, E. (1998). *La educación en la empresa. Aprendiendo en contextos organizativos.* 2ª ed. Ediciones Granica, Buenos Aires.

Grados Espinosa, J. (2004). *Centro de evaluación (Assessment Center).* Editorial El Manual Moderno, México.

Hall, E. (2003). *La dimensión oculta*, 21ª ed. Siglo XXI Editores, Buenos Aires.

Hawksworth, J. y Berriman, R. (2018). *Will Robot really steal our Jobs*. Recuperado de: https://www.pwc.co.uk/economic-services/assets/international-impact-of-automation-feb-2018.pdf

Hektoen, R. (2019). "Diversidad + Inclusión". *Harvard Deusto, Business Review* (285), 33-34.

Hoffer, E. (2011). *The true believer.* Harper Collins, New York.

Hofstede, G. (1991). *Cultures ande organizations: software of the mind.* Mc-Graw-Hill, Reino Unido.

Hofstede, G. (2001). *Culture´s consequences.* 2ª ed. SAGE Publications, Thousand Oaks, California, EE. UU.

Huete, L. y Arevalillo, J. (s. f.). "La actitud, base de la 'liquidez' profesional". Recuperado de: https://luishuete.com/la-actitud-base-de-la-liquidez-profesional/

Human Rights Campaign (s. f.). "Preguntas frecuentes sobre el tema transgénero". Recuperado de: https://www.hrc.org/es/resources/preguntas-frecuentes-sobre-el-tema-transgenero

IGNIS Media Agency (2018). "Mobile life". Octubre. Recuperado de: https://www.latinspots.com/files/Institucional_LatinSpots/IVOctubreMobilelife18.pdf

INADI (s. f.). *Aspectos discriminatorios de los avisos de ofertas laborales.* Edición INADI, Buenos Aires.

INADI (s. f.). *Trabajo sin discriminación.* Edición INADI, Buenos Aires.

INADI (s.f.). *Gestión de las diversidades en las organizaciones.* Edición INADI, Buenos Aires.

Infobae (11 de mayo de 2016). Miguel Galuccio cobró 72 millones de pesos para dejar su cargo en YPF. Infobae. Recuperado de https://www.infobae.com/2016/05/11/1810654-miguel-galuccio-cobro-72-millones-pesos-dejar-su-cargo-ypf/

Información.es. (2017). "10 profesiones que no existirán dentro de 30 años". 6 de marzo. Recuperado de: https://www.informacion.es/sociedad/2017/03/06/diez-profesiones-existiran-30-anos-5971687.html

Jericó, P. (2008). *La nueva gestión del talento: construyendo compromiso.* 1ª ed. Pearson Education, Madrid.

Jiménez, A. y Avilés, Y. (2013). "El reto de construir una propuesta de valor al empleado en el nuevo entorno empresarial". *Harvard Deusto. Marketing y Ventas,* (117), 16-22.

Kelly, M. (2009). *El gerente de sueños: la mejor forma de motivar e involucrar a los empleados.* 2ª ed. Empresa Activa, Madrid.

Kleinman, Z. (2018). "IBM lanza herramientas destinadas a detectar sesgos de IA". 19 de septiembre. Recuperado de: https://www. bbc.com/news/technology-45561955

Kofman, F. (2018). *La empresa consciente: cómo construir valor a través de los valores.* 4ª ed. Grito Sagrado, Buenos Aires.

Kotler, P. y Armstrong, G. (2017). *Principios de marketing.* 13ª ed. Pearson Education, México.

Laloux, F. (2017). *Reinventar las organizaciones: La guía práctica ilustrada del libro que ha revolucionado el management.* ARPA Editores, Barcelona.

—— (2018). *Reinventar las organizaciones: Una guía para diseñar organizaciones inspiradas en el próximo estadio del desarrollo humano.* ARPA Editores, Barcelona.

Lee, K. (2019). "La inteligencia artificial y el futuro del trabajo: una perspectiva china. El trabajo en la era de los datos". Recuperado de https://www.bbvaopenmind.com/articulos/inteligencia-artificial-y-futuro-del-trabajo-perspectiva-china/

Levy-Leboyer, C. (1997). *Gestión por competencias.* 1ª ed. Ediciones Gestión 2000, Barcelona.

Ley N° 6471 de Búsqueda Laboral Equitativa (25 de noviembre del 2021) Boletín Oficial de la Ciudad Autónoma de Buenos Aires (15 de diciembre del 2021).

Ley N° 22.4311 de Sistema de protección integral de los discapacitados (6 de marzo de 1981). *Boletín Oficial.*

Ley N° 23.592 de Actos Discriminatorios (3 de agosto de 1988). *Boletín Oficial* (5 de septiembre de 1988).

Ley N° 26.618 de Matrimonio igualitario (15 de julio de 2010). *Boletín Oficial* (21 de julio de 2010).

Ley N° 26.743 de Identidad de género (9 de mayo de 2012). *Boletín Oficial* (23 de mayo de 2012).

Ley N° 24.156 de Cupo laboral trans. Decreto 721/2020. *Boletín Oficial.* (3 de septiembre de 2020).

LinkedIn (s. f.). *Guía de imagen de marca empleadora.* LinkedIn. Recuperado de: https://business.linkedin.com/content/dam/business/talent-solutions/global/en_US/c/pdfs/employer-brand-playbook_es.pdf

Llamas, M. (2017). "Las empresas se quejan de la dificultas para encontrar personal cualificado". 24 de mayo. Recuperado de: https://www.libremercado.com/2017-05-24/las-empresas-se-quejan-de-la-dificultad-para-encontrar-personal-cualificado-1276599613/

L'Oréal (2019). *L'Oréal Brandstorm 2019.* Recuperado de: https://www.loreal.com/en/news/human-relations/loreal-brandstorm-2019/

Mackey, J. (s. f.). *El capitalismo consciente. El surgimiento de un nuevo paradigma de los negocios.* Recuperado de: http://www.prohumana.cl/documentos/CAPITALISMO_CONCIENTE.pdf

—— Laysay Sisodia, R. (2016). *Capitalismo consciente. Libera el espíritu heroico de los negocios.* 1ª ed. Empresa Activa, Barcelona.

Manpower Group (2020). *Para cerrar la brecha de las habilidades. Conocé lo que los trabajadores quieren.* Recuperado de: https://www.manpowergroup.com.ar/wps/wcm/connect/manpowergroup/e3a82d8d-fee4-4145-b03a-c5346fd2b6d9/Escasez_de_talento_2020.pdf?MOD=AJPERES&CONVERT_TO=url&CACHEID=ROOTWORKSPACE.Z18_2802IK01OORA70QUFIPQ192H31-e3a82d8d-fee4-4145-b03a-c5346fd2b6d9-n22BKmH

Maristany, J. (1978). *Empleo y desarrollo de personal.* Layetana, Buenos Aires.

McClelland, D. (1973). *Testing for Competence rather than for Intelligence.* Recuperado de: https://pdfs.semanticscholar.org/d3d2/8b654e5411cb021a7a0f3995a4ac2b85dd08.pdf?_ga=2.169188065.1130809810.1633459772-1040083172.1633459772

Mejías, C. (2000). *Los talentos del siglo XXI. Técnicas para la búsqueda y selección del recurso humano en el nuevo paradigma.* Planeta, Buenos Aires.

Melamed, A. (2017). *El futuro del trabajo y el trabajo del futuro.* 1ª ed. Planeta, Buenos Aires.

Ministerio de Trabajo, Empleo y Seguridad Social (2015), *Resolución 270/2015. Boletín Oficial* (13 de abril). Recuperado de http://servicios.infoleg.gob.ar/infolegInternet/anexos/245000-249999/246687/norma.htm

Murray, S. (2018). "¿Un reclutador de robots lo contratará para su próximo trabajo?". 2 de febrero. Recuperado de: https://www.theguardian.com/careers/2018/feb/02/will-a-robot-recruiter-be-hiring-you-for-your-next-job

Nassau, J. (2018). "El desafío de educar a la generación táctil para trabajos que aún no existen". 22 de octubre. Recuperado de: https://www.lanacion.com.ar/sociedad/el-desafio-de-educar-a-la-generacion-tactil-para-trabajo-que-aun-no-existen-nid2183945/

Observatorio Navarro de empleo (2015). *Empleo 2030. Preparando hoy el empleo de mañana. Tendencias del futuro en el empleo.* Recuperado de: https://ifuturo.org/wp-content/uploads/attachments/empleo_2030_preparando_hoy_el_empleo_de_manana.pdf

OIT (s. f.). *Discriminación en el empleo y la ocupación: descripción general y bases para la discriminación*. Recuperado de: https://www.ilo.org/empent/areas/business-helpdesk/faqs/WCMS_159778/lang--es/index.htm#Q4

OIT (s. f.). *Preguntas y respuestas sobre las empresas, discriminación e igualdad*. Recuperado de: https://www.ilo.org/empent/areas/business-helpdesk/faqs/WCMS_159778/lang--es/index.htm#Q1

OIT (1958). *C11 Convenio sobre la discriminación (empleo y ocupación)*. *OIT*. Recuperado de: https://www.ilo.org/dyn/normlex/es/f?p=NORMLEXPUB:12100:0::NO::P12100_Ilo_Code:C111

OIT (1998). *Declaración relativa a los Principios y Derechos Fundamentales en el Trabajo*. *OIT*. Recuperado de: https://www.ilo.org/declaration/lang--es/index.htm

OIT (2000). *Convenio sobre la protección de la maternidad*. *OIT*. Recuperado de: https://www.ilo.org/dyn/normlex/es/f?p=NORMLEXPUB:12100:0::NO::P12100_ILO_CODE:C183

OIT (2008). *Conclusiones sobre las calificaciones para la mejora de la productividad, el crecimiento del empleo y el desarrollo Conferencia*. *OIT*. Recuperado de: https://www.ilo.org/wcmsp5/groups/public/--ed_emp/--ifp_skills/documents/publication/wcms_125523.pdf

OIT (2017). *El futuro de la formación professional en América Latina y el Caribe* Recuperado de: https://www.oitcinterfor.org/publicaciones/futuro_fp

Olaz Capitán, Á. (2011). "Desarrollo metodológico de un Assessment center basado en un sistema de gestión por competencias". LAN HARREMANAK - Revista de Relaciones Laborales, (24), 197-218. Recuperado de https://dialnet.unirioja.es/servlet/articulo?codigo=3783793

Olleros Izard, M. (2005). *Proceso de captación y selección de personal*. 3ª ed. Barcelona: Gestión 2000.

Oppenheimer, A. (2014). *¡Crear o morir! La esperanza de América Latina y las cinco claves de la innovación*. 1ª ed. Debate, Buenos Aires.

—— (2018). *¡Sálvese quien pueda! El futuro del trabajo en la era de la automatización*. 3ª ed. Debate, Buenos Aires.

Organización Mundial de la Salud-Banco Mundial (2011). *Informe mundial sobre la discapacidad*. Recuperado de: https://www.afro.who.int/sites/default/files/2017-06/9789240688230_spa.pdf

Pallaro, A. (20 de febrero del 2021). *Nuevos sindicatos para el trabajo del futuro*. Recuperado de: https://www.infobae.com/opinion/2021/02/20/nuevos-sindicatos-para-el-trabajo-del-futuro/

Pautt Torres, G. (2014). "Los Assessment Center: Una metodología para evaluar directivos". *Revista de Estudios avanzados de liderazgo*. Regent University Escuela de Negocios y Liderazgo.

Peñalba, A. (2018). "15 ideas para promover la diversidad laboral en tu organización". 29 de junio. Recuperado de: https://www.homuork.com/es/15-ideas-para-promover-la-diversidad-laboral-en-tu-organizacion_223_102.html

PNUD (2017). *Guía de acciones para una inclusión sociolaboral de travestis, transexuales y transgéneros*. 17 de mayo. Recuperado de: https://www.ar.undp.org/content/argentina/es/home/library/poverty/InclusionSLab.html

Raisová, T. (2012). "The comparison between the effectiveness of the competency-based interview and the behavioral event interview". Enero. Recuperado de: https://frcatel.fri.uniza.sk/hrme/files/2012/2012_1_05.pdf

Randstad.(2019). *Employer brand research 2019. Randstad*. Recuperado de: https://www.randstad.com.ar/descargas/country_report-2019-Randstad.pdf

Reddy, S. (2009). "La satisfacción del cliente empieza por los recursos humanos: el caso del Ritz-Carlton". Noviembre. Recuperado de: https://www.harvard-deusto.com/la-satisfaccion-del-cliente-empieza-por-los-recursos-humanos-el-caso-del-ritz-carlton

Richino, S. (2008). *Selección de personal*. 2ª reimp. Editorial Paidós, Buenos Aires.

Robinson, G. y Dechant, K. (1997). "Paper: Building a business case for diversity". Recuperado de: http://cursos.itam.mx/sastre/casos%20y%20ejercicios/diversidadrobinsonydechant97.pdf

Rossi, F. (2020). "How IBM is working toward a fairer AI". 5 de noviembre. Recuperado de: https://hbr.org/2020/11/how-ibm-is-working-toward-a-fairer-ai

Salazar-Xirinachs, J. y Vargas Zúñiga, F. (2017). "El futuro de la formación profesional en América Latina y el Caribe". Recuperado de: https://www.oitcinterfor.org/publicaciones/futuro_fp

Salim, I., Malone, M. y Van Geest, Y. (2016). *Organizaciones exponenciales*. 1ª ed. Bubok Publishing S.L., Madrid.

Samela, G. (2021). "Récord de escasez de talento: cuáles son los puestos más difíciles a cubrir". 24 de julio. Recuperado de: https://www.clarin.com/economia/record-escasez-talento-perfiles-dificiles-encontrar_0_35OM4Uyzd.html

Sanzana, G. (2019). "Análisis: La inteligencia artificial en el proceso de selección y reclutamiento de capital humano". 15 de julio. Recuperado de: https://institutoeeca.com.mx/analisis-la-inteligencia-artificial-ia-en-el-proceso-de-seleccion-y-reclutamiento-de-capital-humano/

Senge, P. (1998). *La quinta disciplina. El arte y la práctica de la organización abierta al aprendizaje*. Ediciones Granica, Barcelona.

Theguardian.com (s. f.). "Will a robot recruiter be hiring you for your next job?". Recuperado de: https://www.theguardian.com/careers/2018/feb/02/will-a-robot-recruiter-be-hiring-you-for-your-next-job

Tran, T. (2020). "Principales datos demográficos de LinkedIn que son importantes para los especialistas en marketing de redes sociales". 11 de marzo. Recuperado de: https://blog.hootsuite.com/linkedin-demographics-for-business/

Urien, P. (2015). "Headhunters: aunque usted no lo sepa, ellos lo están buscando". 4 de mayo. Recuperado de: https://www.lanacion.com.ar/economia/negocios/headhunters-aunque-usted-no-lo-sepa-ellos-lo-estan-buscando-cuales-son-las-mejores-practicas-para-entrar-en-su-mira-nid1789169/

Weber, L. (2012). "Your Résumé vs. Oblivion". 24 de enero. Recuperado de: https://www.wsj.com/articles/SB10001424052970204624204577178941034941330

World Economy Forum (2020). *The future of jobs report*. Recuperado de https://es.weforum.org/reports?year=2020#filter

YPF (s.f.). *Manual de comportamiento OPESSA*. *YPF*. Recuperado de: https://www.ypf.com/diversidad/Documents/YPF-Manual-de-comporta-miento-OPESSA.PDF